UN256389

Setting the agenda

アジェンダセッティング

マスメディアの議題設定力と世論

the mass media and public opinion

マックスウェル・マコームズ【著】
Maxwell McCombs

竹下 俊郎【訳】
TAKESHITA Toshio

学文社

SETTING THE AGENDA : 2nd Edition
by Maxwell McCombs.
Copyright © 2014 by Maxwell
McCombs. All rights reserved.

Japanese translation rights arranged with
Polity Press Ltd in Cambridge
through The Asano Agency, Inc. in Tokyo.

ベッツィーと子どもたち
モーリー，レスリー，マックス，サムへ

凡　例

・原書でイタリック体になっている箇所は，圏点を付した。ただし，著
　者名や雑誌名の場合は『　』，新聞紙名の場合には「　」でくくった。

・原文中の引用符 " " は，「　」で示した。ただし，訳文の読みやす
　さを考慮して，独自に「　」を付した箇所もある。

・訳注は〔　〕を付して本文中に挿入した。

・事情により索引は割愛した。代わりに，目次に節や項レベルの見出し
　まで含めた。内容を探るうえで一助となれば幸いである。

目　次

序 ………………………………………………………………………… 1

1章　世論への影響 ………………………………………………… 10

世界に関してわれわれが描くイメージ　12

現在の経験的証拠　13

累積された証拠　18

シャーロットにおける 1972 年米大統領選挙　18 ／ 3 地域における 1976 年米大統領選挙　20 ／公民権問題への国民の関心　23 ／外交問題に対するイギリスとアメリカの関心　23 ／ドイツにおける世論　24 ／他の争点を用いた追試的研究　25 ／ルイビルにおける世論　26 ／スペイン，日本，アルゼンチンにおける地域的世論　27

原因と結果　28

新しいコミュニケーション環境　31

インターネットのコミュニケーションチャネルは，公衆に議題設定効果をもたらすのだろうか　31 ／新しいチャネルの増殖は，伝統的メディアの議題設定力を減少させたのだろうか　32 ／特定のチャンネルの効果なのか，コミュニケーション・ゲシュタルト（全体的構造）の集合的な影響なのか　34

要　　約　37

2章　現実とニュース ……………………………………………… 39

特異なイメージ　40

ある 10 年間のアメリカの世論　40 ／危機を創造する　41 ／薬物への国民的関心　43 ／犯罪への恐怖　44 ／環境問題の発見　47 ／衝撃的発見　48

議題設定効果の視点　49

内容 対 接触　52

過去の世紀における議題設定　53

要　　約　55

3章　われわれの頭の中のイメージ ……………………………… 57

選挙候補者のイメージ　61

国政選挙における候補者イメージ　62

vii

地方選挙における候補者イメージ　66

候補者イメージへのメディアの影響　68

争点の属性　69

環境問題の属性　71

争点属性に対するメディアの影響　72

強力論点　72

第3レベルの議題設定　77

属性型議題設定とフレーミング　80

要　　約　85

4章　議題設定はなぜ生じるか …………………………………… 87

関連性と不確実性　88

議題設定の生起　90

関連性　94

公共的争点に関する個人的経験　97

個人差，メディア利用と議題設定　101

要　　約　105

5章　議題設定はどのように作用するか ………………………… 106

争点議題の展開　107

顕出性の転移を説明する　114

効果の時間的枠組み　117

顕出性の測度の多様性　122

要　　約　126

6章　議題設定の帰結 …………………………………………… 127

世論をプライミング（誘発）する　130

属性型議題と意見　133

意見の形成　137

態度，意見，そして行動　138

ビジネスニュースの議題設定的役割　143

要　　約　144

目　次

7章　メディア議題の形成 ……………………………………… 145
大統領と国家の議題　*147*
メディア議題を助成する　*150*
メディア議題を占拠する　*152*
3種の選挙議題　*158*
地方選挙におけるメディア議題　*160*
地方争点の属性　*161*
選挙の3つの要素　*162*
選挙キャンペーンを超えて　*163*
メディア間議題設定　*166*
要　　約　*171*

8章　マスコミュニケーションと社会 …………………………… 174
文化の伝達　*177*
議題設定の新しい適用領域　*179*
他の文化的議題　*182*
概念，領域，状況　*184*
議題設定理論の持続的進化　*186*

エピローグ　メディア議題設定と受け手の議題融合 …………… 187
ドナルド・L・ショー，デービッド・H・ウィーバー
政治的議題融合　*189*
コミュニティ議題融合への欲求　*192*

注　*195*
引用文献　*212*
引用文献　邦訳のあるもの　*233*
訳者あとがき　*234*

ix

序

　「アジェンダ〔議題：優先的に取り組むべき問題や課題〕を設定する」とは，政治や世論に関する議論で今や一般的な言い回しである。近隣社会から国際的な議論の場にいたるまで，どんなコミュニティ内でも，何が人々の注意や行為の焦点になるべきかをめぐって，たえず対話や討論が行われている。それを端的に表わす言葉が「アジェンダセッティング（議題設定）」である。そうした対話のほとんどにおいて，マスメディアは重要な，そしてときには物議を醸すような役割を演じる。南アフリカ共和国最大の日刊紙「ソウェタン」の編集者は，自国の重大な政治的転換期において国家の議題が設定される際，メディアが果たす役割について次のように語った。「南アフリカのような国では，少数派がメディアを支配しているため，彼らがずっと公衆の議題を設定してきた。これは不当だとわれわれは訴えている(*1)」。英国では「ガーディアン」が似たようなコメントを載せている。「英国の新聞の75％以上が3人の右翼的な人物の支配下にあり，もはや深刻な機能不全に陥っている。彼らはなりふり構わず国政に関する論議の議題を設定している(*2)」。

　ニュースメディアのこうした役割は長年にわたり広く認められてきた。このことに疑いを抱くなら，20世紀英国の新聞王ビーバーブルック卿を「ニューヨークタイムズ」が次のように表現したことを想起されたい。「彼は何代もの首相と一緒に食事をし，そして国家の議題を設定した(*3)」。あるいは，かつて「ニューヨークタイムズ」の編集主幹であったマックス・フランケルは，自分の新聞を次のように表現した。

　タイムズ紙は，アメリカの権力の頂点に位置する，最も知的で有能で影響力のあるアメリカ人たちの「社内報」のようなものだ。社説の意見や，個々のコラムニスト・批評家の見解の中にはハズレもあるかもしれない。しか

1

し，新聞が毎日提供するニュースのパッケージについては決してそんなことはない。それは，心あるアメリカ人たちにとって理性的かつ情緒的な議題を作り出している。[*4]

現代社会の象徴と目されるほどマスメディア制度が高度に発達し拡張したのが20世紀であった。19世紀には多数の新聞，雑誌が生まれたが，20世紀になると，そこに映画やラジオ，テレビ，ケーブルテレビが加わり広まった。20世紀末には，インターネットや多彩なコミュニケーションテクノロジーも登場し，さまざまなメディアやそのコンテンツ間の伝統的な区分も曖昧化しつつある。こうした新しいチャンネルはマスコミュニケーションの再定義を促し，社会におけるマスコミュニケーションの議題設定的役割を拡張させる。マスコミュニケーションとは，かつては同一メッセージの大規模流通——とくに新聞，テレビ，ラジオを通して——を意味していた。フェイスブック，ツイッター，ブログのような新しいコミュニケーションチャンネルは，社会でかなりの割合の人々が利用しているという点ではマス（大量）だが，しかしこうしたチャネルを流れるメッセージは個々バラバラなものである。

　21世紀になって誰でもこうした新興テクノロジーのインパクトについて語るけれど，コミュニケーションが巨大な社会的影響を持つことは，最新テクノロジーの波が世界に広まる数十年も前からすでに明らかであった。アメリカのジャーナリスト，セオドア・ホワイトは，著書『大統領になる方法 1972年』の中で，人々の注意を促す議題を設定するマスコミュニケーションの力を，「他の国ならば，専制君主や聖職者，政党，高級官吏が保持している権限」[*5]と表現している。ホワイトの絶妙な見方が示されたちょうどこの頃から，世界のあちこちにいる社会科学者たちは，ニュースメディアや増殖するコミュニティチャネルの力に着目し，それらが政治的・社会的・文化的議題に多面的な影響を及ぼすことを解き明かそうとしてきた。

　この影響力に関する概念図式のうち最もよく知られ最もよく言及されてきたものがマスメディアの議題設定的役割に関する理論であり，これこそ本書の主

序

題である。理論というものが完全な形で生まれることはめったにない。最初は単純な洞察から始まり，それが長い年月を経てしだいに精緻化され発展していくのが普通である。そこには各知的分野におけるさまざまな「探検家」や「測量士」がかかわっている。議題設定理論もその例にもれない。まず，公衆が社会的政治的争点に注意を向けるやり方にニュースメディアがどう効果を及ぼすかについての，ごく簡潔な仮説が始まりである。この理論はしだいに拡張し，こうした効果の心理学的過程やコミュニケーション議題の形成因，メッセージ内の特定要素が持つインパクト，そして議題設定過程のさまざまな帰結などに関する諸命題を含むようになった。いまや伝統的なニュースメディアだけでなく，増殖する大量のコミュニケーションチャネルが公共的問題に関する情報を流している。議題設定理論も枠を広げ，これら多種多様な情報の流れがどのような効果をもたらすかを詳細に追究するものとなった。

　議題設定のアイディアが生まれた直接のきっかけは，1967年初頭のある日，「ロサンゼルスタイムズ」1面でのニュースの扱いを何気なく見ていたことにある。その日は大きなニュースが3つあった。国際ニュースでは，英国の州議会選挙で，労働党が負け保守党が勝つという予想外の動きが起こったこと。国内ニュースでは，ワシントンでスキャンダルの芽が吹き出したこと。そして，ローカルニュースでは，連邦政府助成の巨大事業計画のロサンゼルス都市地区担当ディレクターが解任されたことである。この事業計画は，国を挙げての「貧困との戦い（War on Poverty）」の要石となるものであった。当然のことながら，「ロサンゼルスタイムズ」は，このローカルニュースを1面トップに据え，他の2本は1面のより目立たない場所に置いた。これら3つのニュースはいずれも他の2つがなかったら，1面トップを飾ってもおかしくないものであった。そこで，われわれ──UCLA（カリフォルニア大学ロサンゼルス校）の若手教員数名──は，金曜午後にセンチュリープラザホテルのロビーで開かれていた「若手教授会」の場で，飲み物を片手にあれこれと考えをめぐらせた。もし，あるニュースがあまり大きな扱いを受けなかった場合には，その出来事のインパクトは減少するのだろうか。われわれの興味はそこにあった。こうした思索

3

は，公衆へのメディアの影響に関してこれまで個々バラバラに提起されてきた多様なアイディアや実証知見に根ざすものであったが，議題設定理論を生み出すもととなった。

議題設定のアイディアを正式に追究する試みが始まったのは，その年の秋，私がノースカロライナ大学チャペルヒル校に赴任してからである。そこでダン（ドナルド）・ショーと出会い，今や45年余りにも及ぶ，友人そして仕事仲間としての関係が始まった。議題設定のアイディアを正式に調査する当初の試みは，まさにニュースの扱いに関するロサンゼルスでの思索にもとづいていた。われわれは，同一ニュースに対する扱いが極端に異なる実物の新聞紙面を用いて実験を行おうと考えた。「シャーロットオブザーバー」はノースカロライナ州の定評ある新聞だが，日に数版を作成している。早版はシャーロット市から離れた地点に配り，最終版はシャーロット市内向けとなる。複数の版が出ているおかげで，早版では1面に大きく出ていたニュースが後の版では小さな扱いとなり，ときには1面から外れることもある。われわれのオリジナルな計画は，こうした版ごとの違いを利用して実験を行うことであった。しかし，記事の主題に関しても，紙面でのその取り上げ方に関しても，ニュースの扱いは日ごとにきわめて不規則に変化することが分かった。公衆の認知に対するそのインパクトを体系的に比較するには適さなかった。

こうした挫折はあったものの，その理論的アイディアは非常に興味深いものだったので，別の方法を試みることにした。1968年の米大統領選挙期間中に投票意図未決定者を対象とした小規模な調査を行い，それと並行して，こうした有権者が利用したニュースメディアが，選挙の主要争点をどのように扱ったかを体系的に内容分析するというものである。投票意図未決定の有権者を研究対象に選んだのは，公衆全体の中でも，選挙に関心を示しながらまだ投票先を決めていないような人々が，メディアの影響力をいちばん受けやすいのではないかと想定したからである。これがチャペルヒル研究であり，いまや議題設定理論の起源として知られている。[*6]

チャペルヒル研究の主要な貢献のひとつは「議題設定」という用語それ自体

序

であった。この用語のおかげで，メディアの影響に関するこの概念は学者の間にすぐに広まった。スティーブ・チェイフィー〔1935-2001：米国における政治コミュニケーション研究の重鎮の一人〕の回想によれば，米国ジャーナリズム教育学会（Association for Education in Journalism）の1968年大会で私が彼に出会ったとき，「今，議題設定の研究をしているんだ」と彼に話したという。その用語は新しく，聞き慣れないものであったが，しかしチェイフィーはすぐにわれわれの研究の焦点を理解したとのことである。

ダン・ショーは歴史学の訓練を受けているので，「議題設定」という語がいつ創り出されたかをわれわれが正確に記録しているはずだと読者は思われるかもしれない。「そう，あれは8月初め，ある火曜日の午後のことだった……」といった具合に。しかし皮肉なことに，ダンも私も，われわれがこの名前をいつ思いついたかを正確に覚えていないのである。研究経費の一部となった少額の助成金を1967年に全米放送事業者協会（National Association of Broadcasters）に申請したときには，「議題設定」という言葉は使っていなかった。しかし，1969年にNABに提出したチャペルヒル研究結果報告書では，まるで昔からあったかのようにこの用語を使っているのである。1968年のいつかの時点で「議題設定」の名前が登場し[*7]，そして疑いもなくスティーブ・チェイフィーは，その有用性を認めてくれた「レフェリー」の最初の一人――おそらくチャペルヒルでプロジェクトに直接かかわっていた人たち以外ではまさに最初の人――であった。1章では，この研究の詳細について述べるとともに，チャペルヒルやロサンゼルスよりも前に提起された，このアイディアの重要な先行概念についても触れる。

シャーロック・ホームズのセリフを借りるならば，1968年のチャペルヒル調査が成功したことで，まさに「追跡は始まった（the game is afoot）」のである。世論に対するメディアの正確な効果に関する謎の，少なくとも一部を解き明かしてくれる有望な手がかりが掌中にあった。そこで多くの探偵たちが，人々の注意や認知がメディアにどう影響されるのか，メディア・内容・受け手のさまざまな特性がそうした効果をどう媒介するのかに関する手がかりを追求しはじ

めた。全9巻におよぶシャーロック・ホームズの冒険と同様に，この広大な知的ウェブ内の多様なリンクが発見され順次記録されてきた。しかし，コミュニケーション研究におけるアイディアの市場は自由放任主義を特徴とするため，コミュニケーションメディアの議題設定的役割を精緻化する作業は，秩序だった体系的なやり方で常に進んできたわけではない。さまざまな地理的・文化的状況で，多くの探偵が多くの事件を追った。そして，何年もかけてあちこちで証拠が積み重なってきた。議題設定のアイディアをより詳しく解き明かす新しい理論概念が，この知的ウェブのあちらこちらで生まれた。

　何年もの間，主たる強調点は公共的争点の議題におかれてきた。とくにニュースメディアで世論調査結果が公表されるときには，争点に関する見方が世論だと見なされることが多い。ニュースメディアが現時点の争点に関する世論にどう影響を及ぼすか，それを記述し説明することが議題設定理論の出発点であった。ギャラップ社の世論調査で1930年代から用いられてきた自由回答質問——「今日この国が直面している最も重要な問題は何ですか」——は，議題設定の研究でもしばしば用いられてきた。というのも，この質問にもとづく世論調査は，何十年にもわたって公衆や世論調査家の注意を引きつけてきた何百もの争点を拾い上げているからである。^(*8)

　争点議題からさらに進んで，議題設定理論は，選挙の候補者やその他の公共的人物についての世論，とくに公衆がこうした人物に関してどのようなイメージを持ち，メディアがそうしたイメージの形成にどう寄与しているかという問題をも射程に収めるようになった。このように公共的争点だけでなく公共的人物にまで議題のトピックが拡大したことは，重要な理論的拡張を意味する。すなわち，コミュニケーション過程の最初の段階——メディアや公衆がどんなトピックに注意を払い，何を重要と見なすか——から，その後の段階——メディアや公衆はこうしたトピックの細かな部分をどう認知し理解するか——まで広がったのである。そうなると，この後続の段階は，メディアの議題設定的役割が態度や意見，行動にどう影響を及ぼすかを解き明かす糸口になる。

　そして過去数十年のうちに，議題設定効果やその波及効果の研究は，公共的

序

問題の領域を超え，スポーツ，宗教あるいはビジネスといった多様な状況においても探究されるようになった。公衆に対するこうしたメディア効果は，理論だけでなく世界中から集められた経験的証拠も含め，すべて本書で紹介されている。

　議題設定に関するわれわれの知識は，端緒を開いた1968年のチャペルヒル研究以来，時間をかけて断片的に積み上げられてきた。それとは対照的に，本書の各章では，この期間にわれわれが学んできたことを秩序立てて体系的に記述するよう心がけた。研究がいつどこでなされたのか，どんなメディアやトピックを取り上げているのか，どんな研究方法を用いたのか——これらの点でじつに多様な証拠を統合しようと試みた。こうした総合的な見取り図——ジョン・パブリックの言葉を借りれば，議題設定理論の『解体新書』〔原書の *Gray's Anatomy* は英米で著名な解剖学の教科書〕[*9]を提示することこそ，原書の中心的な目的である。この見取り図を構成している証拠の多くはアメリカでの研究から得られたものである。というのも，議題設定の創始者 (founding fathers) ——ダン・ショー，デービッド・ウィーバー[*10]，そして私——はアメリカの研究者であり，ごく最近まで実証研究の大半は米国内で行われてきたからである。しかしながら，イギリス，ドイツ，スペイン，日本，韓国，台湾，そして世界の他の国で生まれた証拠もかなりの程度あることに読者は気づくだろう。議題設定理論の大きな強みのひとつは，地理的・文化的に多様な場所で証拠が得られ，社会に対する議題設定効果の主要部分が追認されてきたことである。

　親友であり長年の研究仲間であるダン・ショーとデービッド・ウィーバーには感謝してもしきれないほどだが，それ以外にも，本書で列挙した数多くの文献を生み出してきた世界中の研究者諸氏に本書は多くを負っている。うっかりして重要な名前を漏らしている恐れがなきにしもあらずだが，次の方々とこれまで長期にわたり一緒に仕事ができたことは，私にとってとくに大きな喜びである。エステバン・ロペス＝エスコバール，クレイグ・キャロル，ディキシー・エバット，サルマ・ガーネム，レイ・グオ，スピロ・キヨシス，ドミニク・ラソーサ，ポーラ・ポインデクスター，竹下俊郎，セバスチャン・バレンズエラ，

ホン・ブー，ウェイン・ワンタ，そしてゼン＝ホワ・ツー（祝建華）の面々。さらに，ジェームズ・ディアリングとエベレット・ロジャーズ両氏が『議題設定』という著書を刊行してくださったことにも感謝したい。この本は，議題設定の歴史と基本的アイディアを知るための「必読書」である[*11]。そして，ポリティプレス社のジョン・トンプソン，アンドレア・ドゥルーガン両氏には，本書の初版と第2版の完成を忍耐強く待ってくださったことにとくにお礼申しあげたい。また，私を指導してくださった先生方にも感謝の念を表したい。チューレイン大学のウォルター・ウィルコックス教授は，スタンフォード大学大学院での私の指導教員であった。さらに同大学のチルトン・ブッシュ，リチャード・カーター，ネイザン・マコビー，そしてウィルバー・シュラム各教授は，私の理論的進路を方向づけてくださった。より最近のことでとくに感謝申しあげたいのは，メキシコ国立自治大学のイッサ・ルナ氏，スペイン・パンプローナ市のナバラ大学やチリ・サンティアゴ市のカトリック大学，ディエゴ・ポルタレス大学の同僚諸氏である。彼らはラテンアメリカでの議題設定理論の普及に貢献してくださった。

　議題設定の理論は複雑な概念図式であるが，まだ発展途上にある。本書では，実証研究にもとづくメディアを主軸とした図式が強調されている。この図式は，メディアが世論形成に果たす役割に関して現時点でわれわれが持っている知識を整理したものである。しかし，後の章では，こうしたメディアの影響が生じるより大きなコンテクストについても議論している。メディアの議題設定的役割は，研究者が45年以上も採掘し続けてきた豊かな鉱脈であり，しかも，その富の多くはまだ未開発である。しかしながら，既存の理論図式からでも，新しい刺激的な探究分野がすでに見つかっている。そして現在，われわれの公共的コミュニケーションシステムが流動化しているが，それは本書で提示した図式を精緻化する新しい機会をふんだんにもたらしてくれる。われわれの眼前にある政治コミュニケーションのこうした新時代を概観し，イギリスの研究者ジェイ・G・ブルムラーとデニス・カバナーは次のように述べている。

序

こうした状況は研究する側にとってもかなりやりがいがあるものだ。しかし，混沌とした状態と新しい条件に適合するには想像力も必要となる……。われわれの分野の主要パラダイムの中で，もっとも追究しがいのあるのは議題設定かもしれない。[*12]

　本書の目標は，世論の形成過程におけるコミュニケーションメディアの役割について，いくつかの基本的アイディアを提示し，それを実証的に支持する代表的な知見の目録を示すことである。こうした知識は，公共的コミュニケーションを取り巻くより大きな社会的コンテクストを理解する糸口になるだろうし，今後さらなる理論的探究を志す者にとってもガイドとなりうる。

　世論のオリジナルな領域内でさえ，メディアが公共的問題に対するわれわれの見方にどう影響するかを記述し説明するだけでなく，もっと考察すべきことがある。ジャーナリストにとっては，われわれがニュースメディアの議題設定的役割として語っている現象は，メディアがどのような議題を提示しているかという，何にも増して重要な倫理的課題と関連する。「公衆が知る必要のある事柄」という言葉は，プロフェッショナルなジャーナリズムのモットーとして繰り返し耳にするものである。メディア議題は公衆が知る必要のある事柄を本当に表しているのだろうか。[*13] ABC ニュースの番組「ナイトライン」のエグゼクティブ・プロデューサーは，ふと疑問を感じ，次のように自問したことがあった。「どんな資格ゆえに，私たちが国民の議題を設定すべきだと思うのか。どんな根拠ゆえに，自分たちは隣人たちよりもずっと賢いと考えているのか」。[*14] ジャーナリズムは「語り部」の伝統をかなりの程度継承している。しかし，優れたジャーナリズムとはよくできたストーリーを語る以上のものである。市民に役立つ何かを含んだストーリーを語ってこそ，そう呼べるのである。[*15] メディアの議題設定的役割は，ジャーナリズムとその語り部の伝統を，世論のアリーナへと結びつける。ジャーナリズムと世論との関係は，社会に重大な影響を及ぼす。そして，メディア環境の拡張と，ジャーナリズムおよび政治コミュニケーションの進化は，世論の形成に関する重要な問題を提起するのである。

世論への影響

　アメリカのユーモア作家ウィル・ロジャーズ〔1879-1935〕が皮肉たっぷりの政治評論を始めるときに好んで用いたセリフがある。「私の知っていることはすべて新聞で読んだことでね」。このセリフは，われわれ一人ひとりが公共的問題について持っている，大部分の知識や情報の性質を端的に言い表わしている。われわれの注意を引く争点や関心事の大半は，個人が直接に経験できるものではない。ウォルター・リップマン〔1889-1974。米国の著名なコラムニスト・政治思想家〕がかつて『世論』の中で記したように「われわれが政治的に対処すべき世界は，われわれの手の届かない，見えない，考えも及ばないところにある」。ウィル・ロジャーズやウォルター・リップマンの時代には，日刊新聞こそが公共的問題に関する主要な情報源であった。今日では多種多様なコミュニケーションチャネルが揃っているが，しかし中心的な論点は変わらない。公衆の議題に上るほとんどすべての関心事は，「二次的な現実（second-hand reality）」――そうした出来事や状況に関するジャーナリストの報道にもとづき構成された現実像――として市民に届くものである。

　われわれがニュースメディアとどう向かい合っているかを，リップマンと同じように簡潔に表わしているのは，社会学者ロバート・パークの有名な造語「ニュースの警報機能（the signal function of the news）」である。日々のニュースは，直接経験外の広大な環境内での最新の出来事や変化へと，われわれの注意を喚起してくれる。しかし，ニュースメディアは大きな出来事・争点の存在を知らせる以上の働きをしている。日々のニュース選択とその提示の仕方によって，ジャーナリストはわれわれの注意を焦点化し，いま最重要の争点は何かに関するわれわれの認知に影響を及ぼす。今日の主要な争点やトピックを特定し，そうした争点やトピックの公衆議題上での顕出性に影響を及ぼすニュースメディアの能力は，ニュースメディアの議題設定的役割と呼ばれるように

なった。

　新聞は，自紙の日々の議題に載っているトピックが相対的にどれくらい顕出的かを示唆する多数の手がかりを伝えている。第一面のトップ記事は何か，一面に載るのか内部のページに載るのか，見出しの大きさ，そして記事の長ささえも，ニュース議題上にあるトピックの顕出性について伝えている。ウェブサイトでも似たような手がかりがある。テレビニュースの議題は容量がずっと限られているので，夕方のテレビニュースで言及するだけでも，あるトピックが高い顕出性を持つことを強く知らせることになる。ニュース項目の放送順位や放送時間量もまた追加的な手がかりとなる。すべてのコミュニケーションメディアに言えることだが，あるトピックを何日にもわたって繰り返し取り上げることは，そのトピックの重要性を示す最も強力なメッセージである。

　公衆はメディアが伝えるこうした顕出性の手がかりを用いて，自らの議題を組み立て，どの争点が最も重要であるかを決定する。ニュース報道で強調された争点は，一定時間を経て，公衆の間でも非常に重視される争点となる。ニュースメディアの議題は，かなりの程度まで，公衆の議題となる。つまり，ニュースメディアは公衆の議題を設定すると言ってよい。ある争点ないしはトピックが公衆にとって顕出的なものとなり公衆議題上に載ることで，それが人々の注意や思考の —— おそらくは行為にとっても —— 焦点となる。これは世論が形成される最初の段階といえる。

　世論に関する議論は意見の分布をめぐるものが多い。賛成は何人，反対は何人，未決定は何人というように。ニュースメディアや受け手の多くが世論調査に（とくに選挙キャンペーン期間中に）夢中になるゆえんでもある。しかし，意見の分布を考察する前に，どのトピックが世論の主題であるかを知る必要がある。人々は多くの事柄に対して意見を持っているが，彼らにとって本当に重要なトピックはごく少数しかない。ニュースメディアの議題設定的役割とは争点の顕出性に対するメディアの影響を指す。かなりの数の人々がある争点を，それについて意見を形成する価値があるものと見なすかどうか，ということに対する影響力である。多くの争点が人々の注意を得ようと競い合っているが，実

際に首尾よく注意を獲得できるのはごくわずかな争点である。そしてニュースメディアは，いま何が最も重要な争点であるかというわれわれの認知に対して，かなりの影響を及ぼす。これは「ある議題を押しつける」といった類の意図的で仕組まれた影響ではない。そうではなく，ニュースメディアが報道の中でごく少数のトピックを，その時々の最も顕出性の高いニュースとして選択し強調するという必要性から生じた意図せざる影響なのである。

　ニュースメディアの争点の顕出性に対する影響と，こうした争点についての特定の意見に対する影響との区別は，政治学者バーナード・コーエンの次の言葉で要約される。すなわち，ニュースメディアは，人々が何を考えるべきかを指示するという点ではあまり成功していないかもしれないが，受け手が何について考えるべきかを指示するという点では驚くほど成功しているのである。[*3]言い換えれば，ニュースメディアは公衆が思考し議論するための議題を設定することができる。メディアがそれ以上のことをする場合もあり，われわれは後の章でコーエンの説得力ある見解を拡張しなければならない。しかしとりあえずは，公衆の注意を捕捉するという，世論形成の最初の段階について詳しく考察してみよう。

● 世界に関してわれわれが描くイメージ

　ウォルター・リップマンは，いまや議題設定と呼ばれるアイディアの学祖である。彼が1922年に出した古典的著作『世論』の最初の章は「外界と頭の中で描く世界」と題され，議題設定のアイディアを —— もちろんリップマンはこの言葉を用いてはいないが —— 要約的に述べている。彼の主張によると，ニュースメディアは，直接経験を超えた広大な世界を見るための窓であり，そうした世界についてのわれわれの認知地図を決定する。世論は環境そのものに対する反応ではなく，ニュースメディアによって構成された擬似環境に対する反応であるとリップマンは論じている。

　初版が出てから90年以上たってもいまだに版を重ねているこの『世論』に

は，リップマンの主張を支持する興味深い逸話的証拠が数多く示されている。リップマンは，この本を，「1914 年のこと，大洋に浮かぶある島にイギリス人，フランス人，ドイツ人たちが住んでいた」という非常に印象的なエピソードから書き始めている。島に郵便船が到着したのは，第一次世界大戦勃発から 6 週間以上経ってからであり，そのとき島民は初めて，自分たちが友人ではなくすでに敵同士になっていることを知らされたのである。[*4] 1920 年代にこの本を執筆していたリップマンにとっては，これらのエピソードは，まさにプラトンの洞窟の寓話の現代版であった（この寓話も『世論』の巻頭に紹介されている）。ソクラテスの言葉を借りて，彼は次のように述べる。「われわれは，自分たちがその中に暮らしているにもかかわらず，周囲の状況をいかにも間接的にしか知らない……しかし，自分たちが実像だと勝手に信じているにすぎないものを，ことごとく環境そのものであるかのように扱っている」。[*5]

● 現在の経験的証拠

コミュニケーションメディアの議題設定的役割に関する経験的証拠は，リップマンの概括的な所見を今日の時点で確認し精緻化したものといえる。しかし，世論形成に関するこうした詳細な図式が登場するまでにはずいぶんと時間がかかった。『世論』は 1922 年に刊行されたが，マスコミュニケーションの世論への影響に関する最初の科学的研究が行われたのはその 10 年以上も後である。マスコミュニケーションの議題設定的役割と銘打った最初の研究が刊行されたのは，なんと 50 年後のことである。

世論に対するマスコミュニケーション効果の体系的な分析や科学的方法にもとづく実証研究は，1940 年の米大統領選挙にまで遡る。当時，コロンビア大学の社会学者ポール・ラザーズフェルドとその同僚たちは，世論調査家のエルモ・ローパーと共同で，オハイオ州エリー郡の有権者に 7 波にわたる面接調査を実施した。[*6] 世間一般および研究者の予想に反して，この調査，そしてその後 20 年間に他の場所で行われた多くの研究は，マスコミュニケーションが態度

や意見に及ぼす効果の証拠をほとんど見つけることができなかった。エリー研究から20年後，ジョセフ・クラッパーが著わした『マスコミュニケーションの効果』は，最小効果の法則 (the law of minimal consequences) が成立することを宣言した。[*7]

　しかし，1940年代50年代になされたこれら初期の社会科学的研究も，人々はたとえ態度は変えないにしても，マスメディアから情報を獲得しているという，かなりの証拠を見出していた。有権者はニュースからまさに学習していたのである。そして，ジャーナリズムの視点から見れば，学習に関する問題のほうが説得に関する問題よりも中心的である。ほとんどのジャーナリストは情報提供を仕事としている。説得は論説面に委ねられ，論説面でさえも，情報伝達が中心となっている。さらに，最小効果の法則が定説化した後も，まだ調べられたり測られたりしていない，大きなメディア効果があるのではないかという疑いを多くの社会科学者は引きずっていた。メディア効果研究のパラダイムシフトの機は熟していた。それは，「説得」から，コミュニケーション過程のより前段階に位置する「情報（知識）」へのシフトである。

　こうした流れの中で，ノースカロライナ大学ジャーナリズム学部の2人の若い教員が，1968年米大統領選挙の最中に同州チャペルヒルで小さな調査を立ち上げた。彼らの中心的仮説は，マスメディアが，有権者の間での諸争点の顕出性に影響を及ぼすことで，政治キャンペーンの争点議題を設定するというものであった。2人の教員，ドナルド・ショーと私は，このように仮定されるマスコミュニケーションの影響に名前をつけた。われわれはそれを「議題設定 (agenda-setting)」と呼んだ。[*8]

　この議題設定仮説をテストするためには2組の証拠を比較する必要があった。1組は公衆議題を記述したもの，すなわち，チャペルヒルの有権者が最も強い関心を持った争点群である。他の1組の証拠は，これらの有権者が利用したニュースメディアにおける争点議題を記述したものである。**図表1.1** に図示したように，議題設定理論の中心的な主張は，ニュースで強調された争点が，一定の時間を経て公衆にも重要とみなされるようになるというもの。言い換え

14

世論への影響 | **1章**

▶ 図表 1.1 ◀　マスメディアの議題設定的役割

メディア議題	公衆議題

ニュース報道のパターン　　　　　　　　　　　公衆の関心

最も突出的な公共的争点　　　　　　　　　　**最も重要な公共的争点**
(Most prominent public issues)　　　　　　　(Most important public issues)

争点顕出性の転移
(Transfer of issue salience)

れば，メディア議題は公衆の議題を設定するのである。最小効果の法則とは正反対に，これはマスコミュニケーションが公衆に及ぼす強い因果的効果 ── メディア議題から公衆議題への顕出性の転移 ── に関する言明である。

　1968 年大統領選挙中のチャペルヒルにおける公衆議題を確認するために，無作為に抽出された投票意図未決定の有権者サンプルに対し調査が実施された。面接をしたのは投票意図未決定の有権者だけである。というのも，この新しい議題設定仮説は，マスメディア効果の当時主流であった見方に異を唱えるものだったからである。もし最適条件（大統領選挙での投票先をまだ決めていない有権者）にしぼったチャペルヒルでのテストでさえも議題設定効果が見出せないとしたら，有権者全般に広げてこの問題を追究する根拠は乏しくなる。一般の有権者の間では，長期的に培われた政党帰属意識と選択的知覚（selective perception）の過程とが，選挙キャンペーンでのマスコミュニケーション効果を弱めるからである。

　調査では，これら投票意図未決定の有権者は，現在の主要争点を挙げるよう求められた。候補者が何を言うかにかかわらず，回答者自身が重要と見なす争点である。調査で挙げられた争点は，それぞれに言及した有権者のパーセンテージにしたがって順位づけされ，それが公衆議題を表わすものとされた。この争点の順位づけは，諸争点を，公衆の関心が高い，中くらい，低いものの 3 グループに分けるよりもずっときめ細かなものである。

15

こうした有権者が利用した9つの主要なニュース源についても内容分析が行われた。9つとは，地方紙と全国紙〔地方紙だが米国で全国的に読まれている新聞という意味〕合わせて5紙，テレビネットワーク2局，ニュース週刊誌2誌を指す。メディア議題の争点順位は，最近数週間の間に各争点を取り上げたニュース項目の数によって決められた。これは，特定のメディア内容の効果を査定するために調査と内容分析とを組み合わせた最初の例ではないが，2つの方法を併用してマスコミュニケーションの効果を測るというのは，当時はきわめてまれであった。

　1968年米大統領選挙の時期にメディア議題と公衆議題とを占有していた争点は5つ──外交政策，法と秩序，経済，社会福祉，そして公民権〔人種差別撤廃〕──であった。チャペルヒルの有権者によるこれらの争点のランキングと，調査に先立つ25日間のニュースメディアでのこれら争点の扱いにもとづくランキングとの間には，ほぼ完全な対応が見られた。投票意図未決定の有権者の間での5つの主要選挙争点の顕出性は，直近の数週間のニュース報道におけるこれら争点の顕出性とほぼ同一であった。

　さらに，メディアが強力な効果を持っていることを示唆する議題設定の概念は，選択的知覚の概念よりも，公衆議題上の争点顕出性をうまく説明することができた。この選択的知覚こそ，マスメディアの最小効果というアイディアを支える主要論拠のひとつであった。[*9]議題設定は，弾丸理論 (bullet theory) や皮下注射理論といったメディア万能論への回帰ではない。受け手はメディアの指図どおりに動く自動人形のような存在だと考えているわけでもない。しかし，議題設定は，公衆議題にどの項目が入るかに関してはニュースメディアが中心的な役割を果たすと考える。あるいは，リップマンの言葉を借りるならば，ニュースメディアが提供する情報は，われわれが現実像を構成するうえで主要な役割を果たすのである。さらに付け加えるならば，こうした現実像に影響を及ぼすのは，ニュースメディアが提供する情報の全体的集合である。

　対照的に，選択的知覚の概念によれば，影響力の元は個人内部にある。個人は，既存の態度や意見と両立するかしないかに応じてメディア内容を選り分け

16

る。この見方に立てば，個人は，自分の意見を支持しないような情報への接触は極力減らし，支持的情報への接触は極力増やすと仮定されることが多い。選挙の期間中，有権者は自分の好きな政党が強調する争点に最も注意を払うと予想される。

公衆議題は，どちらの見方をより反映しているのだろうか。すなわち，ニュースにおける総体的な争点議題，すなわち議題設定理論が仮定する結果なのか。それとも，有権者が好む政党が提起した争点議題，つまり選択的知覚理論が仮定する結果なのか。

この疑問に答えるために，投票意図未決定のチャペルヒルの有権者のうち「好きな政党」がある（とはいえ，その党の候補者に投票するとはまだ決めていない）人が3グループに分けられた。民主党派，共和党派，そしてジョージ・ウォーレス（この選挙での第3党の候補者）支持派である。これら3つの有権者グループ各々に関して，CBSテレビネットワークのニュース報道との間で1対の比較が行われた。ひとつは，該当する有権者グループの争点議題をCBSのニュース報道全体と比較し，もうひとつは，グループの争点議題を，CBSのニュースのうちでもそのグループが好む政党や候補者が発信元であるニュースとだけ比較したのである。CBSに関して行った対の比較は，NBCや「ニューヨークタイムズ」，そして地元日刊紙に関しても同様に行われた。つまり，比較のための相関の対が12個（3有権者グループ×4ニュースメディア）できあがった。

各対でどちらの相関が強かっただろうか。議題設定の相関，すなわち有権者とニュース報道全体とを比較した相関か，あるいは選択的知覚の相関，つまり有権者と彼らが好む政党・候補者のニュースだけ比較したものか。12対の比較のうちの8対で議題設定仮説に軍配が上がった。残りのうち1対では差が見られず，選択的知覚仮説のほうが支持されたのは3対だけだった。強力なメディア効果を主張する新しいパースペクティブが，足がかりを得たのである。

● 蓄積された証拠

図表 1.2 の引用文はニュースメディアの議題設定影響力を明解に表している。1968 年大統領選挙時チャペルヒルにおいて小規模な形で始まって以来，ニュースメディアの議題設定影響力の実証研究はいまや数百例にも及ぶ。[*10] 2011 年『パブリックオピニオンクォータリー』75 周年記念号は，チャペルヒル研究が同誌に掲載された中で最も引用回数が多い論文だと記した。[*11] 世界中のさまざまな地理的・歴史的状況で，一般公衆に対する議題設定影響力の証拠が積み上げられてきた。そこでは多様なメディアやたくさんの公共的争点が取り上げられてきた。この証拠はまた，メディアと公衆議題との間の時系列的もしくは因果的な連関をも，より詳細に証明している。以下に挙げるのはこうした証拠のごく一部である。

▶シャーロットにおける 1972 年米大統領選挙

チャペルヒル研究は，1968 年大統領選秋期における投票意図未決定者と彼らが用いたメディアとに絞って調査していた。そこで，議題設定に関するもっと幅広い証拠を得るために，ノースカロライナ州シャーロットの全有権者を代表するサンプルと彼らが利用したニュースメディアを，1972 年の夏から秋にかけて 3 回にわたり調査した。[*12] その結果，選挙年の議題設定には 2 つの局面があることが分かった。夏から秋の初めにかけて主導権を握ったのは日刊新聞であった。容量の大きさゆえに ―― 30 分しかないテレビのネットワークニュースと比べると新聞は何十ページもある ―― 地元紙『シャーロットオブザーバー』は，後期キャンペーン前半の月には公衆の議題に影響を及ぼしていた。テレビニュースによる影響はなかった。しかし，キャンペーンの最終月になると，地元紙もテレビネットワークも議題設定力を行使している証拠はほとんど見られなくなった。

公衆に対する地元紙の議題設定影響力を検証したことに加え，その選挙キャンペーンの夏秋を通した観察は，対抗仮説 ―― 公衆議題が新聞議題に影響を

世論への影響 **1章**

▶ **図表 1.2** ◀ **プレス（報道機関）の権力**

　アメリカのプレスの権力は根源的なものである。それは公衆の議論の議題を設定する。この圧倒的な政治権力はいかなる法にも制約されない。それは，人々が何について語り，考えるかを決定する。よその国ならば専制君主や司祭や政党や高級官僚が持つような権威である。

　連邦議会のどんな重要な法令も，対外的な企ても，外交も，偉大な社会改革も，プレスが人々にそうした心構えをさせない限り，米国では達成できない。そして，プレスが重要争点を会話の議題へと押し上げたなら，争点は自己運動を始める。環境保護運動，公民権運動，ベトナム戦争の終結処理，そして最も顕著な例としてのウォーターゲート事件。これらはいずれも初期段階ではプレスによって議題に据えられたのである。

セオドア・ホワイト『大統領になる方法』

- -

　国の首都を小川にたとえるならば，「ワシントンポスト」は鯨のようなものだ。どんなかすかな水音を立てただけでも誰もが気づいてしまう。ワシントンにおけるポスト紙のように，新聞がひとつの都市で圧倒的な力をふるっている例は他にはない……。ポスト紙は活力を失ってきたのではないか，とくに 1991 年 9 月にベンジャミン・C・ブラッドリー編集長が辞任してからは，という苦情を聞くことがある。しかし，ポスト紙が国の政治議題に及ぼしている影響が目減りしているようには見えない。そして，ワシントンに常住する不平不満分子や指導者や闘争家にとってこの新聞が持つ神秘的と言えるほどの重要性にも陰りは生じていない。

『ニューヨーカー』1996 年 10 月 21・28 日号

及ぼすという —— を否定するものであった。メディア議題と公衆議題とを2時点以上で時系列的に観察できるときには，これら競合する2仮説の強さを測定した交差時間差相関を同時に比較することが可能である。たとえば，時点1における新聞議題が時点2における公衆議題に及ぼす影響と，時点1における公衆議題が時点2における新聞議題に及ぼす影響とを比較することができる。シャーロットでは議題設定仮説が勝っていた。

　1972 年大統領選挙期間中の争点議題には，個々人の生活に関連した問題が3

つあった。経済，麻薬，そして公立学校の人種統合を図るための強制バス通学である。そして，もう少し疎遠な争点は4つ。ウォーターゲートスキャンダル，米ソ・米中関係，環境問題，そしてベトナム戦争である。公衆の間でのこれら7争点の顕出性は，地元紙のニュース報道のパターンによって影響を受けていた。

▶3 地域における 1976 年米大統領選挙

1976 年にも大統領選挙年全体を集中的に調べる試みがなされ，そして再び，ニュースメディアの議題設定影響力が選挙年の時期ごとに変動することが明らかになった。[*13] こうした変動を捉えるために，有権者のパネルは2月から12月まで9回にわたって面接調査を受けた。調査は条件が異なる3地点で実施した。まず，ニューハンプシャー州の小さな町レバノン。この州では，民主党と共和党の候補者を選出する予備選挙が選挙年ごとに全米で最初に実施される。インディアナ州インディアナポリス。アメリカの典型的な中規模都市である。そして，イリノイ州エバンストンはシカゴの郊外にあり，高所得層が多く住んでいる。有権者調査と同時に，テレビの3大ネットワークの選挙報道と3地点の地元紙も内容分析された。

3 地域すべてにおいて，テレビと新聞の議題設定影響力が最も大きかったのは春の予備選挙の時期であった。ちょうど有権者が大統領選挙キャンペーンに波長を合わせ始める時期である。1年の残りの時期には，公衆議題に対するメディアの影響力は減少する傾向にあったが，それがとくに明瞭に見られたのは，比較的疎遠な7争点の顕出性についてである。すなわち，外交，〔ウォーターゲート事件で毀損した〕政府への信頼性，犯罪，社会問題，環境とエネルギー，政府支出と政府の規模，そして人種関係の7つである。経済争点のようにもっと身近な問題の顕出性は，新聞やテレビでのそれらの扱いに関係なく，キャンペーンを通して有権者の間で高止まりしていた。争点が人々の生活に直接のインパクトを持つ場合には，個人的経験はマスメディアよりも強力な教師となりうるのだろう。

世論への影響 | 1章

　公衆議題上の争点をこのように詳細に検討することで，ニュースメディアの議題設定影響力の変動については理解が深まったが，具体的な争点は選挙ごとに異なるものである。そこで，さまざまな状況で生じる議題設定の程度を比較するためには，何らかの要約的な統計量を用いるのが便利である。ニュースメディアの議題設定的役割を探究する研究者が最も一般的に用いている測度は，相関の統計量である。この統計量は，メディア議題上の争点順位 —— ニュースで最も多く報じられたのはどの争点か，二番目に多かった争点はどれか等々 —— と，同じ争点の公衆議題上での順位 —— 公衆の成員の多くが最も重要とみなしたのはどの争点か，第二位に順位づけられたのはどの争点か等々 —— との一致度を正確に要約してくれる。相関統計量がとりうる値の幅は +1.0（完全に一致）から 0（関連なし）そして−1.0（まったく逆の関連）までである。議題設定理論は，メディア議題と後続する公衆議題との間に高い正の関連があることを予測する。

　この相関統計量を用いて，1976 年大統領選挙時に 3 地域で実施した 1 年がかりの詳細な調査から得られた主要な知見を要約してみよう。まず，春の予備選挙期にテレビと新聞の議題設定影響力はともにピークに達するのだが，テレビの全国ニュースの議題と後続時点の有権者議題との相関は +0.63 である。十分強い影響だといえよう。対照的に，有権者が読んでいた地元紙 3 紙の議題と，公共的争点に関する有権者の議題との相関は，+0.34 でしかなかった。しかし，新聞の場合，これでも年間で最も高い値だった。とはいえ，生活の多くの側面でテレビの大きな影響を指摘することは流行りになっているが，テレビと新聞の相対的影響に関する今回の知見をすぐ一般化するのは要注意である。本章の最終節では，さまざまなコミュニケーションメディアが果たしている議題設定的役割に関して，より慎重で包括的な見方を述べよう。

　このように 1976 年大統領選キャンペーンを選挙年全体を通して観察したおかげで，議題設定理論の中核的仮説，すなわちメディア議題が公衆議題に影響するという仮説と，競合する因果仮説，すなわち公衆議題がメディア議題に影響するという仮説とを，比較検討する機会がここでも得られた。上述のように，

テレビの全国ニュースの議題設定相関は +0.63 であったが，これと比較して，同期間での，先行時点の公衆議題と後続時点のテレビ全国ニュース議題との相関はたった +0.22 である。2 つの相関係数間の差は，ローゼル＝キャンベル基準値 (the Rozelle-Campbell baseline) を用いて比較することでさらに明瞭になる。この統計量は，交差時間差相関係数の値が偶然によってのみ生じる場合の予測値を示している。この場合，ローゼル＝キャンベル基準値は +0.37 であった。議題設定の相関はこの基準値よりもはるかに高かった。他方，対抗仮説の相関は基準値を下回っていた。新聞の場合，議題設定相関はテレビよりも低く +0.34 であったが，しかし，対抗仮説の相関は +0.08 であり，やはり前者が勝っている。この場合，ローゼル＝キャンベル基準値も +0.08 である。両メディアの場合とも，証拠は，新聞やテレビの争点議題が公衆議題に及ぼす因果的影響を確認するものである。

　マスメディアの議題設定的役割を描き出そうとした，こうした初期の実証的な試みは，3 回連続で米大統領選挙を取り上げた。選挙という場を選んだ理由は議題設定効果が選挙時に限られるということではない。そうではなく，メディア効果の検討にとって国政選挙が自然の実験室的状況を生み出してくれるからである。国政選挙の期間中には，公共的争点や政治の他の側面に関するメッセージが大量かつ継続的に降りそそぐ。仮にこれらのメッセージが何か重要な社会的効果を持つとすれば，その効果は投票日までに生じるだろう。

　メディア効果を研究するうえでのこうした利点に加えて，国政選挙でのマスコミュニケーションの役割を追究してきた長い学問的伝統もある。それは，ラザーズフェルドとその同僚たちが手がけた記念碑的な研究に端を発する。最初の研究は 1940 年米大統領選挙時にオハイオ州エリー郡で，そして 2 回目は 1948 年の大統領選挙時にニューヨーク州エルマイラで実施された。こうしたすべての理由で，初期の議題設定研究は選挙という場で行われたのである。

　しかし，マスメディアの議題設定的役割は選挙という場に限られるものでも，米国に限られるものでも，さらには広義の政治コミュニケーションの分野に限られるものでもない。アメリカ大統領選挙は出発点に過ぎない。議題設定

世論への影響 | **1章**

の現象，それはマスコミュニケーション過程でたえず意図しなくても生じる副産物であるが，この現象は，選挙の場でも選挙以外の場でも，全国レベルでも地方レベルでも，世界中の広範な地域で，そして政治コミュニケーション分野を超えて多種多様な議題に関しても見出すことができる。しかしながら，とりあえずは公共的争点の議題に絞って話を進めよう。ここはコミュニケーションメディアの議題設定的役割に関していちばんよく研究されてきた領域であるから。

▶公民権問題への国民の関心

1954年から1976年まで，6回の大統領選挙を含む23年間にわたり，米国における公民権問題の顕出性は，ニュース報道に規則的に反応しながら上下していた。[*14] 公民権問題を国が直面する「最も重要な問題」と名指しするアメリカ人の比率は，この間に実施された27回のギャラップ世論調査では0%から52%の間で変動した。公衆議題上で公民権問題の顕出性はこのようにたえず変動していたが，そのパターンを27回の各世論調査に先行する1カ月間の「ニューヨークタイムズ」1面の公民権問題に関する報道と比較すると，結果は +0.71 というかなりはっきりとした関連が見られた。1カ月よりも以前の時期の公民権報道の影響を取り除いた場合でも，相関は +0.71 にとどまった。これはメディアの議題設定的役割に関する疑いのない証拠である。また，公衆の間での公民権問題の顕出性は，世論調査時点の主に前月のニュース報道を反映していたことにも注意されたい。これはメディア議題への比較的短期間な反応である。23年間にわたって調べられたメディア議題は，公衆議題に時間的に先行するものであった。ゆえに，この時間順序にもとづく証拠は議題設定の因果命題を一層支持するものである。公衆議題はかなりの程度までメディア議題に規定されている。

▶外交問題に対するイギリスとアメリカの関心

ニュースメディアがほとんどの人にとって外交問題に関する主要情報源であ

ることは明らかであろう。英米両国において，外交問題の顕出性は，メディア
がその問題にどの程度注意を払うかに応じて，規則的に増減していた。(*15)1990
年から2000年にかけてイギリスの公衆の間での外交問題の顕出性は，「タイム
ズ」の外交問題記事数と有意な相関を示していた (+0.54)。このイギリスの研
究と時期はかぶるが，米国で1981年から2000年まで20年間を扱った研究では，
アメリカの公衆の間での外交問題の顕出性は，「ニューヨークタイムズ」の外
交問題記事数と有意に関連していた (+0.38)。しかも，両紙とも単に記事本数
だけでなく，自国の関与を報じた外交問題記事の場合には，公衆議題に付加的
なインパクトを及ぼしている。

▶ドイツにおける世論

　ドイツでは1986年の1年間にわたり，公衆議題とメディア議題とを週ごと
に比較した研究が行われた。その結果によると，テレビニュース報道は，5つ
の多様な争点に対する公衆の関心に有意なインパクトを及ぼしていた。その争
点とは，エネルギー供給の適正化，東独−西独関係，ヨーロッパ政治，環境保
護，そして防衛である。(*16)

　エネルギー供給問題を例にとって，議題設定効果の生じ方を見てみよう。
1986年初頭には，ニュース議題上でも公衆議題上でもこの争点の顕出性は低
かった。しかし，5月になるとニュース議題上で急速に顕出性が高まり，続い
て1週間以内に，公衆議題上でも似たような上昇が起こった。ニュース報道
ではエネルギー供給問題への言及した項目数が，1週間に10未満だったのが，
100を超えるまでに増えた。エネルギー適正供給に対する公衆の間での関心は，
人口の15%前後にとどまっていたものが，突然25〜30%あたりへと上昇した。
ニュース報道がその後に減少すると，ドイツのエネルギー供給問題について関
心を表明する有権者の規模も小さくなった。

　この同じ年に，別の11の争点に対しては，議題設定効果は働かなかった。
前述のように，公衆はメディアが作成したものを受動的に待ち受ける自動人形
の集まりではない。ある争点については，メディアの報道パターンが公衆の共

世論への影響 **1章**

感を呼び起こす。しかし，共感を呼ばない争点もある。

▶他の争点を用いた追試的研究

　世論の動向に及ぼすニュース報道のインパクトが変動することを示す類似の証拠は，1980年代の米国で41カ月間をかけて実施された，11の争点に関する個別分析からも得られている。[*17]これら11本の分析では，ニュース議題には，テレビと新聞とニュース週刊誌の結果を総合したものを用いた。公衆議題のほうは，国が直面している最も重要な問題を回答者に挙げてもらった，ギャラップ世論調査の13回分のデータにもとづいている。**図表1.3**から，2つのパターンがすぐに見てとれる。第1に，メディア議題と公衆議題との合致度を要約した相関係数は，ひとつを除いてすべて正である。2種類の議題間の関連の中央値は+0.45である。道徳問題に関しては負の関連が見られたわけだが，この理由を説明するのはたやすい。道徳は，ニュースメディアがめったに取り上げないトピックである。

▶ **図表1.3** ◀　1983年から1986年にかけて，11の争点に関するニュース報道の動向とアメリカの公衆の関心との比較

政府の仕事ぶり	+0.87
失　業	+0.77
インフレ／生活費	+0.71
戦争への恐怖／核災害	+0.68
国際問題	+0.48
貧　困	+0.45
犯　罪	+0.32
経　済	+0.25
財政赤字	+0.20
予算削減	+0.14
道　徳	−0.44

出典：Howard Eaton Jr., 'Agenda setting with bi-weekly data on content of three national media', *Journalism Quarterly*, 66 (1989), p.946

25

他の10の公共的争点に関しては，1980年代のこの期間中，相関が正である。これは議題設定影響力がある程度存在したことを示している。しかし，2種類の議題間の関連の強さにかなり変動が見られることも明らかになった。これは，何がその時代の最も重要な争点かという公衆の認知に影響を及ぼす，メディア報道以外の要因へとわれわれの注意を喚起する。4章と5章では，公衆がコミュニケーションメディアやその時々の争点に日々かかわる際に重要となる，さまざまな心理学的・社会学的要因について論じよう。これらの要因は，マスメディアの影響度を高めたり抑えたりする。

▶ルイビルにおける世論

　ニュースメディアの議題設定影響力についてここまで検討してきた事例はすべて，大統領選挙や全国的な世論動向を見たものであった。しかし，地域的な公共的争点に関する議題設定効果もある。まず，アメリカの一都市における長期的な世論動向から話を始めよう。この研究では，世論の動向を，議題全体として分析するとともに，議題上の8つの個別争点ごとにも調べた。[*18] 1974年から1981年にかけてのケンタッキー州ルイビルにおける世論の動向を，「ルイビルタイムズ」紙のニュース報道と比較してみると，8年分の公衆議題データとニュース議題データをそれぞれ総計して比較した場合の両議題の相関は +0.65 であった。さらに，8争点の各々に対する関心が，これら8年間にどう増減したかも調べられた。そこで有意な議題設定効果が見つかったのは，ニュース議題上の上位4争点，すなわち，教育，犯罪，地域の環境問題，そして地域の経済発展に関してである。

　ニュースメディアは多くの争点に影響を及ぼしているが，世論の万能なる支配者というわけではない。また，ニュースメディアは，自らを取り巻く世界から職業的に超然とした立ち位置で自らの議題を決定しているわけでもない。「ルイビルタイムズ」の議題上で5位と6位にランクされた争点 —— 公共レクリエーション施設問題および医療保険 —— は「逆」議題設定（reverse agenda-setting）の実例である。すなわち，公衆の関心がメディアの議題を設定したのである。

世論への影響 **1章**

　メディアが万能でないことは，他の2つの事例でも分かる。地方政府という
トピックは，日々の新聞報道の主要な話題のひとつであるにもかかわらず，地
方政府に対する公衆の関心度は，それがニュースで取り上げられる傾向とは無
関係であった。おそらく，地方政府のように——あるいは他のトピックであっ
ても——いつも大量に報道されるものは，情報が遍在するがゆえに，かえっ
て意識されにくいのであろう。地方政府に対する公衆の関心度には新聞の議題
設定影響力が効かなかっただけでなく，そのニュース報道が「逆」議題設定の
影響を受けることもなかった。地方政府は調査期間中の公衆議題上で8位にラ
ンクされていたにもかかわらずである。

▶スペイン，日本，アルゼンチンにおける地域的世論

　1995年春，スペイン・パンプローナ市における公衆議題のトップに位置し
ていたのは，失業と都市の混雑（とくに週末の旧市街区の混雑）の2争点であっ
た[19]。公衆議題上の6つの主要争点への関心度と，調査に先立つ2週間の，そう
した争点に関するローカルニュース報道とを比較すると，高い一致度が見出
された。主読紙である地方日刊紙との対応は +0.90，パンプローナで2番目に
多く読まれている日刊紙との対応は +0.72，そしてテレビニュースとの対応は
+0.66 であった。

　議題設定は，1986年町田市長選挙でも生じていた。町田市は東京郊外にあ
る人口32万の都市である[20]。公衆議題——全部で7つの争点が並んでいたが
——と，町田市で読まれている主要紙4紙の報道とを比較すると，+0.39 とい
う緩やかな相関が得られた。この関連の強さは，年齢，性別，学歴の違いによっ
てあまり変動しなかった。4章では，なぜこのように比較的低い相関しか出な
かったのかを説明するひとつの心理学的要因を取り上げたい。

　地域レベルでの議題設定効果は，1997年ブエノスアイレス特別区の議会議
員選挙でも見出された[21]。9月の時点では，公衆議題と，ブエノスアイレスの主
読紙5紙を総合した争点議題との間の，上位4争点にもとづく相関は +0.20 で
あった。しかし，10月になり投票日が近づくにつれ，上位4争点に関する公

27

衆議題と新聞議題との対応は +0.80 に上昇した。選挙キャンペーン末期の数週間に，有権者がニュースメディアからかなり学習していたことがうかがえる。

アルゼンチンにおける議題設定効果の追加的な証拠が，ある政党連合内で大統領候補を選ぶために催された，1998 年予備選挙でも見出すことができた。当時の主要 6 争点に関して，選挙時の公衆議題とそれに先立つ 1 カ月間の新聞議題との対応は +0.60 であった。テレビニュースの場合，対応度はさらに上がり +0.71 であった。[22]

● 原因と結果

ここで概観した証拠，および世界中で実施された他の多くのフィールド研究は，メディア議題と公衆議題との間の因果関係を確証するものである。因果性を立証するために第 1 に必要な条件は，仮説上の原因と結果との間にかなりの程度の相関が存在することである。この条件は，世界各地で実施されてきた何百件もの議題設定研究が満たしてきた。

因果性を立証するために 2 番目に必要な条件は，時間的順序である。原因は結果に時間的に先行しなければならない。最初のチャペルヒル研究でさえも，この点に注意して，公衆の争点関心度を測定する世論調査結果と，面接に先立つ数週間のニュースメディアの内容とを比べるものであった。ただ，内容分析の数日間分は面接期間とかぶっている。[23]これに続く 2 回の米大統領選挙における議題設定効果の証拠はパネル調査にもとづく。1972 年大統領選挙期間中，シャーロットでは 6 月と 10 月に 2 波の面接および内容分析が行われた。さらに，第 3 波の面接は選挙直後に実施された。[24]1976 年大統領選挙時には，異なる 3 地点で 1 年をかけて，2 月から 12 月まで 9 波の面接と，各地元紙および全国向けテレビニュースの内容分析が行われた。[25]こうしたパネル調査デザインのおかげで，メディア議題と公衆議題との関係にまつわる時間的順序を詳細に検証することができた。

ここで概観した議題設定効果の他の証拠，とくに選挙時以外の多様な状況で

得られたものの中にも時系列的調査デザインによるものがある。そこでもメディア議題と公衆議題の関係における時間的順序を検証することができる。米国における公民権問題を取り上げた研究は，23 年間を射程に収めていた。この種の単一争点の分析としては，1980 年代の 41 カ月間にわたって 11 の争点で追試的研究を行ったもの，ドイツで5つの個別争点に関して 1986 年の1年間，週ごとに検討した研究がある。ルイビルでは，8 年間にわたり 8 つの地域的争点が集合的に，あるいは個別に分析された。

議題設定効果に関するこうした証拠はすべて「現実世界」に根ざしている。すなわち，公衆の無作為抽出標本にもとづく世論調査と，実際のニュースメディアの内容分析とに拠っている。こうした証拠は，議題設定効果が多様な状況で起こることを例証しているし，それが現実世界での世論を描き出しているがゆえに強い説得力を持っている。しかし，こうした世論の写実的な描写は，議題設定理論の中核的な命題 —— メディア議題が公衆議題に因果的影響力を及ぼす —— に関する最良の証拠とはいえない。なぜなら，これらメディア議題や公衆議題の測度には，統制できない要因が多数からみついているからである。

ニュースメディアが議題設定効果の原因であることを示す最良の，最も明瞭な証拠は，実験室での統制実験から得られる。実験室では，理論上原因とみなされる要因を体系的に操作することができる。実験参加者をさまざまな操作のパターンに無作為に割り当て，そうした結果を体系的に比較することができる。実験室的実験からの証拠は，メディア議題が公衆議題に影響するという因果関係を主張するための第 3 の，そして最終的な条件に適うものである。すなわち，メディア議題の内容と，そうした議題への公衆の反応との間に直接的な機能的関係があることを実証する。

実験室内では実験参加者の間で，軍備問題や環境汚染，軍縮，公民権，失業，そして他の多くの争点に関する顕出性の変化が生み出された。参加者たちは，特定の公共的争点を強調するよう編集された，異なるバージョンのテレビニュース番組を視聴したのである。実験的に操作した争点の顕出性が変化したのは，実際のところ，ニュース議題に接触したせいであることが，いく通りも

の統制実験によって確認された。たとえば，ある実験では，実験参加者は軍備問題を強調したテレビニュース番組を視聴した。そして，軍備問題を含まないニュース番組を視聴した統制群の実験参加者と比較された。この争点に関する顕出性の変化の度合いは，統制群の参加者よりも実験群の参加者のほうがずっと大きかった。対照的に，軍縮問題と併せて顕出性を測定した他の7争点に関しては，ニュース番組を見る前と見た後とで，実験群と統制群との間に有意差は見られなかった。

　実験デザインで得られた因果的証拠の最近の例として，2つの実験が，オンラインニュースが個人の議題に及ぼす議題設定効果を研究している。ひとつの実験は，「ニューヨークタイムズ」の印刷版読者とオンライン版読者の間で国際問題に対する顕出性を比較した。同紙印刷版の読者のほうにより強い効果が見られたものの，印刷版かオンライン版に接触した実験参加者は，「ニューヨークタイムズ」にまったく接触しなかった統制群とは有意に異なっていた。議題設定過程のさらなる探究へのドアを開くものとして，これらの実験を行った研究者は次のように論じている。「ニュースメディアの現代的化身としてのインターネットニュースは，ニュースメディアが公衆議題を設定するやり方を，わずかずつではあるが確実に変えつつある」[*31]。別の実験では，参加者にCNNニュース放送かCNNニュースサイトかのどちらかを見てもらい，その後，参加者がトップニュースを再生できるか，彼らの争点優先順位がどうなっているかを測定した[*32]。テレビニュースの視聴者に対する影響は，ウェブのインパクトよりも強かった。おそらく，ウェブページのフォーマットは，メディア議題上で何が顕出的であるかの明白な手がかりを，常に含んでいるわけではないからであろう。

　実験室実験はそれが人工的な状況だということで批判されることもあるが，ニュースメディアの議題設定的役割にとって，きわめて重要な補完的証拠を提供している。議題設定効果の証拠が完璧になるためには，実験の内的妥当性——メディアと公衆議題がしっかりと統制されたうえで測定されること——と，内容分析・サーベイリサーチの外的妥当性——そのデザインのおかげで，

世論への影響 | **1章**

知見が，現下の直接的な観察を超えて現実世界のより広範な状況へと一般化できること——の両方が必要である。議題設定理論の主要な貢献は，両方の証拠の流れにもとづき，具体的なメディア内容とそれが公衆に及ぼす効果とが明確に関連していることを示した点にある。

● 新しいコミュニケーション環境

ここ数十年間でコミュニケーションチャネルの数は激増した。とくに，インターネットサイトと個人化されたソーシャルメディアは絶え間なく増殖している。それゆえ議題設定研究は新しい時代に入ったと言える。次の3つの主要なリサーチクエスチョンへの解答が求められている。

▶インターネットのコミュニケーションチャネルは，公衆に議題設定効果をもたらすのだろうか

多様なインターネットチャネルについても，公衆に対する議題設定効果が実証されている。ちょうど，新聞やテレビに関して，チャペルヒル研究以来何十年にもわたって見出された効果と似たものである。2000年米大統領選挙では，候補者のウェブサイトが公衆議題上の争点顕出性に影響を及ぼしていた。[*33]実験のために設けられたウェブサイトによく接触していた参加者の間で，争点であった人種差別問題の顕出性が増大した。[*34]そして，2010年米上院議員選挙では，〔調査の対象となった〕インディアナポリスの有権者の間で，候補者のウェブサイトが7争点の顕出性に影響していた。[*35]

オンラインのニュースメディアに目を転じると，CNNオンラインの視聴者の間で，一群の全国的争点に関する顕出性の増大が見られたし，また，上述のように，「ニューヨークタイムズ」電子版を見た実験参加者の間では，国際問題に関する顕出性が増大していた。[*36]韓国では，「オーマイニュース」と「プレシアン」という2つのオンラインニュースサービスが，米軍車両による女子中

31

学生轢死事件に関する公衆の顕出性に影響を及ぼしていた。この問題は，大規模な反米抗議運動を引き起こしたものである。[*37]

▶新しいチャネルの増殖は，伝統的メディアの議題設定力を減少させたのだろうか

この数十年でコミュニケーション環境は大きく変容した。伝統的なマスメディアに最初にケーブルテレビ，次に衛星放送が加わり，今やウェブサイトと個人化されたソーシャルメディアが増殖している。われわれが20世紀の後半に観察してきたような規模での議題設定効果は，消滅しはしないものの，減少していると予測する識者もいる。[*38]こうした可能性の推測はよく耳にするものの，現在までの圧倒的な数の証拠が示すところでは，メディアの議題設定的役割は持続している。マーク・トウェインが〔ロンドンで客死したという噂を立てられたときに〕AP通信に送った有名な電文にたとえるならば，「議題設定逝去の報は大いに誇張されている」。

1956年から2004年の期間におけるニューヨークタイムズの報道と，同期間のギャラップ世論調査でたずねた「わが国が直面する最も重要な問題は」という質問への人々の回答とを対比させながら，議題設定効果を調べた広範な時系列的分析によると，効果の強さは時により変動している。しかし，近年になるにつれ低減するという傾向は見られなかった。[*39]

新しいコミュニケーション環境では，メディア利用パターンが世代ごとに分化するが，ノースカロライナとルイジアナ両州全域調査では，若年世代，中年世代，高年世代の間で，議題設定効果の差はほとんど見られなかった。[*40]若年成人層のほうがインターネットをより多く見る反面，伝統的メディアにはあまり注意を払わない。しかしそのことは，議題設定効果の大きさにほとんど影響しなかった。とくに注目すべきは，ルイジアナ調査で，インターネット低利用者と高利用者それぞれの争点議題を，同州の主要な新聞の争点議題と比較した結果である。インターネット低利用者の場合，新聞議題との相関は +0.90 であった。対するインターネット高利用者の場合，相関は + 0.70 であった。

世論への影響 | **1章**

　新しいコミュニケーションチャンネルの影響を歴史的に見たとき，過去 30
年間で非常に重要な 2 つの現象——1980 年代前半におけるケーブルテレビの
導入と 1990 年代後半におけるインターネットの普及——は，公衆が同一の議
題を共有することを起こりにくくさせたのだろうか。1976 年から 2004 年まで
の大統領選挙年にかけて，ニューヨークタイムズの争点議題と若年・中年・高
年世代の争点議題とを比較したところ，長期傾向として上記の出来事に関連し
た変曲点は見出せなかった。^(＊41)全体的なパターンとしては，どの選挙年でも強力
な議題設定効果が見られ，世代間では，メディア利用パターンが異なるにもか
かわらず，大きな差はなかった。若年世代の場合，調査期間中の相関の中央値
は +0.77，範囲は +0.55 から +0.93 までである。35 歳から 54 歳までの層では，
中央値は +0.79，範囲は +0.66 から +0.93 まで。55 歳以上の層では，中央値は
+0.77，範囲は +0.61 から +0.93 までであった。

　過去数十年間にわたる議題設定効果の強さ，そして現在の状況においても，
相変わらず議題設定効果の強さが保たれている理由は，メディア内や公衆の間
で長年にわたって築きあげられてきた行動パターンにある。メディア議題がか
なりの程度画一的であることは，先駆けとなったチャペルヒル研究でも発見さ
れていた。それが現在の状況でも持続している。パブロ・ボッカウスキーは，
ブエノスアイレスの主要な紙版とオンライン版の新聞それぞれのニュース議題
の間に高レベルの画一性があることを発見しただけでなく，1995 年から 2005
年にかけて，ニュース議題がますます互いに類似してきたと指摘する。ジャー
ナリストは昔から競争相手の活動を監視する習慣があるが，インターネットや
テレビから大量のニュースを得られるようになり，相互監視がしやすくなった
結果ではないかと彼は考える。^(＊42)7 章では，ニュースメディアと新しいソーシャ
ルメディアとの間の相互作用について，さらに詳述する。公衆の間では，強力
な議題設定効果は「市民的浸透 (civic osmosis)」——多くのコミュニケーショ
ンチャンネルが提供する情報の大海にたえず接触すること——によって生じ
る。^(＊43)2009 年 3 月に 1000 世帯以上から集めたテレビとインターネット利用に関
するニールセン調査データをネットワーク分析にかけた結果を，ジェームズ・

33

ウェブスターとトマス・クシャーゼクは次のように述べる。

236のメディアアウトレットの受け手はかなり高いレベルで重複していた。このことは，特定のチャンネルへの愛好者がタコツボ的に存在するというよりも，公衆の視聴パターンが重なり合っていることを示唆している。[*44]

ほとんどの人々は，日常生活の中で，いくつかのニュースチャンネルに対しては習慣的かつ意識的に注意を払い，他のニュースチャンネルには偶然的に接触する。こうしたニュースチャンネルが画一的であるという事情も合わさり，結果として公衆の間で，現在何が主要な争点かについて高度な合意が生じる。

▶特定のチャンネルの効果なのか，コミュニケーション・ゲシュタルト（全体的構造）の集合的な影響なのか

マスメディアの効果に関して長年関心を持たれてきたのは，多くの場合，そうした効果をもたらすうえで，さまざまなコミュニケーションメディアが相対的にどれくらい力を持っているかということであった。議題設定もその例外ではない。議題設定の基本的なアイディアが理解されるとすぐに，公衆議題を設定するうえでより強力なのはどのメディアかを，人々は問い始めた。20世紀の後半には，とくに新聞とテレビの比較に注意が向けられた。いまや多彩なソーシャルメディアがそれらに加わる。

この質問への最良の答は「時と場合による」である。こうしたすべてのチャンネルがほとんど同じように唱和するのか，あるいは，一，二のチャンネルの影響が他を上回っているのかは，状況によってかなり異なる。たとえ効果差が見られる場合でも，ほとんどのチャンネルはこうした議題設定効果に寄与している。われわれはニュースと情報の大海を泳いでいる。この大海はコミュニケーションチャンネルのゲシュタルトであり，全体は部分の総和以上のものである。しかし，マスメディア効果を長年にわたって検討してきた際には，メディアの集合よりも個別のメディアを強調する傾向があった。対照的に，市民

世論への影響 | **1章**

的浸透の概念はメディアの集合的役割を強調するものである。そして，新しいメディアの増殖は，このコミュニケーション・ゲシュタルトにさらに，多様すぎるほどの活気に満ちたチャンネルを付け加える。ますますもって，われわれは多様性あふれる海を泳いでいるのであり，海中の水流を理解する必要がある。コミュニケーションを促す水流と海を汚染する水流の両方をである。とりわけ，われわれは海全体を理解する必要がある。海全体が時を経てどう変わっていくのか，そして公衆議題にどう影響を及ぼすのか。

　われわれの研究分野の初期の頃から現在に至るまで，このコミュニケーション・ゲシュタルトからニュースや情報をどう吸収してきたかについては，豊富な経験的証拠がある。その後の研究のお手本となる1940年エリー郡調査の中で，ポール・ラザーズフェルドと彼の同僚たちは，さまざまなマスメディアに対する人々の利用の仕方にかなり重複があることを発見した。

　　ひとつのコミュニケーションメディアによく接触する人は他のメディアにもよく接触する傾向がある。ひとつのメディアに高接触で他のメディアにはほとんど接触しない人というのは比較的少数である。[*45]

調査でたずねられたときには，人々は自分の情報源として特定のニュースメディアを挙げる。たとえば，毎朝読む新聞，規則的に接触するラジオやテレビのニュースなどである。だからといって，人々はより広大なニュース環境の影響を受けないわけではない。1996年スペイン国政選挙においては，人々の議題と彼らが贔屓にするメディアの議題との一致度は，人々の議題とその贔屓のメディアとは競争相手であるメディアの議題との一致度と，大差がなかった。[*46]たとえば，『ディアリオ・デ・ナバラ』紙を主たるニュース源として挙げた有権者の間では，議題設定の相関は +0.62 であった。他方，彼らの議題と競合する地方紙の議題との一致度は +0.57 である。18通りの比較を行った結果，相関値の差の中央値はわずか 0.09 であった。

　先に述べた，日刊紙の議題設定効果を同時代の世代間で比較した研究に話を

35

戻そう。

　　……若年世代は高年世代ほど頻繁には伝統的メディアに接触しておらず，逆にインターネットはかなり多く利用しているという証拠があるにもかかわらず，メディアの多様性が従来のような公衆議題の共有状態を終わらせるという直感的な見方はほとんど支持されていない。むしろ，若者たちのメディア利用の仕方が変わっても，議題設定効果にはあまり影響を与えていないように見える。(＊47)

スウェーデンの2006年国政選挙時に，ジェスパー・ストロムバックとスピロ・キヨシスは，9つの主要ニュースメディア――さまざまなタイプの新聞紙，テレビ番組，そしてラジオ番組――に対する日々の利用度の影響を測定し，次のことを発見した。

　　……政治ニュース〔全般〕を見聞きすることが，争点顕出性の認知に対して有意な，そしてどちらかといえば強力な影響をもたらす。テレビやラジオのさまざまな個別のニュース番組やさまざまな新聞紙を見聞きすることよりも，政治ニュース〔全般〕を見聞きすることのほうが効いているのである。(＊48)

この知見は，強力で影響力のある新聞紙や放送局，ウェブサイトがあることを否定するものではない。しかしながら，もっと広い視野で捉えると，コミュニケーションの発言の広大なゲシュタルトこそが，われわれの社会組織を定義するのである。コミュニケーションの主要な効果は，メディアの集合的なインパクトや市民的浸透の持続的な過程から生じることが多い。公衆が利用可能なニュースチャンネルの数自体もまた，市民的浸透の重要な側面である。地域社会や国が直面している最も重要な問題を挙げるように世論調査で求められたときに回答者が言及するさまざまな問題の数は，その調査地域で活動しているメ

ディアの数と有意な関連がある。^(*49)

● 要 約

　本章は，ニュースメディアが公衆に対して議題設定影響力を及ぼすという証拠のこれまでの蓄積を網羅したというにはほど遠い。むしろ，こうした証拠の見本を，なるべく広範囲からになるよう努めながら取り出したものである。ここでの見本が示していることは，1968年から現在に至るまで，議題設定効果が，多岐にわたるメディアに関して，数多くの全国的争点や地域的争点を題材に，選挙期間中または政治的により平穏な時期に，米国，英国，スペイン，ドイツ，日本，アルゼンチンなどの国の多様な全国的あるいは地域的状況において実証されてきたということである。^(*50)最近の研究では娯楽メディアによる議題設定効果も実証されている。たとえば，「ジョン・スチュワート〔米国のコメディアン〕のデイリーショー（The Daily Show with Jon Stewart）」やスティーブン・コルベア〔同じく米国のコメディアン〕が司会を務めるニュース風刺番組，あるいはオプラ・ウィンフリー〔米国の俳優，司会者〕司会の昼間のテレビ番組などの効果である。^(*51)

　もちろん，ほかにも多数の重要な影響力が個人の態度や世論を形作っている。特定の争点に対してわれわれがどう感じるかは，われわれの個人的な経験や一般的な文化，あるいはメディアへの接触に根ざしているかもしれない。^(*52)世論の長期的動向は，新しい世代の参入，現実世界での出来事，そしてコミュニケーションメディアによって形成される。^(*53)にもかかわらず，議題設定効果に関する証拠の蓄積によって支持される一般的命題は，ジャーナリストは彼らの受け手が抱く世界像にたしかに大きな影響を与えているということである。

　ほとんどの場合，この議題設定影響力は，メディアが日々のニュースで取り上げるトピックを少数に絞る必要があることの，非意図的な副産物である。そして，多くのメディアが一握りの争点に焦点を合わせることで，受け手に強力なメッセージを伝えることになる。その時々で最も重要なトピックは何かとい

うメッセージである。議題設定は，われわれの注意を世論形成の初期の段階へと差し向ける。それは争点が登場し，公衆の注意を最初に引く段階である。したがってジャーナリストには，自らの議題に載せる争点を注意深く選ぶという強い倫理的責任が伴うのである。

　理論的に言えば，議題設定に関する本章の事例は，メディア議題から公衆議題へと争点顕出性が伝わることを例証している。後の章で見るように，顕出性の伝達に関する理論としての議題設定は，メディア議題が公衆議題に及ぼす影響や，あるいは公共的争点の議題にのみあてはまるというものではない。現代社会には多くの議題が存在する。世論が形成される状況を規定するさまざまな議題以外にも，顕出性の伝達というアイディアは，その他の多様な状況に応用されてきた。8章ではこうした新しい，幅広い応用例について論じる。それらは議題設定理論を政治コミュニケーションの領域外へと拡張するものである。しかしまずは，メディア議題が公衆議題に及ぼす因果的影響についての理論的見取り図を，もっと詳しく解説していこう。

現実とニュース

　ジャーナリストの中には，公衆に対するどんな議題設定影響力も否認する人がいる。彼らは言う。「われわれは，世界で起こったことをニュースとして報じているだけだ」。これと似たような仮定にもとづき，議題設定のアイディアを批判する人の中には，公衆もメディアも自らを取り巻く環境にただ反応しているだけだと主張する向きもある。しかしながら，ウォルター・リップマンがニュースメディアの役割を「外界と頭の中のイメージ」との間を橋渡しするものとして論じた際，彼は「擬似環境 (pseudo-environment)」というアイディアを導入した。擬似環境とは，われわれの頭の中にある世界像のことであり，それは現実と比べると常に不完全で，不正確であることもしばしばである。われわれの行動はこの擬似環境に対する反応であり，実際の環境に対するものではない，とリップマンは主張した。コミュニケーションメディアの議題設定的役割に関する何十年もの研究から得られた証拠の累積は，リップマンが指摘した，環境と擬似環境とを区分する意義を，さらに強調するものである。

　これはニュースがウソからできていると主張するものではない。それどころか，ジャーナリズムは検証可能な観察にもとづく経験的活動である。そして，こうした専門職業的倫理を遵守しなかった場合には，アメリカやヨーロッパのジャーナリズムでは歴史上大スキャンダルへと発展したことがあった。しかし，日々の出来事や状況が，ニュース組織の専門職業的レンズを通って屈折するとき，結果として形成される世界像——擬似環境——は，環境をより系統的に評定した場合とはかなりかけ離れたものになることが多い。多くの出来事や状況が，ジャーナリストの注目を引こうと競い合う。これらすべての出来事について情報を収集する能力はジャーナリストにはないし，すべての出来事について公衆に語るだけの能力もない。ジャーナリストは伝統的な専門職業的規範に依存し導かれながら，環境から日々出来事をサンプリングしている。結果

39

としてニュースメディアは，より広大な環境に関する限定された見方を提示する。まるで現代建築風建物の細隙状の狭い窓から外界を覗き見するようなものである。もしその窓ガラスが若干曇っており表面にむらがあったりすれば，この比喩はいっそう適合したものになる。

● 特異なイメージ

　有名な『ニューヨーカー』誌の表紙で，マンハッタンの住人がアメリカ合衆国をどう見ているかを風刺した絵がある。この絵は非常に巨大なニューヨーク市が幅を利かせており，国土の反対側にやや大きめのカリフォルニアがある。中間にあるすべての州は圧縮されひとまとめにされて存在感はない。似た例で，テキサス人が見た合衆国という絵もある。こちらは当然ながら，巨大なテキサス州で占められており，小さく圧縮された47州がテキサスを縁取る。合衆国を表すこうした心理学的地図は，学校で習った地理学者の地図とは似ても似つかぬものである。しかし，両方の地図は —— いかに誇張されていようとも —— 合衆国の心理学的地図としては現実にあり得るものである。本章では，ニュースメディアの描く世界「地図」が —— そして，それに接触した公衆の見方が —— ニューヨーク市民やテキサス州民を風刺した有名な表紙絵とよく似ていることを実証したいくつかの事例について検討しよう。

▶ある10年間のアメリカの世論

　今やよく知られるようになったパターンについて再び取り上げるならば，激動の1960年代10年間を通して，幅広い争点に関する米国民の世論は，ニュースメディアによる議題設定効果を受けていたことが実証されている[*1]。この期間のギャラップの世論調査が，アメリカ人に対してわが国が直面している「最も重要な問題」を挙げるよう求めたとき，ベトナム戦争，人種関係と都市暴動，学園騒動，およびインフレーションが公衆議題の上位に来た。1960年代の公衆議題上にあった14の主要争点の顕出性を，『タイム』『ニューズウィーク』

『USニューズ・アンド・ワールドリポート』の3誌におけるこれら同じ争点の報道量と比較すると，高い一致度が見られ，+0.78の相関が得られた〔スピアマンの順位相関係数〕。

メディア議題と公衆議題との間のこうした強い相関は擬似的なものであり，メディアも公衆も単に「外界」に反応しているだけだという批判に対抗するために，レイ・ファンクハウザーは，主として『現代アメリカデータ総覧(Statistical Abstracts of the United States)』に依拠しながら，歴史的議題も作り上げた。たとえば，ベトナムの顕出性は，1960年代に現地での戦争に関与した米軍兵士数——年によってかなり変動する——で測定された。こうした「現実による制御」変数が分析に導入されることで，議題設定過程の強さがかえって際立つことになった。ベトナム戦争や学園騒動，都市暴動に関する報道量は，こうした出来事が歴史上クライマックスに達する1年もしくは2年前にピークを迎えていた。分析で取り上げたどの争点の場合も，状況が他の年とは変わらない年に報道のピークが出現することが多かった。問題が改善を示しているのに報道量が増加したり，問題が増大しているのに報道量が低下したりする場合もあった。ファンクハウザーはこう述べている。「どの争点に関しても，メディア報道のパターンは，現実と一対一の関係を示していない」[*2]。要するに，1960年代のメディア議題と公衆議題は互いに強く関連していたと同時に，両者はその時代の歴史的傾向とは一定の距離を保ち，最小限の関連しか持っていなかった。

ここで「現実」変数を含めたことは，メディアが公衆に議題設定効果をもたらすことを示す因果的証拠にとってはとくに重要な貢献である。ニュース報道も受け手の関心も共に，現実世界で起こった出来事の単なる反映であるという主張に対して反論することができるからである。メディアは公衆に対して擬似環境を構成し提示する。それが公衆の世界観をかなりの程度まで形作る。

▶危機を創造する

1973年秋〔第1次石油危機が起こった時期〕のドイツの新聞にも，個人的経験

を超えた広大な環境に関する特異なイメージが提示されていた。[*3]9月上旬から12月下旬までの毎週，ドイツにおける石油の供給可能量に関しては否定的発言が肯定的発言を数で凌駕していた。さらには10月と11月には，状況を「危機（crisis）」と描写することが着実に増えた。1974年の1月2月になってようやく危機という描写が減り，ニュース報道でも，状況の肯定的評価と否定的評価とのバランスがとれるようになった。

　当時の秋から冬にかけてドイツでは本当にエネルギー危機が起きていたのだろうか。こうしたニュース報道のきっかけは，アラブ産油国による原油価格値上げや輸出禁止などの一連の措置で，初秋の頃，主に米国やオランダを対象としたものだった。実際のところ，9月と10月中のドイツの原油輸入量は，前年同月よりもかなり多めであり，11月の輸入量も前年と同程度であった。エネルギー危機が起こったと主張する事実的基礎がほとんど無いにもかかわらず，ドイツの主要紙 —— 高級紙であり政治的論調の異なる全国紙3紙とタブロイド紙2紙 —— は，9月から翌年2月にかけて，石油や石油製品の入手見込みに関する1,400本以上もの記事を発表した。これは，この状況を公衆議題の上位に据えるに十分な報道量であった。

　11月中に実施された一連の世論調査では，インタビューされた車両所有者の3分の2以上が，深刻な燃料不足が起こることを恐れていた。12月になり，状況に関する否定的な発言数が減少し始めると，燃料不足を懸念する人の比率は車両所有者の約半数に減り，さらには3分の1に落ちた。

　新聞が描き出したようなエネルギー状況の顕出性は，ドイツの公衆の間に強力な行動的反応を生み出した。10月には石油製品の購入が激増した。ガソリンやディーゼル燃料の売上げは前年比で7%，重油は15%，軽質燃料油は31%増加した。10月の石油輸入量は前年同月より超過しており，また11月の輸入量は前年同月と同程度にもかかわらず，散在した地点で品不足が発声した。需要が異常に高まったためであろう。言うまでもなく，売上げはそれ以降の月になると急速に落ち込んだ。消費者がすでにかなりの量を買い溜めていたからだと思われる。

1973年ドイツにおける石油「危機」は，集中的な新聞報道に刺激され，需要が急な高まりを見せたことに起因するものであり，供給の危機的減少によるものではない。この事例では，新聞の議題設定効果は，公衆の間での顕出性や関心の形成 ── 何百もの研究で実証されてきた，おなじみの認知的効果 ── を超えて，行動的効果に及んでいる。個々の消費者は，手近な状況に関する自分たちのイメージに反応していたのである。

▶薬物への国民的関心

似たような状況は，1980年代の米国でも起こった。薬物に対する公衆の関心が高まり始めたのは，「ニューヨークタイムズ」が1985年後半に薬物問題を「発見」し，その後100本以上も続く記事の第1弾を発表した以降である。この争点に関してはタイムズ紙が先導役を果たし，さらに翌年には『ニューズウィーク』のカバーストーリー，全国テレビネットワークのうち2局での特集番組，全米の新聞における薬物報道の急増などが続いた。そして予測されるように，薬物問題に関する公衆の関心も高まりを見せた。

このタイムズ紙の議題設定影響力 ── 他のニュースメディアに対する，公衆に対する，そして連邦政府に対する ── は，1986年半ばにオールアメリカンのバスケットボール選手レン・バイアスやプロフットボール選手のドン・ロジャースが薬物関連死を遂げたことで持続した。しかし，こうした衝撃的な出来事も，すでに定まったメディア議題を維持する以上のことはできない。ニュースメディアで，そしてその後は公衆の間でも薬物問題の顕出性が増大したことは，「純粋な」議題設定を印象づける事例である。というのも，上記の期間中，薬物使用の実際の発生率には何の変化も見られなかったからである。薬物問題が国民の議題に上ったのは，ジャーナリストがある状況を意識の中で発見したからであり，現実状況が変化したことへの反応としてではない。

しかし，国民の注目は気まぐれである。「ニューヨークタイムズ」の報道と世論は，ブッシュ政権による大々的なメディアキャンペーンに反応して，1989年にピークに達した。1989年9月，薬物問題を国が直面する最も重要な問題

と考える人は63％という天文学的数値に達した。1年後，同じように考える人は9％になった。ニュースメディア，大統領，および一般公衆から成る議題設定の三者関係は，複雑でたえず変化する関係の集合である。そして，この三者関係は，外部世界とは希薄な関係しか持たないこともよくあり，公共的争点に注目を払う期間も不確定である。[*6]

▶犯罪への恐怖

1990年代にも薬物問題とは別の事例が見られる。公共的争点に関する議題設定過程が，現実的基盤からきわめて独立した形で作動したのである。1992年テキサス世論調査〔テキサス大学が実施〕で国が直面する最も重要な問題は何かをたずねたところ，**図表2.1**に示されるように，犯罪を挙げた人はたった2％であった。1993年秋までには犯罪を挙げる人は15％になり，1994年前半の6ヵ月間に行われたその後2回のテキサス調査では，3分の1以上の回答者が犯罪を挙げている。これはかなり高レベルの関心である。この質問はギャラップ世論調査が1930年代に最初に始めたもので，それ以来何回も何回もたずねられてきたが，どの問題に関しても，こうした高レベルの関心が見出された調査は少ない。犯罪に関する関心は1995年や1996年初頭になるといくらか減少する。しかし，それでも約20％のテキサス州民が，犯罪を最も重要な問題としてまだ指定しているのである。

皮肉なことに，犯罪をめぐる公衆の関心が異常なまでに高まったその同時期に，犯罪の現実に関する統計指標は，犯罪率が実は低下していることを示していた。犯罪率の低下にもかかわらず公衆の関心が高まった原因は，おそらくニュースメディアにおける犯罪報道であろう。**図表2.1**はまた，1993年後半から1994年，1995年にかけて，テキサスの主要2紙である「ダラス・モーニングニュース」と「ヒューストン・クロニクル」で犯罪報道が集中するパターンを明らかにしている。〔1993年以降の〕9回の調査時期すべてにおいて，犯罪記事数が1992年夏——犯罪への関心を示す人がほとんどいなかった時期——よりも増えている。

現実とニュース **2章**

```
▶ 図表 2.1 ◀   犯罪に関する新聞報道と公衆の関心
```

時　期	テキサス世論調査*(%)	ダラスとヒューストンの新聞における犯罪記事	
		総　数	シンプソンとセレナの記事を除いた記事数
1992 年夏	2	173	173
1993 年秋	15	228	228
1994 年冬	37	292	292
1994 年春	36	246	246
1994 年夏	29	242	216
1994 年秋	22	220	205
1995 年冬	24	233	207
1995 年春	21	248	211
1995 年夏	19	212	200
1995 年秋	15	236	126

*テキサス世論調査の回答者が，国が直面する最も重要な問題として「犯罪」を挙げた比率。
出典：Salma Ghanem, 'Media coverage of crime and public opinion : an exploration of the second level of agenda setting'. Unpublished doctoral dissertation, University of Texas at Austin, 1996.

　図表 2.1 のこうした傾向を詳細に分析すると，犯罪報道の増加パターンがその後の世論に反映することが実証される[*7]。2 年半の期間にわたり，犯罪を大きな社会問題として懸念する人々の増減と犯罪報道のパターンとの対応は +0.70 であった。この一致度の高さは，この期間に起こった 2 件のセンセーショナルな犯罪の影響を制御しても持続する。1994 年の夏，ニュースメディアは全世界に向けて O・J・シンプソンによる殺人事件を大々的に報じ始めた。フットボールの有名な花形選手であり，その後スポーツ解説者となったシンプソンは，妻と友人をロサンゼルスの歩道で刺殺した罪で告訴された。1995 年の夏には，テキサスで有名なヒスパニック系歌手であるセレナが殺害された。これら 2 つの殺人事件を合わせると，1994 年夏から翌年秋までの犯罪報道の 6 分の 1 近くを占める。こうした 2 つの注目を引く殺人事件——しかもうち 1 件はテキサスで起こっている——の報道が，犯罪に対するテキサスの人々の関

心をかなりの程度まで説明できると考える向きもあろう。しかしながら，シンプソンとセレナのニュース記事すべてを分析から除外した場合にも，メディア議題と公衆議題の一致度は +0.73 の高さを保っている。

　新聞の犯罪報道に対する公衆の反応でこれと同じパターンがシカゴやフィラデルフィア，サンフランシスコの日刊紙読者の間にも見られる。これらの各都市では，競合紙同士は犯罪に対して非常に異なるスタイルやアプローチをとっていた。一紙はかなり抑制的に，もう一方はもっと大々的に，というふうに。3 都市いずれにおいても，犯罪記事に紙面を割く比率が高い方の新聞の読者は，もう一方の新聞の読者に比べ，犯罪に対してより強い恐怖心を示した[*8]。

　ここでは新聞が唯一の原因ではない。テレビも —— おそらくニュースよりも娯楽番組を通して —— 犯罪や暴力に対する恐怖心を視聴者の中に醸成する。ジョージ・ガーブナーと彼の同僚たちは，こうした世界観を「冷たい世間症候群 (the mean world syndrome)」と名づけたが，長年にわたる大規模なテレビ視聴者研究にもとづき，次のように結論づけた。「テレビへの長期にわたる接触は，必然的に暴力シーンを頻繁に目にすることになるが，世の中は不親切で危険なものであるというイメージを培養する傾向がある[*9]」。多数の証拠に裏づけられたこの主張は，テレビの娯楽番組が長期的な議題を設定するというものである。

　ワシントン DC のローカルテレビ局の犯罪ニュースがもたらす効果を包括的に調べたある研究は，米国地方紙における犯罪ニュースの研究と，テレビ娯楽番組における犯罪・暴力描写の培養効果研究とを合わせて取り入れたものであった[*10]。議題設定理論と通常関連づけられる結果 —— 犯罪を最も重要な問題として指定すること —— や，培養分析と関連づけられる結果 —— 犯罪の犠牲者になるリスクや夜一人歩きすることへの恐怖心 —— はすべて同時に測定された。こうした結果を予測する要因として，大量の犯罪を伝えるローカルテレビニュースへの接触に加え，現実に関する 3 組の測度も検討された。すなわち，犯罪の犠牲者になった直接経験があるか，近隣地域の犯罪率，友人や隣人・親戚に犯罪の犠牲者がいるか，である。ローカルテレビニュースへの接触は，ワ

シントン首都圏が直面している重要な問題として犯罪を挙げる傾向と強く関連していた。しかし，現実に関する測度の中でワシントンにおける犯罪の顕出性に影響を与えていたのはひとつの要因――近隣における暴力犯罪率――だけであった。対照的に，ローカルテレビニュースへの接触は，培養分析によって予想されるような結果のどれとも関連していなかった。しかし，現実に関する測度の約半数は，犯罪への恐怖心と有意に関連していた。

今の時代のマスメディアが犯罪に関する懸念を人々の心の中に生み出すはるか昔，20世紀初頭のタブロイドジャーナリズムにおいてもある「公理」が説かれていた。「警察署で犯罪記録を30分だけ閲覧させてくれれば，世間に犯罪の流行を引き起こしてみせよう」。要するに，犯罪に対する公衆の恐怖心や社会問題としての犯罪への関心は，犯罪の現実よりもメディア議題と関連していることがはるかに多い。さらに言えば，「ニューヨークタイムズ」の社説が述べるように「人間の存在に関するひとつの単純な真理は，恐怖心は鎮めるよりも煽るほうがずっと簡単だということである」。この社説が取り上げたのは，2001年の夏に，サメが人間を襲ったという報道が相次いだ――『タイム』誌の劇的な表紙も含めて――ことである。しかし，海洋学者がすぐさま指摘したのは，その夏の襲撃件数は平年とまったく変わらず，ただ，あちこちで起きた事件を，メディアが申し合わせたかのように一斉に取り上げただけであった。タイムズ紙の社説が比較するように，米国では1990年から1997年の間に28人の幼児が倒れたテレビ受像機の下敷きになって死亡した。これは20世紀中にホホジロザメに襲われて死亡した人数の4倍である。テレビで映画『ジョーズ』を見るほうが，海で泳ぐよりもずっと危険かもしれない。

▶環境問題の発見

環境問題に関する米国の世論を1970年から1990年までの長期にわたって検討したところ，公衆議題上でのこうした問題の顕出性と，大気や水質汚染の「現実」を表す3種の異なる測度の統計的動向との間には，何の関係も見られなかった。対照的に，公衆議題――66回のギャラップ世論調査でMIP〔最も

重要と考える問題〕質問で測定されたもの——と実質的な関係を持っていたのは、「ニューヨークタイムズ」における環境問題記事の長さや突出性〔紙面上の位置、掲載面、長さ、見出しの幅、写真や図の大きさなどを指標化し総合〕であった。現実に関する測度を制御しても、公衆の関心とタイムズ紙の記事の長さとの相関は +0.93、記事の突出性との相関は +0.92 であった。環境問題記事の長さも突出性も、1970 年から 1990 年にかけてかなり増加した。他方、「現実」に関する統計的測度は、汚染全体で言えば下降傾向を示していた。

▶衝撃的発見

集合的に見て、世論のこうした肖像は、ジャーナリズムが持つ裁量権やマスメディアの現実描写に時折見られるズレについてわれわれに教えてくれる。上記の事例は多様な状況をカバーしている。1970 年から 1990 年まで、公衆は環境問題報道の増大に反応していた。大気や水質汚染が実際には減少しているにもかかわらずである。1990 年代には、犯罪のニュース報道が増加するのに対して似たような反応が見られた。だが、この時期、現実には犯罪は減少傾向にあった。1980 年代、公衆は薬物に関するニュース報道が増加するのに反応した。この時期、薬物問題にまつわる現実には何の変化も見られなかったにもかかわらずである。サメの襲撃やドイツでの石油の入手見込みに関するニュース報道でも同じことがいえる。1960 年代には、主要争点に関するニュース報道や公衆の関心の動向と、こうした争点に関する現実との間には、何の相関も見られなかった。

これらすべての状況に対する公衆の反応は、「衝撃的発見 (alarmed discovery)」という現象を思い起こさせる。これは議題上の新しい争点に公衆が反応するときの最初の段階を指す。アンソニー・ダウンズの「争点注目サイクル (issue attention cycle)」の理論で提起されたものである。[*13]これまで述べてきたようなメディアによる争点の提示は「衝撃的発見」と特徴づけることができる。なぜなら、現実世界で異常なことがなにも起きていない時期に、ニュースがこうした争点それぞれを強調し始めたからである。実際のところ、これらは現実世

界の状況下で実施された一種の自然実験ともいえる。それによってニュースメディアが公衆に及ぼす議題設定影響力の強力な因果的証拠が得られたのである。

　別の洗練された自然実験として，1998年の5ヵ月間にわたり日々追跡調査を実施して「争点注目サイクル」の段階を探究した研究がある。その知見によると，「アトランタジャーナル・アンド・コンスティチューション」の1面記事が，公衆の間での「大気の質」問題に関する顕出性に有意な影響を及ぼしていた。ニュース報道が争点顕出性に影響することを示すこの証拠はとくに説得力がある。というのも，取り上げているのが大気の質という「見えない」争点だからである。地表面でのオゾン――視認できるスモッグの有害な成分――は透明無臭である。さらには，4種類の関連する気象条件――現実状況の指標――を日々測定した結果は，アトランタ住民の争点顕出性のレベルとは関連していなかった。ここでも，出来事や現実世界の状況を表す指標以上に，メディア議題が大きく関わっていることが分かる。

● 議題設定効果の視点

　世界中で行われてきた議題設定効果の探究は，このマスコミュニケーション現象を多様な視点から観察してきた。こうした視点を説明する四分された類型化は「アカプルコ・タイポロジー」としばしば呼ばれる。というのも，これは当時国際コミュニケーション学会 (ICA) 会長であったエベレット・ロジャーズの招きで，メキシコ・アカプルコ市での大会で初めて発表されたからである。この類型化は，2種類の二分された次元によって定義される。第1の次元は，議題に対する2通りの見方を区分するものである。議題を定義する項目の集合全体に注意を向けるか，あるいは議題上の単一項目に注意を絞るかである。第2の次元は，議題上の諸項目に関する公衆の顕出性を測定する2方法を区分するもの。集団や人口全体の状態を表すアグリゲートな測度か，個人の反応を表す測度かである。これら2つの次元を組み合わせて議題設定の4つの視点がで

きる。それを図示したのが**図表 2.2** である。

　視点Ⅰは議題全体を扱い，議題上の項目の顕出性を確かめるために人口集団のアグリゲートな測度を用いる。議題設定の端緒となったチャペルヒル研究はこの視点を採用した。メディア議題と公衆議題も米大統領選挙の5つの主要争点で成り立っていたことを想起されたい。それら争点の相対的な顕出性は2種類のアグリゲートな測度で決められた。メディア議題については，争点顕出性は各争点に関するニュース記事の本数で決定され，公衆議題は，各争点に対して政府が何かをすべきだと考える有権者の比率で定められた。この視点は「競合（competition）」と名づけることができる。なぜなら，議題上の地位を競い合っている一並びの争点を研究対象としているからである。競合する一並びの争点を扱った議題設定研究の他の例としては，チャペルヒル研究後の2回の米大統領選挙研究，日本・アルゼンチン・スペインにおけるローカルな世論に関する研究，1960年代全体を通しての米国世論の動向に関する研究などがある。

　視点Ⅱは，争点議題全体に焦点を合わせるという点では初期の議題設定研究に似ているが，しかし，各個人が抱く議題へと焦点を移している。視点Ⅰがシステムレベルであるのに対し，視点Ⅱは個人レベルである。しかしながら，個々人が一連の争点について順位づけをするよう求められた場合，そうした個人のランキングと，ニュースメディアにおけるそうした争点の強調度との間に何らかの一致が見られるという証拠はほとんどない。この視点は「自動機械[*15]

▶ **図表 2.2** ◀　**アカプルコ・タイポロジー：議題設定の4視点**

注意の焦点	公衆の顕出性の測度	
	アグリゲートデータ	個人データ
議題全体	視点Ⅰ **競　合**	視点Ⅱ **自動機械**
議題上の単一項目	視点Ⅲ **自然史**	視点Ⅳ **認知的肖像**

(automaton）」と呼ばれる。人間の行動に対するその味気ない見方ゆえである。マスメディア効果の一種の皮下注射理論への回帰と見なすこともできる。メディアはいくつかの争点の顕出性に関する個人の見解に影響を及ぼしうるものの，個人がメディアの議題全体を意識の中にきっちり再生することはめったにない。

視点Ⅲは焦点を議題上の単一争点へと狭めながらも，視点Ⅰと同様に，この争点の顕出性を確認するためにアグリゲートな測度を用いる。よく採られる方法は，顕出性の測度として〔メディア側では〕その争点に関するニュース記事の総数，および〔公衆側では〕その争点を国が直面する最も重要な問題として挙げた人の比率を用いるものである。この視点は「自然史（natural history）」と名づけることができる。単一争点の顕出性が時系列的に変動するなかで，メディア議題と公衆議題とがどの程度一致するかに焦点を合わせたものだからである。この視点を用いた既述の事例としては，米国における公民権問題を23年間分検討した研究，ケンタッキー州ルイビル市でさまざまな8つの争点を8年間分調べた研究，16の争点について1年間詳細に調べたドイツの研究などがある。

視点Ⅳは再び個人に焦点を合わせる。しかし，観察は単一議題項目の顕出性に限る。この視点は「認知的肖像（cognitive portrait）」と呼ばれ，議題設定の実験的研究で用いられる。実験では，単一争点の個人にとっての顕出性が，ニュース番組への接触前と後とに測定される。同時に，さまざまな争点への接触量は統制される。

議題設定現象へのこうした多様な視点が存在することで，このメディア効果に関するわれわれの知識の信頼度が強化される。視点Ⅰは，ニュースメディア内容と世論との変動する連関の特定時点での状態を，包括的に記述する便利なやり方である。この視点は世界をありのままに記述しようと努める。視点Ⅲは単一争点の自然史を記述するうえで有用だが，その争点が置かれたより広大な社会的コンテクストを無視してしまうことになる。にもかかわらず，単一争点の長期にわたる動態を知ることは，議題設定過程の作用の仕方を理解するうえ

できわめて役に立つ。視点Ⅳも議題設定の動態を理解するうえで重要な寄与を成す。理論的な観点から言えば，視点Ⅲや Ⅳが生み出す証拠は，議題設定理論を詳細に説明するために絶対的に必要である。この現象がいかに，そしてなぜ生じるかを説明してくれるからである。しかし，議題設定理論の究極的な目標はわれわれを視点Ⅰに引き戻す。それは，それぞれのコミュニティや国民の生活におけるコミュニケーションと世論とを包括的に捉える見方である。

● 内容 対 接触

　議題設定研究はある議題から別の議題 ── 通常はメディア議題から公衆議題 ──への顕出性の転移に焦点を合わせる。アカプルコ・タイポロジーは，こうした顕出性の転移を測定するために用いられてきた多様な研究デザインを特定したものである。われわれが今まで概観した研究デザインや事例は，メディア議題の内容と公衆議題の内容との比較に重点を置いてきた。ニュースメディアへの接触はしばしば自明視され，測定されなかった。しかしながら，議題設定のこうした内容を基にした研究は，注意を基にした研究によって補完される。後者は，ニュースメディアに対する注意のレベルが議題設定効果の強さと明らかに連関していることを実証している。注意を基にした視点を説明する(＊16)ものとして，2006 年スウェーデンの国政選挙に関するある研究は，9 つの主要なニュースアウトレット（個別の放送番組や新聞紙）も検討に加えながら，日々のニュース利用がもたらすインパクトについて測定した。そこで得られた知見は「政治ニュース〔全般〕への注意は『争点顕出性の認知』〔MIP 質問で答えた争点が，国政選挙への投票に際してどの程度重要かを評定してもらったもの〕に対して有意かつかなり強力な影響を及ぼす。そして，政治ニュースへの注意は，テレビやラジオの個別ニュース番組への注意や個別の新聞紙への注意よりも重要である」。(＊17)

● 過去の世紀における議題設定

「議題設定」という用語が作られたのは1968年になってからであるが，この現象がもっと昔にも起こっていたという歴史的証拠がある。のちに合衆国になるイギリスの植民地では，アメリカの植民地新聞における地理的な注目の焦点や地名の顕出性は，1776年の独立宣言に先立つ40年間に劇的に変化した。[18]40年間の比較的早い時期，1735年から1744年の期間には，登場する地名の約3分の1は広義の英米コミュニティ内 —— それが英国であれ北米であれ —— の地点を指すものであった。しかし，独立宣言直前の10年間になると，地名のうち北米内だけを指すものが3分の1になった。最後の2年間，1774年と1775年には，地名で北米内だけを指すものが優に半分になった。政治的合意を達成するという新聞の議題設定的役割の概念により関連するものとしては，アメリカの植民地を単一の単位として表現するシンボルが1763年以降かなり増大した。この年以降，新聞紙面上でアメリカを表すシンボル全体の4分の1が，植民地を単一の公共的単位として表現していた。18世紀の植民地新聞の地理的議題は，新しい国民が文化的・政治的アイデンティティを築くのを助けた。

時代を19世紀末に移すと，進歩主義時代の改革者たちは，民主政治の中核にある権力行使の一形態として，ニュースメディアの議題設定的役割を信奉していた。地方政治の改革者たちは1890年代にこの教訓を学んだ。シカゴやセントルイスだけでなく，他の大都市でも同様である。[19]たとえばシカゴでは，1890年代後半に大々的に注目を浴びた公共的争点はすべて，その年代の多くの時期に新聞の議題で突出していた争点であった。集中的かつ持続的に報道されたひとつの争点 —— 路面鉄道規制 —— は結果として何年もの間地方選挙を支配する争点となり，そこで1899年までには，市長選挙候補者全員が，路面鉄道規制を自らのキャンペーンの最重要の争点にせざる得ないと感じるほどであった。[20]

世紀の変わり目のアメリカ政治で別の場所に目を向けると，カンザス州の有

名な新聞編集者であるウィリアム・アレン・ホワイトは，自らの新聞「エンポリア・ガゼット」を，反ポピュリストの議題を声高に主張するために用いた〔ここでのポピュリストとは 1891 年設立の人民党（People's Party）のこと〕。この新聞の議題が当時地域の公衆議題に及ぼした効果を正確に推定するのは困難だが，ジーン・ラング・フォルカーツは次のように結論づける。

　　ホワイトが彼の読者に対して設定した議題は，1895 年から 1900 年にかけての農民たちの経済的困窮を否認するものであった。彼は，農民たちが提案した制度的救済策を嫌悪し，実業家による統制が失われることや東部資本が撤退することを恐れていたからである。[21]

本章の冒頭に，ニュースメディアが世論の焦点に影響を及ぼす証拠として，激動の 1960 年代の 10 年間全体を扱った研究があることを示した。[22] 1 章で概観した研究は，1954 年から 1976 年にかけて米国で公民権問題が進展していく過程を扱っていた。[23] これら 20 世紀の 2 事例は，いまや記憶が薄れつつある歴史の断片ではあるが，しかし基準的研究として有用である。なぜなら，ニュースメディアの内容と世論の体系的な評価とをかなり長期にわたって比較したという利点を持つからである。歴史研究のほとんどは 1930 年代に世論調査が発達する前の時期を扱っており，いわばこうした利点を持っていない。しかし，議題設定理論を定義した今の時代の数々の証拠にもとづきながら，エドワード・カウディルは次のように結論する。「歴史学的に見ても，プレスの議題は，新聞や雑誌の直接的な読者を超えた広い世論を知るうえで，妥当な手がかりと言えるかもしれない」。[24] もちろん彼が指摘するように，限界や制約もある。何よりも前提条件として，広く普及したマスコミュニケーションが存在し，それが，学者がその意見を知りたいと思う一般大衆と有意味な繋がりを保持していなければならない。[25]

54

現実とニュース **2**章

● 要　約

　われわれの頭の中のイメージは多くの起源を持つ。われわれと取り囲む世界に関するさまざまな知識源のうち，ニュースメディアはとくに目立つものである。議題設定理論は，時代の最も重要な問題について合意を形成する際にニュースメディアが果たす役割について記述し説明するものである。1章では，メディア議題の優先順位とその後の時点での公衆議題の優先順位との間に高い一致度が見られることを実証した数多くの証拠について概観した。メディア議題と公衆議題との因果関係に関する疑念を取り除くために，議題設定は実験室に持ち込まれた。メディア議題が公衆議題を設定するという命題をさらに確実なものにするために，本章では，片や世界の出来事と，片やニュースメディアや公衆の心の中でのそうした出来事の描写とが，かなりの程度まで独立していることを実証した追加の証拠についても概観した。1960年代の広範な争点，1970年代の石油の入手見込み，1980年代の薬物，1970年代から1990年代にかけての環境問題，1990年代の犯罪，そして今世紀初頭の犯罪やサメ襲撃事件。いずれの場合も，メディア議題は歴史的な出来事の議題とほとんど類似性がなかった。にもかかわらず，これらすべての状況において，メディアとメディアによる世界の描写が公衆の議題を設定しているという強力な証拠が得られた。

　マスメディアの議題設定的役割についてわれわれが近年獲得してきた知識は，今度は，歴史的な過去に関するわれわれの理解を体系化するためにも使われている。議題設定理論が説明する現代の世論の動態が，過去にも外挿可能だと仮定し，研究者たちは過去の世論の歴史を記述するために，新聞や雑誌の内容分析を用いてきた。歴史的分析と今の時代の世論分析とのこうした融合は，新しいコミュニケーション技術やグローバルメディアと繋がった新しい政治的実践の急速な進展を理解するうえでも，豊かな理論的可能性をもたらしてくれるだろう。[*26]

　こうした理論的可能性に付随する重要な概念は，アカプルコ・タイポロジー

55

で特定した視点のうちの2つ，すなわち，システムレベルにおける「自然史」の視点と個人レベルにおける「認知的肖像」の視点である。両者は，議題設定過程がいかに作動するかに関する詳細な見方を提供してくれる。こうした視点から得られた洞察は，たえず変化する争点の組み合わせをめぐるメディアと公衆との複雑な相互作用に関するよりきめ細かな理論的構図を描く際に役立つだろう。一並びの争点に焦点を合わせたこのより広い視点は，アカプルコ・タイポロジーでは「競合」と名づけられる。議題設定研究はチャペルヒルで，こうした「実在」の状況を用いて開始された。世論を理解しようとする研究者にとっても市民にとっても，これは究極の視点である。

　最後に，今世紀に入ってリップマンの擬似環境のアイディアを再びなぞるかのように，「ニューヨークタイムズ」のコラムニスト，ウィリアム・サファイアは，現実とニュースの関係を次のように簡潔に要約した。「そして政治においては，プレスおよび公衆によって広く認知されたものが現実となるのだ[*27]」。

われわれの頭の中のイメージ

　ニュースメディアはわれわれの頭のイメージの主要な情報源であるという，ウォルター・リップマンが雄弁に論じた命題(*1)は，議題設定という頑健な知的子孫を生み出した。この社会科学理論は，コミュニケーションメディアが政治や公共的問題に関するわれわれのイメージの形成に寄与していることをかなり詳細に理論化した。中核的な理論的アイディアは次のようなものである。メディアが作る現実イメージの中で突出した要素は，公衆の現実イメージの中でも突出するだけでなく，同時に，とくに重要だと見なされるようになる。

　前の章では，公共的争点の議題に焦点が置かれていた。しかしながら理論的には，こうした議題の構成要素はどんなものでもよい。争点，選挙の候補者，競合しあう諸制度などなどである。実際には，これまで世界で何百も実施されてきた研究の大多数は，公共的争点から成る議題に主たる焦点を合わせてきた。こうした議題設定研究においては，中核的な知見は以下のようなものである。すなわち，ニュースで争点に与えられた強調度が，公衆がそうした争点に与える優先度に影響を及ぼす。しかし，1968年米大統領選挙時にチャペルヒルで実施され，嚆矢となった議題設定研究においてさえ，分析結果ではニュース報道のわずか3分の1しか争点を取り上げていなかった。残りは，キャンペーンのイベントや政治戦略，候補者についての情報などを強調していた。(*2)

　なぜ公共的争点が長年にわたって議題設定理論の主要な焦点であり続けたかについては，十分すぎる理由がある。第1に，公共的争点から成る議題は議題設定のメタファーに適合しやすく，マスメディアと世論との間の強力かつ明示的な理論的連関——ジャーナリズムや政治，世論に関心を持つ人なら誰にとっても明白な連関——を示唆してくれたこと。第2に，社会科学的な選挙研究には，知識にもとづいた世論にとって争点が重要であることを大いに強調する根強い規範的伝統があること。そして最後に，公共的争点に重点を置いた世論

調査が恒常的に実施されるようになり，それが公衆議題を測定するために広く用いられる方法を提供してくれたこと。

　議題設定は争点の顕出性に関心を持ち，賛成・反対意見の分布を取り扱うものではない。後者は伝統的な世論研究の焦点であった。とはいえ，核となる領域は同じ――その時代の公共的争点――である。ウォルター・リップマンが『世論』で探究した，ニュースメディアを介して外界とわれわれの頭の中のイメージとが結び付くという問題は，議題設定研究によって計量的・経験的に検討されることになった。[*3]

　この理論的メタファーの重要語である「議題」をまったく抽象的な観点から考察した場合，争点から成る議題を超えて拡張可能なことが明らかになる。マスメディアの議題設定的役割に関するほとんどの議論では，各議題の分析の単位はある客体 (object)，すなわち公共的争点であった。しかしながら，公共的争点は，議題設定の視点から分析されうる唯一の客体ではない。米国で全国選挙に先立つ各党予備選挙では，関心の的となる客体は各党の大統領候補指名を競い合う候補者たちである。そうした状況では，候補者から成る議題こそが重要となる。これら候補者のニュース議題や公衆議題における突出度は，政治的季節を通じてかなり変動する。また，イスラエルの国会（クネセト）では，別の議題――議員たちが政府の大臣に対して行う質問の議題――も新聞の議題設定影響力を反映していた。[*4] 歴史的に見ると，新聞報道にもとづいた質問の数は，1949～51 年の第 1 期クネセトでの 8％から 1969～73 年の第 7 期クネセトでの 55％まで着実に増加した。ジャーナリストや多様な受け手の注意を競い合う数多くの客体が存在し，それらは一種の議題と定義することができる。

　議題を定義するものが公共的争点であれ，選挙の候補者であれ，他の項目であれ，ここで用いられる客体という語は，社会心理学者が用いる「態度客体（対象）」と同じ意味である。客体とはわれわれの注意が向けられる事物，あるいはわれわれがそれについて意見を抱く事物のことである。伝統的に議題設定の議論では，そうした客体は公共的争点であった。しかし，メディアや公衆にとっての議題を定義する客体の種類は，事実上無限である。

58

われわれの頭の中のイメージ **3章**

　客体の議題を超えて考察すべき，別のレベルの議題設定もある。議題上の一つひとつの客体は数多くの属性（attribute）——個々の客体を形容する特徴や特性——を持つ。客体の顕出性がさまざまであるように，各客体の属性の顕出性もさまざまである。もちろん，こうした属性の範囲も非常に多様でありうる。たとえば，「左利きの」といった意味の限定された表現から「文才がある」といった広い意味を持つ表現まで。議題設定理論においては，属性とは，客体を特徴づける幅広い特性の総称である。

　注意を払うべき客体の選定と，そうした客体を描写する属性の選定は，ともに強力な議題設定的役割である。属性は，ニュース議題とその客体群の重要な一部を成す。ジャーナリストや，そしてその後には公衆のメンバーが個々の客体について考えたり話したりするときに念頭に置かれるものとなる。

　このようなニュースの属性議題が公衆議題にどう影響するかが「第2レベルの議題設定（the second level of agenda-setting）」である。第1レベルは，もちろん，客体の顕出性の伝達を意味し，第2レベルは属性の顕出性の伝達を指す。マスメディアの議題設定的役割のこうした2側面を示したのが**図表3.1**である。より広いコミュニケーション過程の理論的コンテクストでは，伝統型議題設定〔第1レベルの議題設定と同義〕はコミュニケーションの重要な初期段階——注意の獲得——に焦点を合わせている[*5]。ある争点，選挙候補者，あるいは他のトピックが公衆議題上に出現したことは，それが公衆による接触と注意をかな

▶ **図表 3.1** ◀　　第 1 および第 2 レベルの議題設定

　　　　　　メディア議題　　　　　　　　　　　公衆議題
　　　　　　　　　　　　　顕出性の転移
　　客　体 ——————————▶ 客体の顕出性
　　　　　　第 1 レベルの効果：伝統型議題設定
　　属　性 ——————————▶ 属性の顕出性
　　　　　　第 2 レベルの効果：属性型議題設定

りの程度獲得したことを意味する。属性型議題設定（attribute agenda-setting）〔第2レベルと同義〕は，コミュニケーション過程のその後の段階 —— 理解（comprehension）—— に焦点を合わせる。リップマンが頭の中のイメージとして表現した段階である。ここでの焦点は，争点，選挙候補者，あるいは他のトピックのどの側面が公衆のメンバーにとって顕出的になるかにある。注意と理解のこうした理論的区分は重要である。メディアメッセージに含まれる情報は，第1レベルと第2レベルの議題設定過程の両方に同時に関連するのが常である。しかし，影響の性質は区別できる。片や客体の顕出性であり，片や特定の属性の顕出性である。さらに言えば，議題設定影響力のこれら2つの側面は常に同時に生じるものではない。ベテラン政治家のH・カール・マッコールが2002年ニューヨーク知事選に立候補したことを評して，「ニューヨークタイムズ」は次のように論じた。

　　　30年間政界にいたにもかかわらず，民主党候補であるマッコール氏 (67) は，有権者にほとんど知られていない。世論調査によれば，名前こそ知られていても，何の印象も持たれていないようだ。[*6]

議題設定の視点をこのように拡張したことで，コミュニケーションメディアの影響力に関するバーナード・コーエンの有名な言明を修正する必要が出てきた。議題設定をそれ以前のメディア効果研究と区別する簡潔な言明として，コーエンは次のように記した。メディアはわれわれに何を考えるべきかを指示してはくれないが，何について考えるべきかをわれわれに指示するという点では驚くほど成功している。[*7]第2レベルの議題設定への注目が示唆するのは，メディアはわれわれに何について考えるべきかを指示するだけでなく，ある客体についてどう考えるべきかもわれわれに指示しているということである。そうであるならば，メディアはわれわれに何を考えるべきかを指示することもある，ということにならないだろうか。

● 選挙候補者のイメージ

　世間の科学に関するイメージでは劇的な諸発見が中心になりがちだが，ほとんどの社会科学はむしろ，これまで見えてなかったものが次第に明らかになるという漸進的な過程として記述できる。こうした漸進的過程をとくにうまく説明するものが，ウォルター・リップマンの成句「われわれの頭の中のイメージ (the pictures in our heads)」が，正確で綿密な証拠に裏づけられた社会科学理論へと徐々に翻訳され拡張された事例である。1968 年のチャペルヒル研究に始まり，こうした証拠の大部分は，どの公共的争点が議題に上るかに関心を持つ。リップマンの言葉で言えば，こうした証拠は，頭の中のイメージが何についてのものかに焦点を合わせている。時間が経つにつれ，追加的な影響である属性型議題設定へと注意が移行してきた。そこでは，こうしたイメージの実際の細かな部分に焦点が当てられる。

　図表 3.1 で示したような，客体の議題と属性の議題との，または第 1 レベルと第 2 レベルの議題設定とのこうした理論的区別は，選挙の状況ではとくにはっきりする。候補者名簿は候補者の議題とも言えるからである。公職を求めて競い合う候補者たちは —— 議題設定の用語で言えば —— 客体の集合であり，公衆にとってのそれらの顕出性は，ニュース報道や政治広告の影響を受ける。「名前の認知」に関するキャンペーン調査や客体の顕出性に関する他の測度は，公衆の心の中での候補者の相対的な突出性を表すものである。選挙運動統括者の業務としてますます重要になっているのは，自らの候補者をニュース報道で確実に取り上げさせ，さらには有権者の間で候補者の顕出性が増大するような政治広告を企画することである。[*8]しかしながら，こうしたメディアキャンペーンの目標は，客体の顕出性をさらに超え，候補者イメージの形成を含むのが常である。イメージでは特定の属性がとくに顕出的になる。

　われわれの頭の中にある政治候補者のイメージ —— そしてその起源であるニュースメディアでの描写 —— については，部分的には 1970 年代に素描的な検討がなされていた。しかしながら，それらは議題設定研究の中ではまだ孤立

した特異な証拠でしかなかった。20世紀末になって新たな理論的検討が興り，かつての素描的研究が見直されるとともに，新たな研究も生み出されるようになった。[*9]

● 国政選挙における候補者イメージ

　1976年米大統領選候補者に関する有権者の頭の中のイメージは，第2レベルの議題設定とその属性議題への注意を簡潔に例証している。共和党は現職大統領ジェラルド・フォードがその年の候補者の筆頭に立っていたが，他方民主党は，春の予備選挙期間には，11名の大統領候補志望者が党の大統領候補指名を求めて競い合っていた。これは名前を覚えるには大人数すぎる候補者集団であり，かつ，ほとんどのアメリカの有権者は政治について熱心に学ぼうとはしないので，ニュース報道によって有権者の候補者イメージがどの程度まで形成されるのかという疑問が生じる。ニューヨーク州北部に住む民主党員が11名の候補者をどう描写したかと，『ニューズウィーク』1月前半の号でこれら候補者を紹介した際に提起され属性議題とを比較すると，メディアの影響力に関する十分な証拠が見出された。[*10]

　この証拠の中でとくに説得力のある点は，候補者属性に関するニュース議題と有権者の議題との一致度が，2月中旬の+0.64から3月下旬の+0.83へと増大することである。有権者はメディア議題について学習したが，予備選挙期間の数週間にわたってメディア接触をさらに重ねることで，学習度が増したのである。

　そうした予備選挙からジミー・カーターが民主党挑戦者として頭角を現し，共和党現職大統領のジェラルド・フォードと対峙することになった。そして，こうした2人の候補者について有権者がニュースメディアから学習したことを示す追加的証拠が，イリノイ州有権者の一般サンプルから得られている。[*11]カーターとフォードに関して「シカゴトリビューン」の選挙報道で示された属性議題と，イリノイ州有権者が2人について描写した際の属性議題とが，かなりよく一致していたのである。選挙年全体を通して，メディアの属性議題とその後

の時点での公衆の属性議題との交差時間差相関の中央値は +0.70 であった。こうした属性議題は，14 の特性から定義されるものだが，能力や同情心，政治的信念といった広範囲な特性を含んでいた。交差時間差相関は，ニュースメディアの有権者に対する影響と有権者のニュースメディアに対する影響とを同時に考慮するので，影響がメディア議題から公衆議題へと向いていることを明らかに示す証拠が得られた。

多くの証拠が蓄積されるにつれ，メディアの属性型議題設定の影響力は，政治システムとマスメディアがかなり公開的で自由な場所であれば，世界中のどの選挙でも生じることが明らかになった。こうしたメディア効果が多様な文化的状況で存在することは，1996 年スペイン総選挙期間中に収集された広範な証拠でもよく例証される。[*12]

1996 年，保守派国民党の候補者ホセ・マリア・アスナールは，12 年間現職のスペイン首相であった社会労働党のフェリペ・ゴンサレスに挑戦し打ち勝った。3 人目の候補者フリオ・アンギータは極左政党の連合を代表していた。スペイン・パンプローナの有権者の間で，主要なニュースや広告メディアがこれら 3 人の候補者のイメージに対し有意な影響を及ぼしていた証拠が得られた。

ニュースメディアや有権者が候補者を描写する際に挙げた 5 つの実質的属性は，争点上の立場や政治的イデオロギー，公式の資格や伝記的データ，パーソナリティ，見た目の資質や評価的判断，そして，高潔さ —— 候補者を描写する際に「腐敗している」や「腐敗していない」と明示的に述べているかどうかで判定した —— である。この最後の属性は，国政選挙の主要争点を捉えるものとして，候補者の描写の中でも注目したものである。当時の争点として，政府内の汚職や，現職の首相であるゴンサレスも個人的に汚職に関与しているかどうかの論争があった。

米国選挙での属性型議題設定の先行研究をさらに進め，この研究では属性議題の範囲を拡張し，実質的属性以外に属性の 2 番目の次元として情動的なトーンも含めている。ニュースメディアや有権者による 3 候補者の描写のトーンは，肯定的か否定的か中立的かで記録された。トーンが，政治コミュニケーション

のとくに重要な側面であることはもちろんである。

　第2レベルの議題設定効果の検証としては要求水準の高いやり方だが，実質的属性のカテゴリーとこうした描写の情動的なトーンを結合し，5×3の描写マトリクス（5つの実質的カテゴリー×トーンの3カテゴリー）を作成した。第1に，パンプローナの有権者の投票後の調査から，3人の各候補者に関する描写マトリクスが作られた。地方紙2紙，全国紙2紙，全国テレビニュース2番組，そしてテレビの政治広告の内容分析から，21の付加的な描写マトリクス（7つのメディア×3候補者）も作成された。ニュースメディアだけでなく政治広告を付け加えたのも，スペインから得られた証拠のもうひとつの新しい特徴である。

　有権者の候補者イメージと，さまざまなコミュニケーションメディアにおける21種の候補者描写とを比較すると，驚くべき結果が得られた。第1に，21通りの相関はすべて正であった。有権者と新聞――地方紙も全国紙も――との比較はとくに印象深い。たとえば，有権者の属性議題と地方紙「ディアリオ・デ・ナバラ」の属性議題との相関は，ゴンサレスで +0.87，アスナールで +0.82，アンギータで +0.60 であった。全国紙「エル・パイ」では，相関はそれぞれ +0.84，+0.83，+0.86 であった。

　有権者の描写と地方紙2紙との6通りの比較では，相関の中央値は +0.70 であった。全国紙2紙との6通りの比較では，相関の中央値は +0.81 である。全国テレビニュース2番組との6通りの比較では，相関の中央値は +0.52。公共テレビ放送に登場する政治広告との3通りの比較では，相関の中央値は +0.44 である。

　追加的分析で分かったことは，こうしたマスメディアメッセージは選択的知覚――自分が好む候補者の肯定的な属性，および競合候補の否定的属性を強調する傾向――を乗り越えていたことである。新聞やテレビニュース，政治広告への接触が増すにつれ，他の候補者への肯定的な評価と，自分が好む候補への否定的な評価が共に増加する。有権者はメディアから確かに学習しているのである。メディアの属性型議題設定に関するこうした証拠は注目に値する。

なぜなら，若い民主政国家という政治状況下で，広範かつ多様なマスメディアと3人の国政候補者に関する実質的・情動的描写とを合わせて取り上げたものだからである。

　これまで多くの議題設定研究がテレビニュースを含めているが，ニュースの実際の視覚的内容にはほとんど注意が払われてこなかった。レニータ・コールマンとスティーブン・バニングの独創的な研究は，2000年米大統領選挙期間中にジョージ・ブッシュとアル・ゴア両候補がテレビニュースで視覚的にどう描写されたかという観点から，ニュースの情動的議題を検討している[*14]。2人の候補者の非言語的行動 —— 顔の表情，姿勢，身ぶり手ぶり —— を内容分析した結果，肯定的な行動を撮られたショットはブッシュよりもゴアのほうが多く，否定的な行動を撮られたショットはゴアよりもブッシュのほうが多かった。

　こうしたイメージは，2000年全米選挙研究（NES）の結果と比較された。NESの各候補者に関する質問で，回答者が各候補者に対して「腹立たしく」「頼もしく」「恐ろしく」「誇らしく」感じたことがあるかどうかをたずねた質問群があった。別の質問群は，7つの肯定的および否定的な語句が，ブッシュとゴアを形容するのにどの程度当てはまるかを回答者にたずねるものであった。これら質問に関する得点は加算され，候補者ごとに肯定的および否定的な情動的属性指標が作成された。

　メディアの属性議題と公衆の属性議題とを比較したところ，視覚的メッセージがある程度インパクトを及ぼしていることを示す証拠が得られた。ブッシュの場合，肯定的および否定的属性議題の両方に関して，メディアと公衆との間に有意な関連が見出された（それぞれ +0.13）。ゴアの場合には，肯定的属性議題のみに関して，メディアと公衆との間に有意な関連があった（+0.20）。

　　非言語的手がかりの効果は，いくつかの言語的手がかりに関して報告されてきた効果よりも弱いものかもしれないが，にもかかわらず，その効果は有意であった……。政治過程において印象形成を促進するうえで，映像は中程度ながらも重要な役割を果たしうる[*15]。

65

● 地方選挙における候補者イメージ

　われわれの観点をアジアの国へ，そして地方選挙へと広げてみよう。台湾・台北市の 1994 年市長選挙からも属性型議題設定に関するさらなる証拠が得られた。[*16] 3 人の市長候補者に関する有権者のイメージと，台北の新聞やテレビ局による 3 人の描写とが比較された。属性議題は，幅広い多様な個人的・政治的特徴を表す 12 のカテゴリーで構成されていた。有権者のイメージと日刊紙「中国時報」および「聯合報」の属性議題とを比較すると，相関では +0.59 から +0.75 の範囲であった。6 通りの比較の中央値は +0.68 である。野党〔民進党〕寄りの新聞「自由時報」との比較では有意な関連はなかった。また，テレビニュースとの比較も有意ではなかった。台北のテレビの場合，3 局すべてのテレビ局が，政府および長期支配を続けていた国民党の支配下に当時あったことを有権者は十分認識していた。一例として，あるテレビ局の株式の 40％ は海軍が保有していた。こうした事例で属性型議題設定が見られなかったことは，われわれの先の所見 ―― 議題設定効果の出現は，自由で公開的なメディアシステムの存在を必要とする ―― をさらに確認するもといえる。

　スペインの政治状況に立ち戻るならば，1995 年パンプローナの地方選挙に際して 5 政党が立てた候補者のイメージが，実質的属性の観点から，および情動的トーンの観点から，別個に検討された。[*17] メディア接触のレベルで 3 区分した公衆メンバーの間でのイメージと，テレビローカルニュースやパンプローナの新聞 2 紙の記事における候補者描写とが比較された。1976 年米国で民主党大統領候補指名を競い合う政治家のイメージを取り上げた先行研究と同様，今回の比較も候補者たちをひとつのグループとみなして行われた。**図表 3.2** が示すように，実質的属性 ―― イデオロギー，資質，パーソナリティなどの観点からの候補者描写 ―― に関しては，新聞やテレビの政治情報への接触が増大するにつれ，メディア議題と公衆議題との対応は単調増加する。パターンは接触の 3 レベルを通して完全に単調であるが，重要な区分は，メディアの政治情報に「まったく接触しない」と「少なくともある程度接触する」との間に

われわれの頭の中のイメージ **3**章

▶ 図表 3.2 ◀　スペインの地方選挙における属性型議題設定

実質的属性

各メディアの政治情報への接触度	新　聞	テレビニュース
接触せず	+0.74	+0.81
ある程度接触	+0.90	+0.91
すべてに接触	+0.92	+0.92

情動的属性

各メディアの政治情報への接触度	新　聞	テレビニュース
接触せず	+0.49	+0.56
ある程度接触	+0.88	+0.86
すべてに接触	+0.79	+0.83

出典：Esteban Lopez-Escobar, Juan Pablo Llamas and Maxwell McCombs, 'Una dimension social de los efectos do los medios de difusion : agenda-setting y consenso', *Comunicacion y Sociedad* IX（1996）: 91-125.

ある。これと同じパターンが**図表 3.2** の情動的な候補者描写に関しても見出せる。新聞やテレビの政治情報を少なくともある程度利用する人々が，ニュースメディアと非常に似たやり方で，候補者を形容していた。情動的描写に関して，ニュースメディアと，メディアの政治情報をまったく利用しない人との対応はずっと弱いものである。

　公共的争点の顕出性に対する伝統型議題設定効果に関して，これまで蓄積されてきた証拠と同様に，属性型議題設定や公衆の間での選挙候補者イメージに関するこうした証拠も，世論調査とニュースメディアや政治広告の内容分析との比較に，主にもとづいている。この種の証拠の利点と限界 —— 利点としては政治コミュニケーションの代表的な見取り図を提示できること，限界としてはメディア議題と公衆議題間の因果関係を確証しづらいこと —— については1章で述べたが，そこではメディア議題と公衆議題間の因果関係の存在を示す補完的な証拠として実験室的実験の重要性を指摘した。幸運なことに，属性型議題設定や公衆間での選挙候補者のイメージに関しても，因果性を示す実験的証

67

拠が存在する。

　ある実験室実験では，参加者の半数がある新聞記事を読むよう指示され，その記事では架空の選挙候補者がきわめて腐敗した人間として描かれていた。参加者の残り半数が読んだ新聞記事は，その候補者を高潔な人間として描いていた。こうした対照的な性格描写に接触した個々人に，この候補者がどんな人かを接触後に形容してもらったところ，自由回答質問でも選択式評価尺度でも回答に大きな差異が生じていた。ニュース記事への短い接触であっても，次のような質問に対する2グループの回答には大きな差が出たのである。「他の州に住む友人がたずねてきたと仮定してください。友人はその候補者について知りません。あなたは友人にその候補者をどのように説明しますか」。実験参加者2グループに，候補者がどのくらい「正直な」「誠実な」「信頼できる」ように見えるかを評定してもらった場合にも，似たような差異が見られた。評定尺度と自由回答質問はともに，実験室の統制された条件下でも第2レベルの議題設定効果が現れることを実証した。[*18]

● 候補者イメージへのメディアの影響

　メディアが選挙候補者に関する公衆のイメージに影響することは，属性型議題設定の分かりやすい事例である。選挙候補者の属性に関するわれわれの知識の大半は —— 候補者の政治的イデオロギーからパーソナリティまでのあらゆること —— メディアのニュースや広告内容に由来する。こうした属性型議題設定効果の存在は，多様な地理的政治的状況で追認されてきた。国政候補者に関しては，米国やスペインでの証拠がある。地方政治の候補者に関しては，スペインや台湾で得られた付加的証拠がある。米国では，実際の選挙から得られた証拠が実験によって補完されている。

● 争点の属性

　争点顕出性 —— 議題設定理論の伝統的な注目の中心 —— もまた，第2レベルへと拡張しうる。他の多くの客体と同様，公共的争点も属性を持つ。争点のある側面 —— いわばある属性 —— が，ニュースの中や，人々がこうした争点について考えたり話したりする過程で強調される。さらに言えば，ある争点の顕出的な属性は，時間とともに変化することが多い。後で見るように，このことは経済問題の場合にとくに言える。最近数十年間，経済は多くの国で繰り返し主要争点となってきた。経済問題の突出的な属性がインフレーションである場合もあれば，失業や財政赤字の場合もある。属性型議題設定は，ニュースメディアがその時代の争点に対する世論をどう形成しているかという点に関して，われわれの理解の幅を広げてくれる。

　議題設定理論の文化を超えての妥当性，および2つの異なる認知レベル —— 客体への注意とその属性に関する理解 —— においての妥当性を実証するものとして，第1レベルと第2レベル両方の議題設定が，1993年日本の総選挙で同時に検討された[*19]。まずは伝統型議題設定に関して，集中的なニュース報道が政治改革という問題の顕出性に及ぼすインパクトが検討された。この争点は，主要全国紙2紙とテレビネットワーク3局での争点報道の80%以上を占める扱いであった。政治改革争点がニュース議題上でほぼ独占的な位置を占めていたので，メディア議題の争点順位と公衆議題の争点順位とを比較するという通例の方法は，この状況では適用が難しかった。

　もちろん，こうした比較の背後にある仮定は，議題間の高い一致度はメディア接触から生じるというものである。この日本の選挙では，これら2つの議題を繋ぐ行動 —— メディアへの接触 —— が明示的に測定された。まず，接触と政治関心の測度を組み合わせ，政治ニュースへの注目度の指標を作成し，次の命題 —— メディアで突出した争点に対する公衆の顕出性は，政治ニュースへの注目度と正の関連を持つ —— を検証したところ，支持的な結果が得られた。テレビニュースへの注目度の場合，政治改革問題の顕出性との相関は +0.24 で

あり，新聞への注目度の場合には，相関は +0.27 であった〔いずれもピアソン相関係数で有意；次の第2レベルも同様〕。

第2レベルの議題設定に関しては，テレビニュースも新聞もともに，政治改革の制度関連的側面〔選挙制度改革など〕への言及が倫理関連的側面〔腐敗防止や綱紀粛正など〕への言及の2倍に達していたという事実があり，ここから，ニュースメディアの議題設定的役割に関して第1レベルと対応するような予想が立てられた。まず，公衆議題上での政治改革の制度関連的側面の顕出性は，政治ニュースへの注目度と正の関連を示すだろう。これは，政治改革に関してニュースで強調された側面，すなわち属性だからである。対照的に，公衆議題上での政治改革の倫理関連的側面の顕出性と政治ニュースへの注目度との間には有意な関係は予想されない。政治改革争点のこの属性は，ニュースでの扱いが小さかったからである。

両方の仮説は支持された。政治改革の倫理関連的側面に関しては，相関はほとんどゼロであった（テレビの場合は +0.05，新聞の場合は +0.09）。政治改革の制度関連的側面に関しては，相関はテレビニュースの場合は +0.20，新聞の場合は +0.26 であった。こうした相関が，第1レベルと第2レベル両方の議題設定効果で，新聞の場合もテレビの場合も，実質上ほぼ等しいことに留意されたい。

選挙の状況以外では，経済のような複雑な争点に関するニュース報道や人々の考えは，多くの異なる側面ないしは属性を含んでいる。一般的な経済というトピックに結びついた属性群には，現在の具体的な問題，そうした問題の原因と思われるものと提起された解決策などが含まれる。別の，もっと狭い属性群としては，こうした経済問題に関して提起された解決策に対する賛否の議論がある。これらの属性群の両方に関して，ミネソタ州ミネアポリスの一般公衆に，新聞との間で議題設定効果が見出された。しかし，テレビニュースの場合は効果が見られなかった[*20]。一般的な経済というトピックに関連した具体的な問題，問題の原因と提起された解決策の場合には，新聞議題と公衆議題との一致度はとくに高かった（+0.81）。経済問題への解決策に対する賛否の議論の場合には，一致度はほんの少し低下する（+0.68）。新聞が，経済の具体的な側面のどこに

焦点を合わせるかは，公衆のメンバーが経済をいかに考えるかに影響を及ぼしていた。

● 環境問題の属性

　経済問題と同じような広がりや複雑さを持った，もうひとつの現代の争点が環境問題である。公共的争点として，環境問題は国際的な関心事から非常にローカルなものまで，あるいは抽象的な関心事からきわめて具体的なものまでを含みうる。ある研究で，地球環境問題に関して，日本の2大日刊紙のニュース報道が東京都民の関心のパターンに影響を及ぼしていることが明らかになった。1992年6月の「環境と開発に関する国際連合会議」に先立つ4ヵ月間，「朝日新聞」「読売新聞」は，地球環境問題の8側面に関する報道を着実に増やした。こうした側面には酸性雨から野生動植物の保護，人口爆発や地球温暖化といった下位争点が含まれていた。

　こうしたニュース報道は，東京都民の間で有意な議題設定効果を生み出した。〔6月半ばに実施した面接調査の直前から〕2月の時点まで遡って報道内容を測定すると，新聞の属性議題と公衆の属性議題との対応は +0.68 であった。面接直前から4月の初旬までの内容分析期間では，一致度は +0.78 まで増大し，これが一番高い値で，内容分析期間を面接直前から5月中旬に短縮するまでこの値が続く。国連会議開催日と重複する日および会議直前週に内容分析期間を絞った場合に新聞議題との一致度がより低くなってしまう。これは，議題設定の学習過程には時間的ズレが関わっていることを示唆している。日本で見出された時間的ズレは，米国で地球環境問題の諸側面に関して発見されたものと類似している。議題設定効果の時間的ズレに関する追加的な詳しい議論は5章で行う。

● 争点属性に対するメディアの影響

　われわれが公共的争点についてどう考えどう話し合うかは，ニュースメディアが提示するそうした争点のイメージによって影響される。このことを実証した証拠は蓄積されつつある。メディアによる描写で突出的な争点属性は，公衆の心の中でも突出的になる。これは議題設定のオリジナルなアイディアの重要な拡張である。オリジナルなアイディアとは，ニュースメディアには争点の議題を形成する能力があり，議題上の争点は公衆の側からも重要とみなされる，というものであった。そして今度は属性の議題である。それは，特定の争点を定義し，ある場合には，特定の視点や特定の解決策を優先する方向へと世論を傾斜させる。特定争点の属性議題を設定することは，政治権力の典型である。どんな争点の場合も政治討論の視点を制御することは，世論に対して究極的な影響をもたらす。

● 強力論点

　ジョージ・オーウェルの寓話『動物農場』の中の住民たちの待遇にも似て，ある属性は他の属性よりももっと平等である。ある属性は他の属性よりもメディアメッセージに規則的に含まれやすい。ある属性は他の属性よりも気づかれやすく，記憶されやすい。[*23] メッセージの解釈においては，ある属性は他よりも核心をついたものとして考慮される。ある客体の特定の特徴は，公衆の共感を呼び，考慮中の争点，人物，トピックの顕出性を押し上げる「強力論点（compelling arguments）」となるかもしれない。

　ある客体の特定の属性が顕出性を高める強力論点として機能するというアイディアは，議題設定の理論的見取り図に新しい連関を付け加える。本章の始めにある**図表 3.1** では，第 1 レベルと第 2 レベルの議題設定を，メディア議題と公衆議題とを繋ぐ 2 本の平行な矢印で示していた。メディア議題上の客体の顕出性は公衆議題上の客体の顕出性に影響を及ぼす。メディア議題上の属性の顕

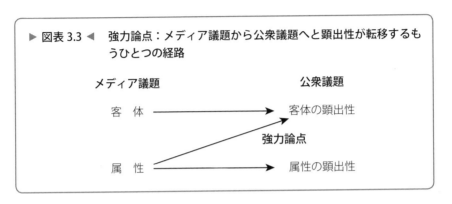

出性は公衆議題上の属性の顕出性に影響を及ぼす。**図表 3.3** はこの図に付加的な関連を加えた。メディア議題上の属性顕出性と公衆議題上の客体顕出性を結ぶ斜めの矢印である。言い換えれば，ある客体の特定の属性がメディア議題で強調されたならば，それは，公衆の側でのその客体の顕出性に対して直接的なインパクトを及ぼすかもしれない。ある客体を描写する特定のやり方は，別のやり方よりも強い説得力を持ち，公衆の側での客体顕出性を生み出すのである。ここまでは，公衆の側でのある客体の顕出性は，その客体がメディア議題にいかに頻繁に登場するかで主に説明されてきた。メディア議題上でのある客体に関する言及が，メディアでその客体に帰せられた属性の種類に応じて階層化されることはなかった。

ところが今や，**図表 3.3** の斜めの矢印，強力論点と呼ばれる関係が，議題設定過程の重要な側面であるという証拠が存在する。(*24) 2 章では 1990 年代前半のテキサスの状況について論じた。当時ニュースで犯罪が集中的に報道され，犯罪を，国が直面する最も重要な問題として懸念する人々の比率が驚くほど高まった。**図表 2.1** は，ニュース報道と公衆の懸念との並行的な動向を詳しく示している。皮肉なことに，犯罪に対する人々の懸念がめったにないほど高まったこの時期，テキサスでの実際の犯罪率は低下傾向にあり，しかも数年前からそうであった。犯罪とは扇情的な争点であり，それがメディア報道で強調されると，公衆はとくに過剰反応するのだろうか。あるいはニュース報道には，社

会問題としての犯罪に関する強力論点が含まれていたのだろうか。伝統型議題設定効果を超える何かが，この状況には存在していたのだろうか。

　ニュースで犯罪がどう取り上げられていたかを検討すると，2つの視点が公衆の懸念ととくに強い連関を持つことが分かった。これらの連関の強さは，公衆に対する犯罪報道の総体的インパクトを上回るものであった[*25]。2つの視点はともに犯罪の諸側面のうち，普通の人とニュース記事で描かれる犯罪活動との心理的距離が小さい場合に関するものであった。テキサス州民は遠隔地での殺人や，ニュースの定番であるような伝統的なタイプの犯罪について心配していたわけではない。彼らが心配していたのは走行中の車からの発砲，白昼個人を狙った強奪，そして地元での犯罪である。具体的には，テキサス州民の間での，国が直面する最も重要な問題としての犯罪の顕出性は，新聞の次のようなタイプの犯罪記事の頻度と強く関連していた。たとえば，普通の人が個人的に脅威を感じるような種類の犯罪（+0.78），そしてテキサスで実際に起こった犯罪の記事である（+0.73）。こうした属性はそれぞれ犯罪の顕出性を説明するという点で，この時期における犯罪報道の総量（+0.70）と同等，あるいはそれをやや上回るものであった。こうした属性は，犯罪の顕出性にとっての強力論点であった。

　強力論点 —— 公衆の側での客体の顕出性に影響を及ぼす，ニュース報道における特定の属性 —— のインパクトについては別の証拠もある。連邦財政赤字問題の顕出性について1990年代の米国世論を分析したところ，かなりの議題設定効果が見出された[*26]。1994年から1996年までの18ヵ月間で見ると，全米の日刊紙19紙におけるニュース報道の頻度は，この争点の顕出性に関する分散の85％を説明していた。特定の4側面に関する追加的分析で，それらのうちの2側面（政治リーダー間の紳士的な対話，および財政赤字をめぐる政治的対立）が，財政赤字に対する公衆の関心にとって強力論点であることが分かった。この2属性を分析に加えることで，米国公衆の間での連邦財政赤字問題の顕出性の分散のうち92％を説明できた。こうした強力論点，すなわち連邦財政赤字問題に関する2側面の顕出性は，この争点の顕出性全体に対してごく小さな

貢献をもたらしたに過ぎないが，これは第1レベルと第2レベルの議題設定の異なる効果を同時に観察できた稀な機会である。メディアのメッセージや公衆のコミュニケーションにおいては，議題設定過程のこうした2つの成分は実際上ひとつにまとまっており，切り離せないものである。

1990年ドイツの国政選挙では，強力論点が想定とはかなり異なる結果をもたらした。集中的なニュース報道にもかかわらず，旧東ドイツ問題の顕出性が有権者の間でかなり低下したのである[*27]。この低下——議題収縮効果（agen-da-deflating effect）——は，大部数のタブロイド紙「ビルト」の読者の間でとくに目立っていた。「ビルト」は東西ドイツの統合問題をかなり楽観的な論調で報じていた。この場合の強力論点は，ドイツ統合問題に関するニュース報道のかなり肯定的なトーンである。この属性が，公衆議題上でのこの争点の顕出性を低減させた。

理論的には，「焦点化した出来事（focusing event）[*28]」も，強力論点の強化版と見なすことができる。それは公衆議題や政策議題に劇的な効果をもたらしうる，公共的争点の側面ないしは属性である。たとえば，日本で2011年の大地震と津波が原子炉に壊滅的な影響をもたらしたことは，ドイツが国内17基の原子炉のうち8基——国の電力の4分の1を発電していた——を停止する決定を下した一要因であった。チェコ共和国で行われたある研究は，共産党政権時代に押収された教会財産の返還問題に関して焦点化した出来事の役割を探究した[*29]。ここでの焦点化した出来事は，聖ビート大聖堂という特定の財産に関する裁判である。この出来事はニュースで集中的に報道された。分析に際して，メディア議題は3区分された。返還問題のみの報道，大聖堂に関する裁判のみの報道，そして返還問題と大聖堂裁判の組み合わせである。公衆の側での返還問題の顕出性に対する議題設定効果は，返還問題のみの報道よりも，返還問題と大聖堂裁判とを組み合わせた報道のほうがずっと強かった。大聖堂裁判のみの報道は，公衆の側での返還問題の顕出性にインパクトを及ぼさなかった。

争点の顕出性から候補者の顕出性へと話を移すと，ある広範な2次分析は，1980年から1996年までの米大統領選で民主党・共和党候補者が公衆の間で顕

出的になるかどうかに関して，2つの属性——道徳的資質と指導力——が強力論点となっていたことを確認した。[*30] こうした属性の顕出性は4つのニュースメディア——「ニューヨークタイムズ」「ワシントンポスト」『ニューズウィーク』『US ニューズ・アンド・ワールドリポート』——で調べられた。道徳的資質に関しては，メディアでの属性顕出性と公衆の側での党候補者に関する顕出性との8組の相関のうち6組が，+0.66 から +0.98 の範囲で有意であった。指導力に関しては，8組の相関のうち4組が，+0.80 から +0.87 の範囲で有意であった。

多くの場合，こうしたジャーナリズムの世界観は，公衆が世界について抱くイメージに実質的な影響を与えている。だが，常にそうだというわけではない。アメリカのメディアと公衆とが公共的諸問題をどういった点から見ているのかを広範囲に検討したある研究は5つの主要な側面——対立，経済，人間への影響，無力感，道徳性——を特定したが，これらの側面の顕出性に関するメディアと公衆との一致度はわずか +0.20 であった。[*31] しかしながら，この状況でメディア議題設定は，この +0.20 という要約的指標が示しているほどに欠如していたわけではない。「対立」の顕出度はメディアでは2番目，そして公衆の側では最後に位置していたが，この側面を議題から除くと，残り4つでのメディアと公衆の一致度は +0.80 となった。[*32] ニュースメディアは公衆にとって公共的問題に関する主要な情報源であるが，公衆はメディアによって受動的にプログラムされるのを待ちうける自動機械ではない。

ニュースでさまざまな属性が強調されることから生じる，こうした公衆へのインパクトに注目することは，メディア批評への新しいアプローチの基礎となる。伝統的なメディア批評は，ニュース内容が正確かどうか，バランスがとれているかどうかを吟味してきた。この新しいアプローチは，理論的には属性型議題設定にもとづくものだが，メディアメッセージにおける強調やトーンのパターンと，こうした属性議題が公衆の思考や行動にどう共鳴するかを検討するものである。

● 第 3 レベルの議題設定

　理論的にも分析的にも，第 1 および第 2 レベルの議題設定は，客体やその属性を切り離されたバラバラな要素として扱っている。チャペルヒル研究に端を発する調査デザインは，こうした要素集合 —— 客体や属性 —— の各要素を，言及頻度に応じ順位づけするものである。第 1 レベルにおいては，客体の順位が比較された。第 2 レベルにおいては属性の順位が比較された。もちろん現実には，諸客体やそれらの属性はメディアメッセージや公衆の思考や会話においてはひとかたまりになっている。

　強力論点の概念は，メディアが，メディア議題の要素間の関係を公衆議題に転移させうることを理論的に認知した最初の例である。強力論点の概念は，ニュースメディアがある客体とある属性とを結合させ，公衆の心の中でもそれらを同時的に顕出化することができると主張する。しかし，他の多くの結合を考えることもまた可能である。

　サンとウィーバーはメディアの客体議題と属性議題を拡張し，ニュースメディアが候補者やその情動的属性を公衆に提示するコンテクストのジャーナリズム的側面について考察した。[*33] 2000 年米大統領選に関する彼らの研究は，候補者の顕出性に関するニュース源としてはどれが，また，候補者の情動的属性に関するニュースソースとしてはどれが，各候補者に関する世論の変化を即時的あるいは累積的に予測するのかを調査した。第 1 そして第 2 レベルの議題設定が全国世論調査での候補者の支持率に及ぼす効果は，主に即時的というよりも累積的であり，異なるニュースソースが非常に異なる効果を持っていた。候補者の顕出性の場合は，記者の分析記事や世論調査報道が，世論調査での支持率に強力な累積的効果を持っていた。候補者の属性議題の場合は，候補者自身や対立党のメンバーによる発言が，世論調査での支持率に強力な累積的効果を持っていた。他のニュースソースはほとんどあるいはまったくインパクトを持たなかった。

　こうした拡張された視点が示唆することは，客体・属性の顕出性に関する伝

統的な測度と，ニュース記事を特徴づけるジャーナリズム的要素——ニュースソースやおそらく文体など——との統合である。リップマンの「われわれの頭の中のイメージ」という観点に立つと，強力論点の概念も，また，片やニュース記事の属性と片や客体・属性の顕出性に関する伝統的測度との統合は，次のような疑問を提起する。「メディアは，統合されたイメージの顕出性をどの程度まで転移することができるのだろうか」。

心理学者や哲学者の中には次のように主張する人もいる。人々の心的表象は絵画的に，図式的に，あるいは地図的に作用していると。言い換えれば，受け手は，客体や属性をそれらの要素間の相互関係に応じて，ネットワーク状のイメージへとまとめあげるのである。この視点に立つと，ニュースメディアは，要素集合間の関係の顕出性を公衆へと転移する。こうした集合は，メディアや公衆議題上の客体であったり，あるいはメディアや公衆議題上の属性であったり，さらには，客体と属性との組み合わせ——いわば，客体と属性（メディアメッセージの属性も含め）との十分に統合された集合であったりする。メディアと公衆議題の要素間の関係のこうした集合こそ「第3レベルの議題設定 (the third level of agenda-setting)」[*34]である。

ニュースメディアが要素集合間の関係の顕出性をどの程度まで公衆に転移できるのかに関する最初の探究は，メディアにおける属性集合間の関係の顕出性が公衆に転移されるかどうかに焦点を合わせた。[*35]伝統的な属性型議題設定との比較を可能にするために，この予備研究はキムとマコームズが[*36]もともと収集したデータセットに対してネットワーク分析を実施した。テキサス州知事選と米上院議員選の各候補者を研究対象とし，キムとマコームズは，候補者を個別に分析した場合も，また，4人の候補者を込みで分析した場合にも，強力な属性型議題設定効果を発見した。こうしたデータを再分析すると，元の研究での属性型議題設定と整合性を持った，有意なネットワーク型議題設定効果〔第3レベルの議題設定効果の別称〕が見出された。たとえば，キムとマコームズの研究でのメディアと公衆の属性議題間の全体的な相関 (+0.65) は，メディアと公衆のネットワーク議題間の相関 (+0.67) と対応している。さらに言えば，**図表3.4**

3章 われわれの頭の中のイメージ

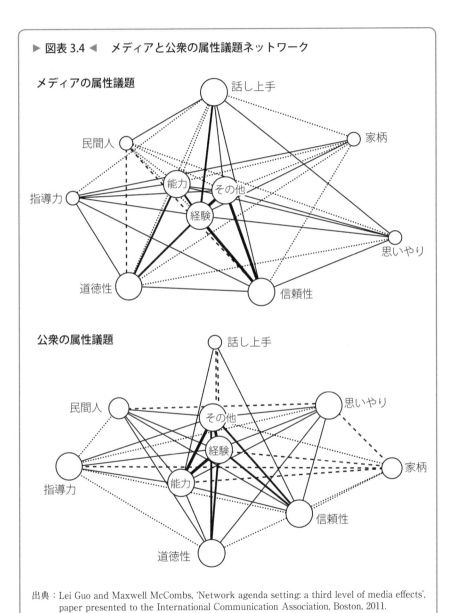

▶ 図表 3.4 ◀　メディアと公衆の属性議題ネットワーク

出典：Lei Guo and Maxwell McCombs, 'Network agenda setting: a third level of media effects', paper presented to the International Communication Association, Boston, 2011.

が示すように，ネットワーク分析が要素間の相互関係を詳細に示すことで，属性型議題設定よりもずっと情報豊富なイメージを提供している。

　客体顕出性の転移を調べた別の研究は，「優れたジャーナリズムのためのプロジェクト (Project for Excellence in Journalism)」〔非営利のジャーナリズム研究機関。ワシントン DC を拠点とするピュー研究所の一部門〕の広範な全国サンプルを用いて，米国ニュースメディアのネットワーク化された争点議題と，公衆のネットワーク化された争点議題とを比較した。後者は 2009 年，2010 年，2011 年の月間全国世論調査で測定された。[*37]この 3 年にわたる相関は，それぞれ +0.85，+0.66，+0.54 であった。上述の属性議題の分析にも似て，ネットワーク分析と伝統的な相関分析の統計的結果は非常に類似している。

　議題要素を束ねるという，概念的にも方法論的にも従来と区別できる，こうした新しい幅広い視点が第 3 レベルの議題設定である。ここでの焦点は，客体および／あるいは属性のネットワーク全体としての顕出性が転移されることにある。第 1 および第 2 レベルの議題設定で検討された，個別的要素の顕出性の転移とは異なる。第 3 レベルの議題設定効果は，われわれが頭の中で抱くイメージの，より正確な地図である。

● 属性型議題設定とフレーミング

　議題設定理論は 40 年以上にわたって進化し続けてきた。それは，社会科学における他の多様なアイディアを補完するものだからである。学者たちが，コミュニケーションが公衆に及ぼす影響に関するますます詳細な知的地図を構築するにつれ，議題設定理論は他の数多くのコミュニケーション概念や理論を取り込んだり，あるいはそれらと結合したりしてきた。

　取り込まれた概念には，地位付与 (status conferral)，ステレオタイプ化，イメージ構築，そしてゲートキーピングがある。地位付与とは，メディアの集中的な注目を浴びた人物の顕出性が増大することを指す。[*38]この有名性の概念化は，客体が人物である場合の第 1 レベルの議題設定と同一である。ステレオタ

イプ化とイメージ構築は属性の顕出性に関わるもので，第2レベルの議題設定の事例である[*39]。ゲートキーピングは，ひとつのメディア組織から別のメディア組織へのニュースの流れを記述し説明するものだが，1980年代前半に議題設定理論と結びついた。当時，「メディアの議題を設定するのは誰か」という問題提起によって，学者たちが知的地図作成の新たな側面を開いた[*40]。この疑問への答は，さまざまな関係と影響の広範な網の目の存在を明らかにしてきた。それについては7章で詳述する。

　議題設定と理論的に補完関係にあるのは，「培養分析（cultivation analysis）」や「沈黙のらせん（the spiral of silence）」である。マスコミュニケーションの認知的効果を長期的な観点から捉え，培養分析はメディア，とくにテレビの娯楽番組が生み出す多様な視点の顕出性を検討する[*41]。こうした視点のうち最もよく知られた「冷たい世間症候群（the mean world syndrome）」は，テレビでの犯罪番組の氾濫が生み出す，われわれを取り巻く世界に関する悲観的なイメージである[*42]。議題設定理論と沈黙のらせん理論は[*43]，マスメディアの受け手のきわめて異なる種類の行動を検討しているように見える。片や世界についての認知的表象であり，片や公共的争点に関する会話に参加する意欲である。しかしながら，個人が自らの社会環境を監視するという点では，両概念は共通の心理学的土台の上に立つ[*44]。こうした監視のひとつの帰結が公衆の争点議題であり，別の帰結が，その時々の争点について他者と会話する頻度である。

　議題設定と他の多様なコミュニケーション概念との連結は，航空業界におけるワンワールドやスターアライアンスの連結と似ている。独立した航空会社がより包括的であろうとして結合するのである。こうした理論的概念の進化的結合は，コミュニケーション研究の成熟を反映したものである。

　第2レベルの議題設定，すなわち属性型議題設定の展開もまた，この理論を同時代の別の主要概念——フレーミング（framing）——と連結させるものである。属性型議題設定とフレーミングは，メッセージ内で注目された客体——それが争点であれ，政治家であれ，他のトピックであれ——がどのように提示されるかに焦点を合わせている。属性型議題設定もフレーミングもとも

に，こうした客体の特定の側面や詳細を強調することが，客体に関するわれわれの思考や感情にどの程度影響を及ぼすのかを探究する。両概念の結合に関してこうした一般的な記述以上に踏み込むことは難しい。というのも，フレーミングの定義の仕方にはかなりのばらつきが見られるからである。結果として，属性とフレームとが同義的な概念となることもあれば，重複した，ないしは関連した概念とされることもある。ときには，両者はまったく異なる概念と見なされることもある。

　両概念を同義的に用いた例から始めると，1996年米大統領選候補者指名で共和党の４人の候補者のキャンペーンをコンピューターを用いた内容分析で調べたある研究は，各陣営のプレスリリースや「ニューヨークタイムズ」「ワシントンポスト」「ロサンゼルスタイムズ」におけるキャンペーン関連ニュースで，28の属性を特定した。[*45] 議題設定の視点から見ると，この研究の焦点はプレスリリースとニュース報道の属性議題であったが，論文の題名では焦点は「候補者をフレーミングする」と表現された。議題設定研究のデザインとは異なり，発表された論文は，候補者陣営による発表内容とジャーナリストによる描写内容とを比較するものではなかった。議題設定理論にもとづくならば，こうした追加の比較を行うことで，候補者のプレスリリースがニュース議題に及ぼす属性型議題設定効果を究明することができる。テキサス大学で行われた議題設定理論のセミナーで計算したところ，このフレーミングと命名された研究から，属性型議題設定効果に関する実質的な証拠が得られた。候補者のうち３人の相関はそれぞれ +0.74，+0.75，そして +0.78 であり，ロバート・ドールに関してはやや低めの，しかしまだ十分に高い +0.62 という数値が得られた。このドールが最有力候補であり，最終的に共和党の指名候補となった。

　フレームと属性との間の重複 —— 理論的連関 —— に対する独創的な視点を採用したのが，日本経済の窮状に対する世論を扱った研究である。[*46] この分析は，フレームとは下位の諸属性を集約する装置であるというアイディアにもとづいているが，同時に「問題状況（problematic situations）」の概念にも依拠している。問題状況概念とは，具体的な社会争点や関心事をより一般的な認知的カテ

ゴリーへと読み換える視点である。[*47][2000 年から 2001 年にかけての] 52 週間にわたり「毎日新聞」を内容分析し，日本経済の窮状に関してニュース報道で取り上げられた 12 の異なる側面もしくは属性を特定した。日本経済の窮状に関するこうした属性を問題状況のコンテクストに位置づけるために，一般公衆に対する調査では，こうした 12 の側面のそれぞれを回答者がどれくらい問題含みだと考えているかがたずねられた。12 項目に関する回答を因子分析することで，4 つのマクロフレームが析出された。それらは問題状況カテゴリーとしてあらかじめ理論的に仮定されたものとほぼ一致していた。各因子は「制度崩壊」「損失」「不確実さ」「対立」のカテゴリー（フレーム）を表し，12 項目はすべていずれかに収まった。

「毎日新聞」による経済報道の属性型議題設定効果は，下位の属性（争点の 12 の側面）のレベルと，マクロなフレーム（4 つの問題状況カテゴリー）のレベルの両方でテストされた。両レベルとも，ニュースへの接触度が高まるにつれ，新聞の議題と公衆の議題との一致度は増大する傾向が見られた。下位の属性の場合，ニュースへの低・中・高接触グループの相関はそれぞれ +0.54，+0.55，+0.64 であった。フレームの場合，同じく接触度別 3 グループの相関は +1.00，+0.80，+1.00 である。相関の値が 2 つのレベルで異なっているのは明らかにカテゴリー数が異なるからであろう（12 対 4）。しかし，ミクロ・マクロ属性両方の場合とも議題設定効果が見出された。

フレームに対する別のアプローチは修辞学的な観点の異同に焦点を合わせる。これは，しばしば引用されるロバート・エントマンによる定義の後半部分を強調するものである。

　　フレームを付与するということは，認知された現実のある側面を選択し，それを人に伝えるテクストの中でより顕出的にするということである。そうすることで，描写された項目に関する特定の問題定義，因果的解釈，道徳的評価および／もしくは対策案を広めるのである。[*48]

異なる観点から見ること —— 同一の状況を2つの異なるやり方で表現すること —— が大いに異なる反応を引き起こすことの古典的な例として，ダニエル・カーネマンとエイモス・トベルスキーの実験がある。そこでは，救われる人命数または失われる人命数のどちらを強調するかで異なる代替的なメッセージが参加者に与えられた。これと似た口語的な例は，有名な「グラスの中にはまだ半分ある」対「グラスの中はもう半分空だ」である。もちろん属性の観点から言うと，これら2つの言い回しはグラスの内容の描写としては等値である。

　最後になるが，基底的な心理学的過程の観点からフレーミングと属性型議題設定とを区別しようとする理論的努力は，これまでのところ経験的支持をほとんど得ていない。こうした理論的視点は知識活性化の2つの側面 —— 「アクセス可能性（accessibility）」と「適用可能性（applicability）」の概念 —— に焦点を合わせ，フレーミングは適用可能性にもとづく一方で，議題設定はアクセス可能性にもとづくと論じる。しかしながら，一連の実験では，アクセス可能性が議題設定過程の構成要素であることへの支持は見出せない。都市開発問題を扱ったあるフィールド研究 —— 内容分析とサーベイリサーチという議題設定の伝統的なデザインを用いたもの —— は，6つの争点属性のアクセス可能性にとくに焦点を合わせた。争点属性のアクセス可能性は新聞への接触が増すにつれ急激に増大したが，公衆の間で結果として形成された属性議題は，ニュース報道が提示した属性議題とは少しも似ていなかった。

　　しかしながら，メディアとその受け手の間では諸属性の顕出性は明らかに一致していなかった。「高接触」と「中接触」の回答者の間で，「売上税収入の増加」「洪水の危険性の増加」「交通量の増加」 —— これらはいずれもメディアで強調された属性だが —— が他の属性と比べより顕出的である（アクセス可能性が高い）ということはなかった。

84

われわれの頭の中のイメージ | **3**章

● 要　約

　マスメディアが公共的諸問題の広大な世界について伝えるとき，そこで突出している要素は，われわれ個々人のその世界についてのイメージにおいても突出的な要素となることが多い。議題設定理論のこの一般的な命題は，その時々の争点に対する注意という観点から当初検証された。メディア議題で強調された争点と公衆議題で突出的となった争点とを比較したのである。このような比較は，幾度にもわたり，メディアと公衆との間で争点の順位に関して高い一致度を示した。リップマンの言葉を借りるならば，これらのイメージが何についてのものかという点で高い一致度が存在する。これが第1レベルの議題設定である。

　また，こうしたイメージの実際の細部に関しても高い一致度が見られる。選挙候補者や公共的争点に関するマスメディアの描写を，同じ客体を公衆が描写したものと比較すると，こうしたイメージの内容に関して高い一致度が見出された。マスメディアで突出した属性は，公衆の心においても突出したものとなる傾向がある。これが第2レベルの議題設定である。公共的問題に関するメディア内容の特定の側面が，世論の形状と明らかに関連するのである。本章ではまた，第3レベルの議題設定も紹介した。そこでは，客体や属性間のネットワーク化された関係が注目の焦点となる。この視点ではメディアは，要素集合の中にある諸関係の顕出性を公衆へと転移する。これら3つのレベルの議題設定はすべて世論形成におけるメディアの主要な役割を反映している。すなわち，コミュニケーション過程の初期の段階の効果であり，受け手の初期レベルの注意と，それに続く，メッセージの主題についての理解に関わるものである。[*54]

　こうした〔候補者や争点といった〕事柄について公衆がどのように（how）考えるか——典型的には認知的・情動的両方の要素が含まれるが——ということは，公衆が何（what）を考えるか，すなわち態度や意見と結びついている。『アメリカ政治における議題と不安定性』という著作でフランク・バウムガート

ナーとブライアン・ジョーンズは次のことを発見した。世論と公共政策が大きく変化するときには，それに先だって，公衆の間でこうした争点の顕出的な側面がかなり変化することが多いのである。彼らの事例研究は，原子力発電，タバコ，農薬，自動車の安全といった問題を取り上げている。[*55]

　属性型議題設定のこうした帰結が，態度や意見に対するマスメディアの影響へとわれわれを連れ戻すことは皮肉なことである。それは1940年代50年代にマスコミュニケーション理論が始まった地点であり，ある世代の学者たちが「実質的な効果はほとんど見られない」と報告したことで，ほぼ見捨てられた領域であった。[*56] 議題設定理論はそうした狭小な判断への反応として登場した。6章では近年の理論的発展をふまえ，そうした判断を再検討する。

議題設定はなぜ生じるか

　高校の物理の時間にこんな科学的原理を耳にしたことがあるだろう。「自然は真空を嫌う」。人間の心理にも似たような命題があてはまる。われわれに生まれつき備わっているのは、周囲の環境を理解したいという欲求である。(*1)新しい状況——いわば認知的真空——に直面したときにはいつでも、われわれは居心地の悪さを感じ、その環境を探索し、心の中に地図を作成しようとする。大学1年生になった頃を思い起こしてみよう。新しい見慣れぬキャンパスに着き、知的航海を始めたとき。あるいは新しい都市へ引っ越すとき、いや、新しい都市——とくに外国の都市——を訪ねるときでもよい。そうした状況で、新参者は自分の位置を確認したいという欲求にかられる。だからこそ本屋は旅行者にガイドブックを売って儲けようとする。ガイドブックには地図やホテル・レストランのリスト、その他さまざまなオリエンテーション情報が含まれている。

　市民生活の領域でも、市民がオリエンテーションを求める欲求〔以下、オリエンテーション欲求と記す〕を感じるような状況が多々ある。政党が公認候補者を選ぶ予備選挙では、候補者が10人も立つことがある。予備選挙であるがゆえに、有権者がよく用いる政党帰属意識という方向づけの手がかりは決め手とならない。どの候補者も同じ党に属している。こうした状況で、多くの有権者は強いオリエンテーション欲求を感じる。自治体による公債発行を是認するかなどといった問題に関する住民投票でも状況は同じである。ここでも政党のラベルは役に立たない。また、多くの地方レベルの公職選挙でも、候補者は無所属で、かつ無名であることが多い。こうした状況すべてにおいて、有権者がよくすることはニュースメディアにオリエンテーションを求めることである。直面する状況に関する適切な情報を集めたり、あるいは直に、新聞の支持表明〔editorial endorsement：米国の新聞が選挙時に推奨する候補を社説で明記すること〕

を見たりといったふうに。もちろん，すべての有権者が同程度のオリエンテーション欲求を感じるわけではない。市民の中には，投票決定を行う前に，かなりの量の背景的情報を欲する人がいる。他方，方向づけの単純な手がかりさえあれば事足りる人もいる。オリエンテーション欲求は心理学的概念である。つまり，方向づけの手がかりや背景的情報を欲する程度には個人差があることを表している。

　選挙においてしばしば見られるこうした行動パターンは，心理学者エドワード・トールマンが唱えた認知地図に関する一般理論のひとつの発現である[*3]。先に，リップマンの擬似環境という概念で，これと似たような発想に出会った。擬似環境とは，世界そのものではなく，われわれの頭の中にある，世界についての像である。両方の考え方に共通しているのは，われわれが外的環境に関する地図を作成するということである —— きわめて不完全でかなり端折られた地図ではあるが。この地図作成が目的的な行動である点を強調し，ロバート・レーン著『政治生活 —— 人々はなぜ，どうやって政治に関与するか』では，われわれが行う「政治環境から意味を汲み取ろうとするさまざまな努力」について概観している[*4]。レーンはこうした努力の起源を，人間の先天的な性質や小児期の社会化過程，公教育などに帰している。オリエンテーション欲求という心理学的概念は，1972 年シャーロットで実施した議題設定研究でデービッド・ウィーバーが提起したものだが，意味を得ようとするこうした努力を表すものであり，メディア議題から公衆議題への顕出性の転移を心理学的に説明するものである。

● 関連性と不確実性

　概念的に言えば，個人のオリエンテーション欲求は，関連性 (relevance) と不確実性 (uncertainty) という 2 つの下位概念によって定義される。両概念は連続的に作用する。関連性は，オリエンテーション欲求の最初の規定条件である。われわれの大部分は，多くの状況で，とくに公共的問題の領域で，何の心

議題設定はなぜ生じるか **4章**

理的不快感を感じることもなければ，オリエンテーション欲求を抱くこともない。なぜなら，そうした状況を自分に関連したものと認識しないからである。アルメニアやニュージーランドの内政は，ヨーロッパや北アメリカの市民の大部分にとって何の関心も引き起こさない。自国内で現在起こっている多くの争点に関してさえ，同じことが言えよう。社会全体で見れば支持者があまりいないような争点が多数ある。こうした状況で，ある人にとって関連性が低い，もしくは関連性がまったくない場合には，オリエンテーション欲求は弱い。

　どんな理由であれ，あるトピックとの関連性が高いと感じる人の場合には——話を単純化するため，関連性は高低いずれかであるとしておく——そのトピックに関する不確実性が合わせて考慮されねばならない。**図表 4.1** に見るように，不確実性のレベルは，オリエンテーション欲求を規定する 2 番目の，

▶ 図表 4.1 ◀　**オリエンテーション欲求と議題設定効果**

		関連性		
		低	高	
		|	|	
			不確実性	
			低	高
			|	|
オリエンテーション欲求		低	中	高
	米　国[*]			
	新　聞			
議題設定効果	6 月	+0.15	+0.35	+0.41
	10 月	+0.29	+0.59	+0.68
	日　本[**]			
	新　聞	+0.39	+0.62	+0.86

[*]出典：David Weaver, 'Political issues and voter need for orientation', *in The Emergence of American Political Issues*, ed. Donald Shaw and Maxwell McCombs (St. Paul, MN : West, 1977), pp.107-19

[**]出典：Toshio Takeshita, 'Agenda-setting effects of the press in a Japanese local election', *Studies of Broadcasting*, 29 (1993), pp.193-216

関連性に続く条件である。個人が，あるトピックについて知りたい情報をすでに全部持っているということは，よくある。その場合，彼らの不確実性の度合いは低い。世論が長期にわたってかなり安定しているような，多くの公共的争点がこれにあてはまる。こうした状況でも，人々はニュースメディアを無視するわけではない。そうではなく，現状に何か大きな変化が生じていないかを知るのがもっぱらの目的で，ニュースをモニターするのである。[*5] 関連性は高いものの不確実性は低いというこうした条件下では，オリエンテーション欲求は中程度となる。

さらには，関連性と不確実性とがともに高くなるような場合もある。これは政党内の予備選挙においてよくあることで，知名度の低い候補者が多く立ち，政党帰属という便利な指針の手がかりも使えない。また，公衆議題上に本質的に新しい争点が登場した場合もそうである。米国で近年広範に行われている医療制度改革論議もその一例である。この争点は複雑で，かつ影響が多岐に及ぶことから，多くのアメリカ人に対して高い関連性と高い不確実性をもたらした。理論的に言えば，そうした市民は強いオリエンテーション欲求を持っていた。

これとは対照的に，20世紀の終わり頃，当時のクリントン大統領がホワイトハウス実習生モニカ・ルインスキーと不倫スキャンダルを起こしたことに対しては，多くのアメリカ人はオリエンテーション欲求をほとんど感じていなかった。大統領の個人的行為は不届き千万だと多くの人は感じていたものの，この行動は彼の大統領としての地位とは無関係だと見なしていた人が多数派であった。ニュースメディアがスキャンダルに執着し続けたにもかかわらず，毎回の世論調査は，大統領としてのクリントンの仕事ぶりに対して高い評価を報告していた。公衆がオリエンテーション欲求をほとんど感じず，メディア議題に注目する必要性も感じない場合が時としてある。[*6]

● 議題設定効果の生起

公共的問題の領域で個人のオリエンテーション欲求が強まれば強まるほど，

その人はマスメディアの議題に注意を向けるようになる。たとえば，1972 年米大統領選挙時，ノースカロライナ州シャーロットの有権者の間では，高いオリエンテーション欲求を持った人の 79.8％が新聞・テレビ・ニュース週刊誌の政治情報をよく利用していた。それに引きかえ，中程度のオリエンテーション欲求を持つ人では 62.5％，そして低いオリエンテーション欲求を持つ人では 47.4％が，マスメディアで政治情報をよく利用していた。

　オリエンテーション欲求の概念は，教育程度とマスメディア議題への接触との間のよく知られた関係を説明するものでもある。2000 年米大統領選予備選挙中のテキサス州有権者の間では，教育程度は次の 2 要因と強い関連が見られた。ひとつはケーブルテレビで候補者討論会を視聴する程度。もうひとつはオリエンテーション欲求の存在である。ここでのオリエンテーション欲求は，具体的には，キャンペーン議題上に個人的に関連性のある争点があるかどうかによって定義された。こうした関係を詳細に分析して明らかになったことは，オリエンテーション欲求は，教育（＝公共的な問題に対する個人の認知的志向に関する概括的な背景的予測因）と候補者討論会視聴（＝かなり具体的な情報追求行動）との結びつきを説明する媒介変数だということである。教育程度が高まると，とくに大卒以上になると，オリエンテーション欲求が生じやすくなる。そして，オリエンテーション欲求の存在は，候補者討論会の視聴につながる。

　選挙期間中，有権者はニュースメディアや政治広告から，候補者や彼らの争点上の立場についてかなり多くのことを頻繁に学習する。こうした学習の一部として，有権者は，そのオリエンテーション欲求のレベルに応じて，メディア議題を取り入れる。**図表 4.1** のオリエンテーション欲求の概念図の下方に記したのは，1972 年米大統領選挙中にシャーロットの有権者にどの程度議題設定効果が生じたかを要約したものである。キャンペーンが具体化する夏期においても，また，秋期キャンペーンにおいても，議題設定効果はオリエンテーション欲求の強さとともに単調増加した。選挙とは開かれた公民教育の場であるというたとえどおり，6 月から 10 月にかけて議題設定効果の発生度が増した。人々は学習していたのである。

議題設定効果の同様のパターンは，1章で触れた日本の〔東京都町田〕市長選挙でも見られた。日本の有権者を彼らのオリエンテーション欲求のレベルに応じて区分すると，**図表 4.1** が示すように，オリエンテーション欲求の程度に応じて議題設定効果の強さは単調増加する。有権者全体として見た場合のメディア議題との関連は，+0.39 という正ではあるがゆるやかなものでしかなかった。これまで証拠の多くで見出された相関と比べても，とても低いものである。

しかしながら，**図表 4.1** が示すように，中程度のオリエンテーション欲求を持つ有権者の場合はメディア議題との相関が +0.62 となり，強いオリエンテーション欲求を持つ有権者では +0.86 という驚くべき相関になる。この選挙の証拠をさらに検討すると，有権者全体ではなぜ +0.39 というゆるやかな相関しか見られなかったかが分かる。回答者の過半数，約 57% は弱いオリエンテーション欲求しか持っていなかった。21% だけが強いオリエンテーション欲求を持っていた。オリエンテーション欲求の概念は，こうした状況でメディア議題と公衆議題との全体的な対応度がなぜ低いのかを簡潔に説明してくれる。オリエンテーション欲求のレベルが低い過半数の有権者は，メディア議題に注意を払ったり，メディア議題を自ら取り入れたりしようとする動機づけをほとんど持っていなかった。

オリエンテーション欲求の概念は，端緒となるチャペルヒル研究で，メディア議題と公衆議題とが完璧に近い対応を示したことも説明してくれる。総合的に見て +0.97 の相関という高度な対応が見られたことで，議題設定現象を継続して探究していこうという機運が高まった。オリエンテーション欲求の概念が議題設定理論の一部として展開されるのはまだ数年先のことであったが，後から考えて明らかなように，チャペルヒルで得られた最初の議題設定効果の証拠は，強いオリエンテーション欲求を持つ人だけを調査対象としたものであった。まず，チャペルヒルの回答者は，有権者登録を終えた人のリストから無作為に抽出された。言い換えれば，〔自分の意思で有権者登録を行ったという意味で〕彼らは大統領選挙とその争点議題に対して関連性を感じていた。しかも，チャ

ペルヒル調査の回答者は，登録済み有権者といっても，特定の大統領候補への支持をまだ表明していない有権者であった。サンプル全体がこうした態度未決定の有権者で構成されていた。理論的に言えば，こうした有権者はすべて高い不確実性を感じていたのである。高い関連性と高い不確実性は，定義では，強いオリエンテーション欲求をもたらす。メディア議題と公衆議題とが最もよく対応すると予測される理論的条件である。チャペルヒルで得られた +0.97 という相関はとても高いものだが，日本で強いオリエンテーション欲求を持つ有権者に関して見出された +0.86 という値と比べて，桁違いに高いというわけではない。

オリエンテーション欲求概念の妥当性を示す付加的な証拠は**図表 4.2** に見られる。〔1976 年米大統領選に関する〕この表は，大統領候補の争点上の立場を知ることが重要だと有権者が考える度合いが，オリエンテーション欲求のレベルとともに高まることを示している。[*12] 換言すれば，知的好奇心を表すこの一般的な概念が，具体的な情報に対する有権者の関心度の差異を説明してくれる。さらには，民主党のジミー・カーター候補 ── 当時はまだ無名の挑戦者 ── の争点上の立場に対する関心度が，共和党のジェラルド・フォード候補 ── 再選をめざす現職大統領 ── の争点上の立場に対する関心度よりも一貫して高くなっていることも，オリエンテーション欲求というアイディアの妥当性を示

▶ 図表 4.2 ◀　オリエンテーション欲求と政治情報への関心度（平均点）

	オリエンテーション欲求		
	低	中	高
フォードの争点上の立場	4.8[*]	5.5	5.7
カーターの争点上の立場	5.0	5.6	6.3

[*]政治情報への関心（尺度の最大値 = 7）
出典：David Weaver and Maxwell McCombs 'Voters' need for orientation and choice of candidate : mass media and electoral decision making', paper presented at the American Association for Public Opinion Research, Roanoke, VA, 1978.

唆している。

　米国中西部における地域の環境問題を事例とした研究でも，巨大な人造湖の開発にまつわる6つの側面に関する地方紙の報道と，人々が心の中に抱くイメージとの間には，強いレベルの対応（+0.60）が見られた。そして，第1レベルの議題設定における客体の顕出性に関する上述のパターンと同様，新聞における属性議題と人々の頭の中のイメージとの対応度は，人々のオリエンテーション欲求とともに増大した。弱いオリエンテーション欲求を持つ人々の間では，彼らの属性議題と新聞の属性議題との対応は +0.26 にすぎない。強いオリエンテーション欲求を持つ人では，対応は +0.77 になる。ここでも，オリエンテーション欲求の増大が，メディア議題のいっそうの習得をもたらしていることが見てとれる。

● 関連性

　関連性はオリエンテーション欲求を定義する中核的な概念である。個人があるトピックや争点に対して関連性を抱くようになる原因はさまざまである。そして，関連性のこうした多様な起源については近年かなり詳細に追究されてきた。地球温暖化から個人の健康問題まで8つの異なる争点を題材としたある独創的な研究は，こうした公共的争点に対する関連性を測定するために，反対語の対から成る13本のSD法尺度を用いた。このデータを分析することで3つの潜在的な次元が明らかになった。

　　社会的関連性（Social relevance）－「関連がない／関連がある」，「重要でない／重要な」といった尺度で測定される

　　個人的関連性（Personal relevance）－「私にとって大切／私にとって大切ではない」，「個人的に気がかり／私の問題ではない」といった尺度で測定

　　情動的関連性（Emotional relevance）－「退屈な／興味深い」，「わくわくす

る／面白みのない」などの尺度で測定

　スペインの社会学者フェルミン・ボウサは，個人的関連性と社会的関連性について，似たような理論的区分を行っている。

　　……人は個人的関心事の領域を大切に保持している。その領域は，個人が
　　公的な関心事あるいは万人にとっての関心事と見なすものからは，ある程
　　度分離されている……。個人的関心事の領域と公的関心事の領域とのこ
　　うした明確な区分こそ，私が政治コミュニケーションの影響領域（impact
　　area）と定義する領域が存在することを示唆している……なぜなら，影響
　　領域とは，国家と自分自身とがたまたま一致したと個人が感じるような領
　　域のことだからである……。[*15]

社会的関連性，個人的関連性，情動的関連性のこうした理論的区分は，テキサ
ス州全域で実施した2回の世論調査の知見をうまく整理してくれる。この世論
調査では，広く用いられているギャラップのMIP質問「今日この国が直面し
ている最も重要な問題は何ですか」に対して，回答者がなぜ特定の争点を挙げ
るのかを探究したものであった。[*16]MIP質問への回答として名指しされた争点の
何に共鳴したのかを探るために追跡質問群を開発し，その結果を分析したとこ
ろ，争点関連性の5種類の源泉を安定して確認することができた。これらの源
泉は上記の理論的区分ともぴったりあてはまるものである。

　　社会的関連性 ── 〔ニュースを見逃すまいとする〕市民としての義務感，
　　　　　　　　　友人や家族の影響
　　個人的関連性 ── 自己利益，個人的興味
　　情動的関連性 ── 情動喚起

争点に対する個人的関連性への別のアプローチとして，セバスチャン・バレン

ズエラは，ロナルド・イングルハートが唱えた物質主義的・脱物質主義的価値
観が議題設定効果と強く関連することを発見した。
[＊17]　　　　　　　　　　　　　　　　　　[＊18]

　カナダの主要日刊紙の内容分析と 2006 年カナダ国政選挙の調査データを用
い，バレンズエラは，脱物質主義的価値観を持つ人よりも物質主義的価値観を
持つ人に対して，アグリゲートなレベルでも個人レベルでも，より強い議題
設定効果が生じることを見出した。たとえば，アグリゲートなレベルでは，メ
ディア議題と公衆議題の相関は，物質主義的価値観層で +0.55，脱物質主義的
価値観層で +0.35 であった。こうした知見は，環境や政治改革といった脱物質
主義的争点よりも経済や犯罪といった物質主義的争点を，メディアがもっぱら
報道していたことと整合的である。

　ジョアン・ミラーは，情緒的関連性の役割を詳しく検討し，ニュースに対す
る情緒的反応が議題設定効果を媒介することを発見した。とくに，犯罪問題に
関するニュースへの接触が，実験参加者に悲しさや恐怖の感情をもたらす場合
にそうであった。この 2 種類の情緒的反応はメディア議題と公衆議題との関係
[＊19]
を媒介していた。しかし，他の種類の情緒的反応は，犯罪を国が直面している
重要な問題と見なす傾向を増大させるものではなかった。彼女の実験では，犯
罪に関するニュースを読んでいるときに，悲しさや恐怖の他に，怒り，誇らし
さ，希望，よろこびなどを参加者が感じる程度が測定された。悲しさと恐怖の
感情だけが議題設定効果を媒介していた。情緒喚起に関する一般的な測度も，
上記 6 種類の情緒的反応を組み合わせて作成した総合的な感情値測度もともと
に，犯罪ニュースへの接触と犯罪を国が直面している重要な問題として挙げる
こととの連関を説明できなかった。しかしながら，否定的な感情だけを組み合
わせた感情値測度を作成した場合には，犯罪を指名する傾向をより良く説明で
きたのである。

　関連性の概念を詳細に吟味しようとする研究が新たに続出する様は，議題設
定研究の主要な動向の一例である。物理学の用語を借りるならば，関連性概念
の新たな検討は一種の求心的動向といえよう。すなわち，議題設定理論の基本
概念をさらに深く究明するという目的へと，研究者たちの注意が集中している。

96

こうした動向の別の例は，オリエンテーション欲求を測定するためにヨルク・マテスが開発した新しい尺度である。第1レベルの議題設定に対応するものとして，客体そのものに対するオリエンテーション欲求を測定する尺度ができた。たとえば，「この争点をたえず観察することは私にとって重要だ」という尺度。また，第2レベルの議題設定を測定する別の尺度もあり，考察対象となる客体の実質的な属性に関しては「私は，具体的な細々としたことまで，きちんと知りたい」という尺度が，他方，客体の情緒的属性については，解説や論説でのジャーナリスティックな評価にそれが表れるわけだが，「このトピックに関する解説はたいへん重要だと思う」といった尺度が測定に用いられた。こうした3組の測度を合算することで，単一のオリエンテーション欲求得点が個人ごとに作られた。

ドイツで失業問題について検討を行ったところ，この合成測度で測定されたオリエンテーション欲求の強度が，基本的な第1レベルの議題設定効果を予測することをマテスは発見した。しかしながら，合成測度で測定されたオリエンテーション欲求の強度は，第2レベルの議題設定効果——具体的には失業問題に関する情緒的属性—までは予測できなかった[21]。

伝統的なオリエンテーション欲求の測度とこれら新しい測度とで議題設定効果の予測力を比較したある統制実験では，伝統的な測度のほうが予測力が強いという結果になった。しかしながら，伝統的な測度を新測度の第1次元——第1レベルの議題設定と直にかかわる次元——と比較した場合には，これら2つの測度はきわめてよく類似しているのである[22]。

● 公共的争点に関する個人的経験

われわれにとって，公共的争点について指針を得る源泉は，ニュースメディアだけではない。個人的経験，これには家族，友人や仕事仲間との会話が含まれるが，それもまた，多くの争点に関する情報を授けてくれる。もちろん，何が主要な影響源になるかは，人により争点により異なる。インフレーションと

いった経済的争点の場合は個人的経験がほぼ確実に優位となる。激しいインフレーションが起これば，日常の買い物経験でそれが分かる。この問題についてニュースメディアがわれわれに警告してくれる必要もなければ，その重要性を念押ししてくれる必要もない。対照的に，国の貿易赤字のような経済問題の場合は，ニュースメディアが唯一の指針源となりがちである。個人として経験することが制限されていたり，経験できなかったりする公共的争点は，ほかにも多数ある。とくに外交問題の領域などはそうである。理論的に言えば，ある種の争点は直接経験的（obtrusive）である。すなわち，日常生活に入り込み，直に経験できる。他の争点は間接経験的（unobtrusive）である。われわれが日常生活で直に目にするのではなく，ニュースの中だけで見かける争点である。[*23]

カナダで，3つの公共的争点に対するニュースメディアの議題設定影響力を検討したところ，直接経験的争点と間接経験的争点の区分けによって予測されるパターンの結果が見出された。[*24] 図表4.3 が示すように，インフレーションに関するニュース報道のパターンとこの争点に対するカナダの公衆の側での顕出性の間には，16ヵ月の期間にわたり，ほとんど関連がなかった（+0.28）。しか

▶ 図表4.3 ▶ 　直接経験的および間接経験的争点の議題設定効果（「自然史」視点）

直接経験的 ———————————————————————— 間接経験的

カナダ*

インフレーション　+0.28　　失　業　+0.67　　国の一体感　+0.96

米　国**

犯　罪　+0.19　　　　　失　業　+0.60　　環境汚染　+0.79

生活費　+0.20　　　　　　　　　　　　　薬物乱用　+0.80

　　　　　　　　　　　　　　　　　　　エネルギー　+0.71

*出典：James Winter, Chaim Eyal and Ann Rogers, 'Issue-specific agenda setting: the whole as less than the sum of the parts', *Canadian Journal of Communication*, 8, 2 (1982), pp.1-10.
**出典：Harold Zucker, 'The variable nature of news media influence', in *Communication Yearbook 2*, ed. Brent Ruben (New Brunswick, NJ : Transaction Books, 1978), pp.225-40.

し，国の一体感（national unity）という抽象的で間接経験的な争点の場合には，めったに起こらないほどの対応が見られた（+0.96）。3番目の争点である失業については，すぐ後で触れよう。元々は直接経験的争点だと見なしていたのだが，ここでの経験的結果は間接経験的争点の予測により適合したものとなっている（+0.67）。しかし，まずは米国で得られた追加的な証拠について検討してみよう。この証拠も，直接経験的争点と間接経験的争点との区分けが妥当であることを示している。

　世論と，間接経験的争点のニュース報道との間の対応度は高く，直接経験的争点報道との間の対応度は低いという，こうした同じパターンの結果は，米国における10年にわたる世論の動向の中でも見出されている。[*25] **図表4.3**を見ると，環境汚染，薬物乱用，エネルギー問題といった間接経験的争点では相関が高いが，犯罪や生活費といった直接経験的争点では相関がとても低い。米国の地方レベルでは，1章で要約したルイビルにおける議題設定のパターンもまた，直接経験的争点に関してはメディアの影響がないことを示している。ルイビルにおけるメディア議題と公衆議題の争点順位は，全体としての相関は+0.65だったが，詳細に比較すると「2種類の議題の主要な違いは，人々が個人的に経験する可能性が高い争点にかかわっていた。すなわち，道路保守，医療保険，裁判所，下水，公共交通機関などの問題である」[*26]。

　直接経験的争点と間接経験的争点との違いに関するこれらの証拠はすべて個別争点ごとの分析にもとづいていた。アカプルコタイポロジーの観点から言えば，こうした証拠は「自然史」パースペクティブにもとづいている。さらに，競合パースペクティブにもとづいた証拠でも同様の結論を示唆するものがある。競合パースペクティブは争点議題全体を検討対象としている。**図表4.4**は，メディアと公衆議題上の争点を2組に，すなわち間接経験的争点と直接経験的争点とに分割したうえで，メディア議題と公衆議題とを比較した一連の結果を示している。[*27] 間接経験的争点の議題は次の7項目から成る。政府の信頼性，政府支出，外交問題，環境問題とエネルギー，犯罪，人種関係，そして社会問題である。直接経験的争点議題の4争点はすべて経済に関係するもの——失業，

▶ 図表 4.4 ◀	直接経験的および間接経験的争点の議題設定効果（「競合」視点）	
	直接経験的 争点の議題	間接経験的 争点の議題
ニューハンプシャー		
新　聞	+032	+0.67
テレビニュース	+0.33	+0.74
インディアナ		
新　聞	+0.06	+0.60
テレビニュース	+0.06	+0.59
イリノイ		
新　聞	+0.20	+0.95
テレビニュース	+0.32	+0.95

出典：David Weaver, Doris Graber, Maxwell McCombs and Chaim Eyal, *Media Agenda Setting in a Presidential Election: Issues, Images, and Interest* (Westport, CT : Greenwood, 1981).

税金，インフレーション，景気——であった。**図表 4.4** では，間接経験的争点に関する相関は，すべてかなりの議題設定効果を示している。相関係数の中央値は +0.67 と +0.74 の間にある。対照的に，直接経験的争点に関するメディアと公衆の議題は対応度が低い。相関係数の中央値は +0.20 と +0.32 との間にある。

　直接経験的争点と間接経験的争点のメディア報道に対する公衆の反応にこうした顕著な差がある理由は，オリエンテーション欲求の概念によって一般的に説明できる。直接経験的争点は人々の日常生活で突出する争点であると定義できるので，多くの場合，個人的経験にもとづき手近な状況に十分対処できる。結果として追加の指針を求める欲求は低い。メディア議題と公衆議題との相関も低くなると予想される。他方，間接経験的争点の場合は，個人的経験だけでは十分な指針は得られない。こうした争点の場合，メディア議題が指針を得るための主要な源泉になると理論的に想定できる。人々は不確実さを低減させる

ためにメディアに頼るのである。

● 個人差，メディア利用と議題設定

　直接経験的争点と間接経験的争点の概念が議題設定理論に付け加わった時，この区別は当初，単純な二分法として扱われた。争点は，直接経験的か間接経験的かのどちらかに区分された。**図表4.4** の例は，こうした研究の典型である。しかし，**図表4.3** では，この概念をもっと繊細に処理することがすでに企図されている。直接経験的と間接経験的とは連続体の両極を成す。公衆がどんな争点に遭遇しても，それを個人的に経験している度合いには個人差があるだろう。[*28]

　先ほど脇に置いておいた失業問題は，この概念を単純な二分法ではなく連続体として扱うことの重要さを例証するものである。失業中であったり，あるいは知人が失業中の人にとっては，これは直接経験的な争点である。しかし，テニュア（終身在職権）を持った大学教員や裕福な専門職従事者，その他多くの人々にとっては，失業は抽象的な，間接経験的争点である。失業に関しては，個人的経験の幅は大きい。もちろん他の争点についてもまた然りである。**図表4.3** では，直接経験的－間接経験的連続体を示す線の中央部に位置づけることで，失業に関する経験にこうした幅があることを表している。失業に関する2つの相関値は，カナダと米国で異なる時点に測定したにもかかわらず，かなり似ている。確言はできないものの，調査当時北米に住む多数の人にとって，失業問題は基本的に間接経験的争点だったのかもしれない。[*29]

　争点を個人的に経験する度合いの個人差を詳しく調べたものとして，アメリカの有権者を対象としたあるパネル調査がある。この調査で回答者は，「ワシントンの連邦政府が対処すべき重要な問題を1つ」挙げるよう求められた。[*30] この分析は3つの主要な争点に焦点を合わせている。失業問題については，それが直接経験的か間接経験的かは，調査回答者個人やその世帯が仕事に就いているか否かで区分された。インフレーションの問題については，各回答者世帯の

101

家計状況が区分の根拠となった。犯罪問題に関しては，争点の区分は，回答者が近所を夜歩きしても安全であると見なす度合いにもとづいている。

　これらが自らにとって直接経験的争点だと定義された回答者の間では，オリエンテーション欲求はこうした争点との個人的接触によってもっぱら充足され，したがってメディアは重要な影響源とはならないという理論仮説が実証された。メディアの高利用者がこれら３つの争点のいずれかを挙げる傾向は，メディアの低利用者の場合と大差なかった。新聞やテレビニュースへの接触が増えても，この集団内では３争点に関する顕出性は増大しなかった。

　しかしながら，これらが自らにとって間接経験的争点だと定義された回答者の間では，オリエンテーション欲求がマスメディア利用によって充足されるため，メディア接触が増えればメディアの影響度も増大するという，直列的な理論仮説が証拠によって支持された。これらの争点が間接経験的であった有権者の間では，メディアの高利用者のほうが低利用者よりも，これらの争点の顕出性が高かった。

　公共的争点の顕出性に関連してマスメディアと個人的経験とがそれぞれどのような役割を演じているかについては必ずしも明解ではない。メディアの利用頻度と公共的争点を巡る個人的経験とが連携して影響力を及ぼすという証拠が，２つの研究――ニューヨーク州シラキューズでの犯罪に対する世論の研究，およびテキサス州での13争点から成るメディア議題への市民の一致度を調べた研究――で見出されている。[*31] シラキューズでは，犯罪に関するローカルニュースに高接触の人ほど，犯罪問題の顕出性が増大していた。またテキサスでは，メディアの利用頻度が公衆議題とメディア議題との一致をもっともよく予測していた。これらはいずれも議題設定の基本仮説を支持するものである。しかしながら，個人的経験もまた，シラキューズにおける犯罪の顕出性やテキサスにおける公衆議題とメディア議題間の一致度の有意な予測因であった。両方の地理的条件――米国北東部の中規模都市と南西部の巨大州――において，メディア利用と個人的経験は結合して強力な議題設定効果を生み出した。たとえばシラキューズでは，地域的争点としての犯罪の顕出性は，テレビ

や新聞での地域犯罪のニュースに高接触であり，かつ犯罪に関して何らかの個人的経験を有する人たちの間で最も高かった。

　テキサスでは，ニュースメディアを多く利用するほど，かつ公共的争点に個人的に関与している度合いの高い人ほど，その公衆議題がメディア議題を反映する傾向が見られた。

　議題設定効果に関してメディア利用と個人的経験との間にこうした正の，連携的関係が見られることは，**図表4.3**や**4.4**で示された証拠と矛盾するように見える。より原理的には，この結果は個人がオリエンテーションを求める場合に2つの競合する手がかり ── メディアと個人的経験 ── があるという仮定と矛盾する。この仮定こそ，先に示した直接経験的争点と間接経験的争点に関する研究すべての前提となっていたものである。この仮定に否定的な証拠が現れたことで次に求められるのは，理論的地図をもっと詳細に描き込むことである。たとえば，ある争点に関する個人的経験が，心理的に十分満足できるレベルのオリエンテーションを必ずしももたらさないとしたらどうだろう。メディア利用や争点への個人的関与度に個人差があるように，個々人のオリエンテーション欲求を満足させる情報量にもかなりの個人差がある。人によっては，ある争点に関する個人的経験だけではオリエンテーション欲求を充足できず，さらなる情報やその問題の社会的意義の確証を求めてマスメディアに目を向けるかもしれない。[*32] その争点に対して鋭敏になると，こうした個人はメディア議題の影響を受けやすくなるかもしれない。

　争点鋭敏化におけるこうした個人差とともに，本章の始めに紹介した，「政治環境から意味を汲み取ろうとする努力」に対して公教育が影響しているというレーンの見解もまた想起されたい。この点に関して言えば，テキサス州の回答者のうち，先に述べたような仮定とは矛盾した行動をとった人々の教育的背景は，全国平均よりもかなり高かった。今後，オリエンテーション欲求の広がりや深さを系統的に測定できるようになれば，議題設定過程における個人的経験とメディア利用の役割も明確になるだろう。

　テキサス州での証拠では，[*33] 対人的な会話についても取り上げていた。会話も

103

またコミュニケーションチャネルであるが，これまでは詳細に検討してこなかった。テキサス州の回答者の間では，公共的争点について会話する頻度は，メディア利用の頻度や，公共的争点について個人的経験を持つ頻度と正の関連を示していた。公共的争点についての会話は，こうした他の行動と随伴して起こるものだが，会話自体は，人々がメディア議題と一致する度合いを決める上で，正の方向にも負の方向にも，独立した役割を果たしてはいなかった。類似の結果は，対人コミュニケーションへの依存度の高い人が，ニュースメディアへの依存度の高い人と同じような議題を抱くのかどうかを調べたある研究でも報告されている。これら二集団の議題には差異は見出せなかった。[*34]

　このように，公共的争点についての会話が果たす役割が明確ではない点は，議題設定過程における会話の役割に関して積み上げられてきた証拠を均した場合にもほぼ同じことが言える。[*35]会話がメディア議題のインパクトを補強する場合もある。[*36]近年のネット環境において，1996 年米大統領選挙秋期キャンペーン中に 4 つの争点 —— 移民，ヘルスケア，税制，中絶問題 —— に関する電子掲示板の投稿を調査すると，中絶問題以外のこれらすべての争点に関する議論の議題は，伝統的なニュースメディアが設定しているということが明らかになった。効果の時間的ズレは 1 日から 7 日であった。[*37]ただし，会話がメディアと対立する指針源となり，メディアの影響を減少させる場合もある。[*38]

　個人レベルのオリエンテーション欲求を詳細に測定することで，どういう状況下で対人コミュニケーションがマスメディアの議題設定的役割を補強するのか，あるいはそれと対立するのかを特定することができるかもしれない。ソーシャルメディアが増殖するなか，これはとくに重要な研究トピックである。人によっては，会話がマスメディアからのさらなる情報探索につながり，結果としてメディア議題を取り込むことになるかもしれない。[*39]対照的に，家族や友人との会話によって個人としての議題が形成された人にとっては，追加的な指針を求めようとする欲求は低いだろう。こうした人々はメディア議題に注意を向けようとは思わない。[*40]

議題設定はなぜ生じるか **4**章

● 要　約

　オリエンテーション欲求は，「自然は真空を嫌う」という科学的原理の認知版である[*41]。公共的問題の領域においては，個人のオリエンテーション欲求が増大するほど，彼もしくは彼女は，政治や統治機構に関する情報を豊富に含んだニュースメディアの議題へと注意を向ける傾向がある[*42]。この概念はまた，メディア議題から公衆議題へと最も移行しやすい争点をも識別する。すなわち，関連性や間接経験性が高い争点である。もし間接経験的争点が公衆の共感を呼ぶとき，オリエンテーション欲求は中から高のレベルになる。対照的に，直接経験的争点の場合には，オリエンテーション欲求は主として個人的経験によって充足されるかもしれない。しかしながら，個人的経験がより多くの情報を欲する気持ちを生み出し，追加的指針を求めてマスメディアに接触する場合もあるだろう。

　オリエンテーション欲求は，なぜ議題設定効果が生じるかという詳細な心理学的説明を提供するものであり，議題設定効果の随伴条件 —— 効果の強さを高めたり抑えたりする要因 —— のうちでも最も知られたものとなっている。随伴条件は議題設定理論の第2局面として1970年代前半に導入された。第1局面は，もちろん，メディア議題と公衆議題との間の基本的関係であり，チャペルヒル研究に端を発するものである。議題設定研究のこれらの局面は，ある研究のラインが終わったら次が始まるというものではない。むしろ，同時並行的に継続する研究ラインである。議題設定研究の早い時期から始まるこれら2つの局面は，今日に至るまで，新しい環境 —— とくにインターネットやソーシャルメディアが増殖し続ける環境 —— においても続いている。

105

議題設定はどのように作用するか

　コミュニケーションメディアの議題設定効果はいたるところで生じている。米国中のいろいろな小都市や大都市で，議題設定効果は観察されてきた。この効果はアメリカ以外でも見出されてきた。日本の東京やスペインのパンプローナといったさまざまな都市でも，またアルゼンチンやドイツといったさまざまな国でも。総計すると，議題設定の実証研究はいまや400件以上ある。その多くが嚆矢となったチャペルヒル研究に準じて選挙キャンペーン期間中に実施されているが，他には平時に世論を観察した研究もある。過去45年以上にわたり検討された公共的争点も実に多彩である。経済問題や公民権，薬物，環境，犯罪，幅広い外交政策問題，その他何十もの公共的争点が含まれる。そして研究対象となるトピックは，いまや公共的争点を超えて，政治家やそれ以外のますます多様な客体およびそうしたすべての客体の属性にまで及んでいる。議題設定はマスコミュニケーションの頑健かつ広範な効果であり，マスメディアの特定の内容に起因する効果である。

　多くの人にとって，こうした幅広い効果の最も驚くべき側面のひとつは，議題設定効果の生起する状況が地理的にも文化的にもきわめて多様だということである。米国の文化や政治はスペイン北部のパンプローナやナバラ県の文化的・政治的状況とは非常に異なっている。しかし，スペインの地でも数多くの議題設定効果が測定されてきた。文化的，政治的にさらに対照的となるのは西洋の国々から東アジアの若い民主主義国へと視点を移した場合である。だが，そこでもまた議題設定効果が観察されてきた。

　数年前，台北で行われたセミナーで，もともと米国で発見されたメディア効果が，なぜ国際的に広範な地域で追認されているのかが議論され，次のような結論に至った。すなわち，議題設定効果——メディア議題から公衆議題へと顕出性が首尾よく転移すること——は，かなりの程度公開された政治システ

ムとかなりの程度公開されたメディアシステムとが存在する場所ならばどこでも生起する，というものである。当然ながら，今日の世界のどの国においても，完全に公開された政治システムなどないし，1人1票の原則が人口の全成人に適用されるようなシステムもない。しかし，前述のいくつかの国を挙げるなら，米国やスペインや台湾の政治システムはかなりの程度公開的である。そこでは選挙が重要な役割を果たし，政治の方向を実際に決めている。さらには，成人の大多数がこうした選挙に参加する資格を持つ。これらの国のメディアシステム —— 少なくともその重要な部分 —— もまた公開的であり，政府や主要政党に支配されない，ニュースと政治的表現の独立した発信源になっている。こうした公開性の条件が両方とも存在する場所では，公衆はニュースメディアが提起したかなりの分量の争点議題を受容する。[*1]

台湾の1994年台北市長選挙における知見[*2]は，議題設定の広範な生起を説明するこの原則の妥当性を裏づけるものである。この選挙が行われた当時，台北には3つのテレビ局があったが，3局ともなんらかの点で政府や長年政権の座にあった国民党に支配されていた。はたして，テレビニュースには何の議題設定効果も発見されなかった。アメリカの政治学者V・O・キーの有名な表現を，状況は異なるが，借りるならば，「有権者は愚かではない」のである。対照的に，台北の主要日刊紙2紙に関しては，有意な議題設定効果が見出された。これらの新聞は，世界中のほとんどの新聞のように，特定の政治的立場を支持している。しかし，台湾政府や国民党による直接的な統制はまぬがれ，独立した事業体である。この台北の事例は，公開的および閉鎖的なメディアシステムの影響を —— 他の政治的・文化的要因すべてを基本的に一定に保ったうえで —— 比較した例として有用である。

● 争点議題の展開

公開的な政治システムとマスメディアシステムによって規定された世界中の市民的討議空間では，世論の絶え間ない流れが起こる。時系列的には，コミュ

ニケーションメディアと公衆の注目点が変化するにつれ，個々の争点の顕出性は盛衰する。前章では，この過程の心理学的側面のうち主要な2点を提示した。ひとつはオリエンテーション欲求の概念。これはメディア議題への注意に個人差があることを説明する。もうひとつは直接経験的・間接経験的争点の概念。メディア以外の個人的経験が，公衆議題の形成に一定の役割を果たすことを指摘するものである。本章では，争点がメディア議題に現れ，そして公衆議題に移動するという世論過程に関して，その追加的な側面について概説しよう。まずは公衆議題の容量と，この議題上の場の確保をめぐる争点間の競争について考察する。次に，公衆議題が展開する場合の時間的間隔についても考える。

　議題上の場の確保をめぐる争点間の熾烈な競争こそ，この過程の最も重要な側面である。どんな時でも何十もの争点が，公衆の注意を求めてしのぎを削っている。しかし，どんな社会やその制度も，同時に注意を払うことができるのは少数の争点に限られる。ニュースメディアや公衆，そしてさまざまな公共的制度にとって，注意とはきわめて希少な資源である。議題設定に関する初期の洞察のひとつが，公衆議題の限定された容積であった。その時々の公衆議題は典型的には5から7を超える争点は含まないという命題は，ひとつの経験的一般化として長年にわたり受容されてきた。そして，心理学者ジョージ・ミラーが言うところの「魔法の数7±2」——多様な知覚過程の限界を表す包括的な経験的一般化——の一事例と見なされてきた。[*3]

　近年に至る証拠の蓄積は，公衆議題の容量がさらに限定的であることを示唆している。ギャラップ世論調査がアメリカ人の全国サンプルに対して「今日わが国が直面している最も重要な問題は何ですか」とたずねたとき，公衆の間でそれなりに多くの人から言及された問題は，ごく少数しかなかった。1997年から2000年までにこの「最も重要な問題（MIP）」質問をたずねたギャラップ世論調査10回のうち，10％以上の回答比率を得た争点の数が公衆議題上で5つに達したことは5回しかなかった。10％という関心度は，公衆がかなりの注意を払ったかどうかの閾値と見なされてきた値である。[*4]5争点は，もちろん，ミラーの公理の底値である。10回の世論調査を通してみると，公衆議題は2

108

から6争点の範囲であった。

　時系列的には，公衆議題における多様性は増減する。一定の回答比率を得た争点の数も，こうした比率の相対的な大きさもともに変動する。各争点がほぼ等しい比率を獲得することもあれば，支配的な1，2の争点と一握りの少数比率の争点とに分かれる場合もある。公衆議題の多様性は1956年から1980年代初頭にかけて減少した。しかしながら，1984年から2004年まで，公衆議題は徐々に多様化した。この同じ数十年間，「ニューヨークタイムズ」の報道の多様性もまた減少傾向を示した。[*5]

　公衆議題の容量にこうした厳しい制約があることは，公衆が持つ資源に限界 ―― 時間と心理的能力の限界 ―― があることによって説明される。ほとんどのメディア議題の容量にも限界があることはさらに明白である。新聞の紙面量も放送ニュースの時間量も限定されている。インターネットのウェブサイトの場合には容量は無制限のように見えるが，公衆の集中力と使用可能時間とが厳しい制約を課すことになる。

　これらすべての制約が，いつでも社会内部の公共的争点の議題に対して課せられていることは，議題設定過程の概念の中では一種の「ゼロサムゲーム」とまとめられている。すなわち，議題上でのある争点の台頭は別の争点の後退を伴う。メディアや公衆の注目をめぐり争点間で熾烈な競争が行われることを強調した視点である。[*6]

　歴史的に見て，こうした制限された議題容量と争点間の熾烈な競争とがもたらすひとつの帰結は，米国の世論においては，ごく少数の関心事が長年にわたって舞台の中央を占めてきたということである。第二次世界大戦直後の時期には，外交問題と経済が舞台の中央を占め，外交問題がほとんどいつも主役であった。他の争点が関心を集めることもときにはありえたが，これら2つの争点が米国の公衆議題で優位に立っていた。[*7]

　この描写を更新するものとして，1954年から1994年にかけての傾向を，ギャラップ世論調査140回分の「最も重要な問題」質問への回答にもとづき分析した別の研究においても，アメリカの公衆の間で公教育の水準は大きく高まった

にもかかわらず，アメリカの公衆議題の容量には何の変化も見られなかった。分析対象期間中に，高卒者の人口比率は34％から78％に増え，大卒者の比率は6％から21％に上昇した。この期間に公衆議題の容量には変化が見られなかったが，教育水準の上昇はアメリカの世論傾向の別の側面にインパクトを及ぼした証拠がある。それは，公衆議題に載る争点の多様性である。[*8]

『推論する有権者』の中で，サミュエル・ポプキンは次のように述べる。

　　　教育の政治に対する効果は，有権者を「深化させる」のではなく，有権者の視野を広げることにある。市民が政治的に関連するとみなす争点の数を増やすことによって，そして，市民が自らの生活と全国的・国際的な出来事とを関連づけるその結びつきの数を増やすことによって。[*9]

彼の観察は，次のような広く実証されてきた状況を追認するものである。すなわち，ほとんどの人は，高学歴者でさえも，公共的争点について詳細かつ掘り下げた知識を持つことはまれである。教育水準が高い人ほど新聞を読むし，ニュースについて家族，友人や仕事仲間と話すことも多い。ポプキンが述べるように，こうした活動の主たる結果として，教育を受けた人は「日常生活の経験とは疎遠な全国的・国際的出来事といった，より広範な主題について限られた情報を持つようになる」。[*10]

教育が公衆議題に及ぼすこうした視野拡大効果は，公衆議題上の争点の多様性が増大傾向にあることからも明らかである。[*11]すでに述べたように，第二次世界大戦時や1960年までの戦後期には，単一のカテゴリー――国際問題――が公衆議題を主に占拠していた。しかし，次の20年間，1960年代70年代になると，より多くの争点が突出してくる。国際問題はまだ議題上に残っている。主にベトナムや冷戦問題として。しかし，経済問題や公民権問題も高い回答比率を獲得する。20世紀の最後の20年間には，公衆議題の幅が広がり多様化も進む。回答比率が10％を超える大きな問題が4つ――雇用，個人に関わる経済的問題，法と秩序，そして国際問題である。別の4つの小さな問題は，経済

や国内問題の他の側面に関わるものであり，それぞれ5～10％の回答比率であった。

　公衆議題の多様性がこのように増大していることは，議題の容量が一定であるという証拠とどのように整合するのだろうか。その答は，以前の時期よりもずっと素早く公衆議題に出入するような争点が見られるということ，言い換えれば，議題設定過程のこうした側面に整合性を与えうる説明は，教育の視野拡大的影響と限定された議題容量の制約的影響とが衝突した結果，公衆議題がより浮動的になったというものである。20世紀の半ばには，ひとつのカテゴリー── 国際問題 ── が舞台中央を占めていた。しかし，1960年代には争点の配役は増え始め，大きな争点が小さな争点と，少なくとも短い間隔で舞台を共有する傾向は続いた。**図表5.1**に見るように，公共的問題のうちでも長きにわたって君臨する歌姫は，公衆議題上で主役を張り続ける。それらが舞台に上っている期間は長い。2年を超えることも多い。しかし今や，小さな争点群とも時折スポットライトを分かち合うことになった。こうした小さな争点 ── 環境，教育，公衆衛生など ── は，大きな争点ほど頻繁に登場するわけではないし，舞台に長くとどまるわけでもない。しかし，公衆議題の容量が限られているにもかかわらず，それらは確かに登場する。教育が，その時々の争点についての公衆の視野拡大に影響した結果である。

　公教育が議題設定過程に果たす役割に関するさらなる洞察は，世論調査でしばしば見られる5つの基本的属性を比較することからも得られる。5つの属性とは，年齢，教育，収入，性別，そして人種である。地方紙で非常に大きく報じられた，あるいはごく小さくしか報じられなかった諸争点の組み合わせを用いて，1,000人近いアメリカ人の間でのそれら諸争点の顕出性を調べた研究がある。調査対象者は，フロリダから太平洋岸北西部まで，米国内を対角線状に横切る3つのコミュニティの住人であった。[＊12] その研究によると，こうした争点の顕出性のパターンに関連した基本的属性はひとつだけであった。すなわち，公教育を受けた年数の長い市民ほど，顕出性のパターンがメディア議題とよく似ていた。

> ▶ 図表 5.1 ◀　公衆議題上の主要争点の持続期間

	サイクル*あたりの 平均持続期間（単位：月）	1954〜94 年の サイクル数*
個人的経済争点	47.4	7
政治と政府	40.8	8
アジア	27.8	4
一般的外交政策争点	25.2	13
政府の支出	21.8	5
ロシアと東欧	19.3	4
雇　用	15.1	14
一般的経済争点	14.0	5
法と秩序	10.3	12
科学技術	8.7	3

*サイクルとは，定期的な世論調査における MIP 質問で，ある争点が最初に 10% 以上の回答比率を得てからそれを維持し続け，その後の調査で回答比率が 10% を割るまでの期間を指す。
出典：Maxwell McCombs and Jian-Hua Zhu, 'Capacity, diversity, and volatility of the public agenda : trends from 1954 to 1994', *Public Opinion Quarterly*, 59 (1995) : 495-525. これら 10 カテゴリーに含まれる具体的な争点の詳細は，論文の補遺 A に示した。

教育経験のこうした優位性は，政治や公共問題の領域全体で顕著である。

　政治に関する事実的情報や評価における概念的洗練性のレベルといった認知的問題を扱う場合でも，あるいは，政治に注意を払う度合いや政治問題への情動的関与といった動機づけの問題を扱う場合でも，さらには，政党活動から投票行動それ自体まで多様な政治的活動への参加といった実際の行動の問題を扱う場合でも，教育はいつも現れる普遍的な媒介要因である。[*13]

教育は，ニュースメディアに対する個人の注意を増加させ，かつニュースに登場する広範な争点への感受性を高めるという結合的な効果を持つ。他方で，教育水準の高まりは，ニュースにおける強調パターンに対する個人の防御的反応

を増加させはしないようである。高い教育を受けた人が，あまり教育を受けな
かった人と比べ，メディア議題に異議を唱えたり，メディア議題の受容に対し
て心理的防御壁を設けたりする傾向が強いということはなかった。[*14]

　しかしながら，議題設定過程における教育の役割や個人差を強調しすぎない
よう注意しなければならない。公衆議題の決定に際して教育が果たす役割を，
メディアのメッセージが果たす役割と対比しながら確認するために，1977年
から1986年にかけてアメリカの公衆の側での4つの争点 —— インフレーショ
ン，失業，国際問題，政府支出 —— に関する顕出性が，同じ10年間の全国向
けテレビ報道のパターンと比較された。[*15]これら各4争点の顕出性の変化は，教
育と世帯収入によって区分された人口下位集団ごとに調べられた。4争点の顕
出性はすべて，教育程度がより高い人々の間で高まると予想された。世帯収入
は，これら4争点への争点感受性の測度として用いられた。高収入の世帯ほど，
インフレーションや失業とは関連性が低く，逆に国際問題や政府支出とは関連
性が高いと仮定されたからである。

　1977年から1986年にかけて，こうした争点の顕出性には非常に大きな変化
が見られた。各争点とも浮き沈みのパターンを示した。メディア議題において
も，また収入や教育程度で区分された各下位集団においても，はっきりと上下
した。ところが，基本属性による下位集団自体の間での差異はごく小さなもの
だった。

　メディア議題上での各争点の顕出性と公衆の側での顕出性との一致度を具体
的に見ると，3争点 —— インフレーション，失業，国際問題 —— の場合，基
本属性による下位集団すべてが経時的に類似した軌跡を描き，しかもそれはテ
レビニュース項目数と並行したものだった。基本属性による有意差は存在した
ものの，統計学的に見ると，教育と世帯収入が規定する個人差は分散の2％し
か説明していなかった。他方，ニュース報道の変動は，公衆の顕出性の年ごと
の大きな振幅のうち37％を説明していた。「言い換えれば，メディア議題設定
効果は個人間に異なるレベルの顕出性を作り出すものではなく，明らかにす‧べ‧
て‧の個人の顕出性を時間とともに上下させるのである」。[*16]

113

最後に，4番目の争点である政府支出の場合，議題設定効果が生じなかった
ことについて付言しなければならない。調査対象となった10年間の最後の3
年で，政府支出問題の顕出性は，テレビニュースでは注目度が低かったにも
かかわらず，公衆のほとんどの下位集団の間で急激に高まり，そのまま高レベ
ルを維持した。この争点が公衆の間で高い顕出性を獲得したことは，公衆議題
の容量が限られていること，また，議題上に繰り返し出没する争点があること
によって部分的に説明できるかもしれない。この最後の3年間，1984年から
1986年までの間に，経済の別の2側面——失業とインフレーション——の顕
出性はメディア議題上と公衆議題上でともに低かった。すでに述べたように，
失業問題は20世紀の後半，公衆議題に君臨した歌姫の1人であった。イン
フレーションもまたしばしば登場した。政府支出はといえば，公衆議題の舞台に
たまに登場する小さな争点のひとつである。それが1984～86年の期間に舞台
の中央に躍り出たのは，たまたま同時期に失業とインフレーションが舞台から
引っ込んだせいかもしれない。このことは，公衆議題の容積には強い制約が課
されていることに再び注意を促すものである。

● 顕出性の転移を説明する

　現在の議題設定研究には2つの相反する傾向がある。ひとつは遠心的傾向で
あり，3章で論じた第3レベルの議題設定や8章で論じる多彩な異種状況へと，
議題設定を拡張する動きである。もうひとつは求心的傾向であり，主要な理論
的概念をさらに詳細に説明しようする学者たちがいる。メディア議題から公衆
議題への顕出性の転移という中核的概念に焦点を合わせ，竹下俊郎はこの転移
過程に2つの異なる理論的経路があると指摘する。熟考にもとづく認知的関与
の経路と，より表面的な偶発的関与の経路である。[*17]

　ドイツで行われた2つの実験は，実験参加者にニュースサイトで何を読むか
を一定期間自由に選択してもらうことで，こうした経路について調べた。[*18]実
験の題材となった主要な争点に関して，どのくらいの時間ニュース記事を読ん

114

だのかが各参加者の記録ファイルから確定された。ウェブサイトを閲覧する前に，実験刺激となる争点に対する参加者各人の関与度が測定されたが，記録ファイルによると，関与度が高い人ほど実験中により多くの記事を読んだ。

　実験結果から分かったことは，認知的努力が比較的少ない──記事を少ししか読まなかった──場合には，メディアからの手がかり（ウェブサイトへの登場頻度や，トップ記事か短信かの区別）が，争点重要性の事後判定に対して有意な影響力を及ぼしていた。対照的に，関与度が高く，また認知的努力のレベルも高い──より多くの記事を読んだ──場合には，メディアからの手がかりは争点重要性の事後判定に影響しなかった。

　こうした実験の知見は注目すべきものである。「関与度が低く，特定の争点に対して当初は高い重要性を付与せず，その争点に関連した報道にあまり注意を払わなかった人であっても，もしその争点に対するメディアの強調度が十分高い場合には，関与度が高くメディアに注意を払っていた人と同じように，その争点を重要だと推定した[*19]」。

　米国で実施された2つの実験は，メディアの議題設定効果を引き起こすこうした二重の情報処理経路──「議題の手がかり感知（agenda-cueing）」と「議題の推論（agenda-reasoning）」──についてさらに追究している。これらの実験では，議題設定効果の強さを左右する随伴条件として「ゲートキーピングへの信頼（gatekeeping trust）」を導入した。「メディアへの信頼（media trust）」や「メディアの信憑性（media credibility）」といったより一般的な測度とは異なり，ゲートキーピングへの信頼は，メディア報道とはジャーナリストが諸問題に優先順位を付けようとする組織的努力の結果である，という具体的な信念を表すものである[*20]。

　ゲートキーピングへの信頼度が高いと，「議題の手がかり感知」状況におけるメディア議題のインパクトが増加する。言い換えれば，ゲートキーピングへの信頼度の高い人は，現在何が最も重要な問題であるかの判断を下す際に，自力で判断する代わりに，ニュース報道のパターンを認知的簡便法として用いることが適切だと信じているのである。しかしながら，「議題の推論」状況にお

いては，ゲートキーピングへの信頼度が低い人，すなわち，ニュースにおける争点報道のパターンが争点重要性に関する入念な比較考量の結果だとは信じていない人は，争点重要性の判断を下すためにニュースの具体的な内容に依拠する。

議題設定効果の説明としては理論的に相補関係にあるが，ドイツの実験はメディア内容のオンライン的処理について検討し，他方，米国の実験はメディア内容のメモリベイスト的（memory-based）処理について検討したものであった。

こうした理論的経路をさらに詳しく説明するものとして，コソボで実施されたフィールド研究は，オリエンテーション欲求（the need for orientation：NFO）の初期の定義に立ち返った。ここでは，この概念の構成要素である「関連性」と「不確実性」を用いて2×2のタイポロジーを作成した[*21]。初期の概念化では，タイポロジーのうち2種類の高‐低セル〔「高い関連性＆低い不確実性」「低い関連性＆高い不確実性」〕を統合して中レベルのオリエンテーション欲求の測度としていたが，それとは異なりこの新しいアプローチではこれら2つのセルを理論的に区別した。まず，高い関連性と低い不確実性の組み合わせは，「能動的な中レベルのNFO」と定義された。これは，人々が自らの先有傾向を補強するために党派的なニュースメディアに向かうと予想される状況である。対照的に，低い関連性と高い不確実性の組み合わせは「受動的な中レベルのNFO」と定義された。この状況では，人々は不確実性を低減すべく，よりバランスのとれたニュースメディアへと注意を向けるだろう[*22]。

予想したとおり，能動的な中レベルのNFOを持った市民は，受動的な中レベルのNFOを持った市民よりも，党派的なテレビ，ラジオ，新聞をかなり多く利用していた。この知見は選択的知覚の証拠と解釈された。しかしながら，この同じ市民は，党派的でないテレビやラジオ，新聞も，受動的な中レベルのNFOを持つ市民以上によく利用していたのである。さらには，能動的な中レベルのNFOを持つ市民は，コソボの7つの政治制度をめぐる5つの属性——「腐敗した／公正な」「不正直な／正直な」「非効率的／効率的」「利己的な／思いやりがある」——に関して，最も強い属性型議題設定効果を示した。効果

116

の強さは，低レベルや高レベルの NFO および受動的な中レベルの NFO を持ったグループよりもかなり上回っていた。[*23]

　新しいコミュニケーション環境でチャンネルが増殖するにつれ，選択的接触への関心が高まってきた。選択的接触に関する詳細な実証的研究において，米国の公衆の約3分の1が党派的な行動パターンをとっていることを，ナタリー・ストラウドは発見した。すなわち，自分と同じ立場の政治的情報源に接するとともに，そうではない情報源を利用しない傾向がある。[*24] もちろん，この他にも自分と同じ立場の情報源だけに入り浸る市民もいるかもしれない。コソボでの研究知見と同様に，議題設定効果をもたらす個別的な経路は数多くあるかもしれない。党派的な政治にどっぷりと浸かっていない市民の場合には，おそらくわれわれがチャペルヒル研究以来何十年も調べてきた一般的な議題設定過程が基本的にあてはまるだろう。しかし，党派的関与が強い人の場合には，きわめて強力なニッチの議題設定効果が作用しがちである。

　議題設定効果をもたらす個別的な理論的経路に関するこうした証拠は，互いに補い合うような研究デザインによって強化されている。ドイツでは，メディアへの注意をベースとした実験で，参加者が接触のパターンを決定した。米国では，メディア内容をベースとした実験で，「議題の手がかり感知」条件と「議題の推論」条件それぞれの刺激への接触が明示的に操作された。コソボでは，内容分析とサーベイリサーチにもとづくフィールド研究が実施された。これらの環境それぞれにおいて，有意な議題設定効果をもたらす二重の経路が見出された。

● 効果の時間的枠組み

　古い皮下注射理論は，メディア効果を基本的には即時的なものと見なしていた。その観点に立つと，メディアメッセージは，患者に薬を注射するかのように受け手に注入され，典型的には速やかに効果を現す。だが，1940年代50年代に経験的証拠が積み重なるにつれ，こうした視点への支持は失われた。こう

117

した証拠の総体は「最小効果の法則 (the Law of Minimal Consequences)」としてまとめられている。これに応えて，ウィルバー・シュラムといった学者たちは次のように主張する。マスコミュニケーションの真に重要な効果は長期的な効果である。ちょうど，きわめて長い年月をかけて水滴が洞窟内に鍾乳石や石筍を作り上げるのにも似た現象である。

　それならば，ある争点に対するメディアが注目してから，公衆議題上でその争点が十分顕出的になるまでにはどのくらいの時間がかかるのだろう。心理学的に見てきわめて長い時間が必要なのだろか。あるいは，態度や意見の変化からコミュニケーション過程のより前期の段階 —— 注意の焦点や重要性の認知といった —— に視点を移動したことで，比較的短期的なメディア効果の証拠が見出せるのだろうか。

　米国で公民権問題に関する公衆の関心の盛衰を23年間にわたり調べた研究結果では，メディアがこの争点を前月にどの程度取り上げたかに世論は反応していた。議題設定効果は即時的なものでは決してないが，しかし比較的短期的な効果である。もちろん，こうした議題設定過程の構図がどの程度一般化可能なのかという問題はある。議題設定効果の強さが争点に応じて変化しうることは知られている。しかしながら，議題設定効果の時間的役割に関する他の2件の研究もまた，メディア議題から公衆議題への争点顕出性の転移に要する時間的間隔が，総じて4～8週間の範囲であることを示唆している。1960年代から1970年代にかけての3大争点 —— 環境汚染，薬物の乱用，エネルギー問題 —— それぞれの世論動向に関するある時系列的分析が，公衆議題とその前月の全国向けテレビニュース議題との相関の中央値が+0.66であることを見出した。ある3波にわたるパネル研究では，公衆の側での環境問題に関する顕出性と，それに先行する2ヵ月間の地方紙3紙の議題と相関が中央値で+0.77であった。公衆議題が典型的には先行する1～2ヵ月間のメディア議題を反映しているというわれわれの確信は，3つの研究すべてでかなり似通った，高い値の相関が見出せたことで深まった。これらの研究には新聞もテレビニュースも含まれていたし，扱われた争点も多様であった。

議題設定はどのように作用するか **5章**

　ニュースへの個人的関与度が高い条件においては，議題設定効果の時間的枠組みはもっと短くなるかもしれない[*28]。ある研究は，1996年米大統領選期間中に4つの公共的争点について議論するために，個人がインターネットをどう利用したのかをモニターした。9月から11月の投票日の1週間後まで，移民・医療保険制度・税金・人工中絶の各争点が〔電子掲示板上で〕議論される頻度と，「ニューヨークタイムズ」「ロイター」「AP」「CNN」そして『タイム』誌〔の各オンライン版〕におけるこれらの争点のニュース報道パターンとが比較された。移民問題に関する議論はニュース報道にすぐさま反応していた。医療保険制度や税金に関する議論はもう少し長めの時間的枠組みを持っていたが，それでも，1週間以内に効果が現れた。検討した4争点のうち，人工中絶問題に関する議論だけはニュース報道のパターンと連動していなかった。おそらくこの争点が，高度に論争的かつ感情的な性質を持っていたからであろう。メディア報道のパターンが顕出性に影響していた3争点の場合，その時間的枠組みは，伝統的なニュースメディアの議題設定効果の場合よりもずっと短期であった。この結果は意外なものではない。インターネットは，ある争点に高い関心を持った人が行動的に反応することができる，公衆議題の突出した部分だからである。

　議題設定効果の時間的枠組みに関するこうした証拠はすべて，公衆議題上の個別の争点を時間に沿って追跡した分析にもとづいている。アカプルコ・タイポロジーで「自然史」視点と規定された分析である。当然ながら，考慮すべき別の視点も存在する。とくに，議題上の地位を競い合う一並びの争点すべてを考察する「競合」視点。争点の自然な興亡過程を理解するためには単一の争点を調べるのが分析的に有用ではあるが，「競合」視点は，さまざまな争点が常に押し合いへし合いしている現実世界の有様を描き出してくれる。「競合」視点に立つとき，メディア議題と公衆議題とはどのような時間的枠組みで繋がっているのだろうか。

　図表5.2に要約した包括的な証拠は，11の公共的争点から成る議題と，テレビ・ローカルニュースや地方紙からテレビの全国ニュース，ニュース週刊誌

119

に至る一連のニュースメディアにもとづくものである。[*29]

　ニュース報道が何週間積み重なると最も良く対応した公衆議題が生じるかに関しては，これらのニュースメディア間でばらつきがあるが，そのばらつきは比較的小さく，基本的には個別争点の場合に見られたのと同じ範囲に収まる。メディア議題と公衆議題との間で最適な対応を生み出す時間的間隔の範囲は1〜8週間であり，中央値は3週間であった。どのメディアの場合も，かなり強い議題設定効果が見られた。もし，争点の「自然史」において典型的に見出された4〜8週間をひとつの基準値と考えるならば，「競合」視点にもとづく**図表5.2**の分布はこの範囲の最小値近くにまとまっている。

　しかしながら，2つのきわめて異なる状況下での争点の競合を観察した別の研究では，上記範囲の最大値の側に寄った時間的間隔——8週間かそれより長期——が見出された。[*30]この2つの状況とは，ウォーターゲートという高度に顕出的な争点を含んだ〔1972年〕米大統領選挙中の争点議題と，エジプト－イスラエル戦争〔1973年の第四次中東戦争〕という問題を含んだ，非選挙時に大学生を対象に測定した争点議題である。

▶ **図表 5.2** ◀　　**議題設定効果の出現と消滅の時間的間隔**

ニュースメディア	時間的ズレ （単位：週）*	相関の最大値	効果の減衰 （単位：週）**
テレビの全国ニュース	1	+0.92	8
テレビのローカルニュース	2	+0.91	12
広域紙	3	+0.88	26
地方紙	4	+0.60	26
ニュース雑誌	8	+0.58	26

*メディア議題と公衆議題の間に最大の相関を生みだす累積週の長さ。
**メディア議題と公衆議題の間の有意な相関が消滅するまでの週の長さ。
出典：Wayne Wanta and Y. Hu, 'Time-lag differences in the agenda setting process : an examination of five news media', *International Journal of Public Opinion Research*, 6 (1994) : 225-40. Reproduced by permission of the World Association for Public Opinion Reserch and Oxford University Press.

とはいうものの，メディア議題と公衆議題上の一揃いの争点全部が関わるという複雑さを考えるならば，実質的な議題設定効果が現れる時間的間隔はまだ比較的短期である。ニュースメディアで取り上げられたトピックの顕出性は，比較的短い数週間という期間のうちに，かなり多くの人々に受け入れられるようになる。

　かつてポール・ラザーズフェルドは，マスコミュニケーションを「非公式の教室」と称した。学生たちはたえず出たり入ったりし，授業に出たときも常に集中しているわけではない（公式の教室でもそうした学生は存在するが）。とはいえ，人々はマスメディアから学習しているのである。人々は事実全般について学習し，その事実の多くは，さまざまな客体に関する人々のイメージや態度に取り込まれる。人々はまたその時々の最も重要な争点についても学習する。マスメディアの議題を，社会が直面する主要争点に関する自らの議題へと取り込む。

　マスメディアは教師であり，その主要なコミュニケーション戦略は「冗長性（redundancy）」である。最近数十年間に新しいコミュニケーションチャンネルが増殖するにつれ，冗長性のレベルはおそらく以前にも増して高まっている。マスメディアという名の教師はさまざまなトピックを何回も何回も繰り返す。あるときは非常に強調しながら，またあるときはごくおざなりに。1～8週間かけて行われるこうした授業の積み重ねの結果が，国が直面する最も重要な争点をわれわれがたずねた際の，学生役である市民の回答に反映されている。もちろん多くの場合，マスメディアの授業は8週間前から唐突に始まるわけではない。そうではなく，直近の数週間の報道パターンが公衆に最も強いインパクトをもたらしている。

　学習というコインの裏側に関する経験的証拠もまた存在する。どんな学習のパターンにおいても，情報の減衰や忘却が生じる。だが，学習のこの側面に関しては，情報の獲得の場合と同じほど詳細に立ち入ることはできない。**図表5.2**に見られるように，学習が減衰する時間的間隔は，現在の公共的関心事について知る場合と比べ特定の期間に収斂しない。[*31] 議題設定効果の減衰——**図表5.2**

ではメディア議題と公衆議題との間で有意な相関が消滅する時点として定義されている――は8週間から26週間の範囲である。

　公衆議題上での争点の持続期間に関するこうした結論は，争点が公衆の注意を集める学習過程についても，争点が公衆の注意から消え去る学習減衰についても，基本的には経験的一般化と呼べるものである。われわれがこうした時間的枠組みに関する知識を持てたのは，この領域を探索したさまざまな社会科学者の記録が，とくに公衆議題上での争点の台頭に関して，比較的整合的なデータを生み出してくれたおかげである。しかし経験的一般化は，明示的な理論的コンテクストに根ざした経験的知見ほど頑健なものではない。

　この点で，議題設定理論の現状は，メディア効果に関するより膨大な文献とほとんど変わらない。内容が包括的でかつ広く使用されているコミュニケーション理論の教科書2冊の索引を調べたところ，さまざまなメディア効果の時間的枠組みの問題に，研究者たちがほとんど注意を払っていないことが明らかになった。[*32] これは理論的な弱点であるとともに，研究をさらに進める好機でもある。

　議題設定効果の理論的枠組みの原型は，時間に関連する概念について論じた初期の研究に見られる。[*33] そこで提起された概念には「時間的ズレ（time lag）」や「最適効果スパン（optimal effect span）」がある。前者はある争点がメディア議題上に登場してから，それが公衆議題上に登場するまでにかかる時間を指し，後者は2つの議題間の関連が頂点に達するまでに要した時間の長さのことである。議題設定過程をゼロサムゲームと捉えるような，より大がかりな理論的枠組みもある。[*34] しかしながら，多くの研究がまだ手つかずである。

●顕出性の測度の多様性

　方法論的には，議題設定理論は，端緒となるチャペルヒル研究をはるかに超えた，ますます多様な研究デザインや客体・属性顕出性の多様な測度によって十分支持されている。

議題設定はどのように作用するか **5章**

　　方法論的な技巧は……年を追って急速に向上した。当初は順位相関の手続
　きと結びついていたが，やがて拡張され，横断的データや数波にわたるパ
　ネルデータとともに高度に洗練された共分散構造分析なども含まれるよう
　になった。研究者たちは議題設定を研究するために，世論のアグリゲート
　データによる時系列的分析や自然的状況を模した実験デザイン，詳細な事
　例研究なども用いてきた。議題設定研究をめぐる活動量から見ても，議題
　設定はわれわれの研究分野で最も精力的に追究されてきたモデルのひとつ
　だと結論できよう。[*35]

公衆議題への議題設定効果を確認するために，きわめて多様な測度が用いられ
ていることもまた方法論的な強みである。しばしば行われるのは，1930年代
以来ギャラップ世論調査が用いてきた次の質問への回答によってこうした効果
を測定するやり方である。「今日この国が直面している最も重要な問題は何だ
と思いますか」[*36]。これは争点顕出性のかなり頑健な測度である。スプリットバ
ロット法〔split-ballot design：回答者集団をランダムに分割し，それぞれに異なる
バージョンの質問紙を割当てることで，質問紙の特定の差異が回答にもたらす影響
を検出する手法〕を用いたある州規模の調査で，公衆議題に関して，社会的な
準拠枠を用いた質問文と個人的な準拠枠を用いた質問文の両バージョンを比較
した。同時に，この質問の伝統的な用語である「問題」を使った質問文とその
代わりに「争点」と表現した質問文との両バージョンも比べた。結果は，準拠
枠や用語の選択という点で相違があっても，MIP（「最も重要な問題」）指標には
互換性があることを示している。[*37]
　この MIP 質問 —— および争点顕出性を測定するための類似の自由回答式質
問 —— は今でも広く使われているが，公衆議題上の客体・属性顕出性を測定
するための意匠を凝らした代替指標も数多くある。「ニューヨークタイムズ」
の紙版とオンライン版とを比較した実験的研究では，伝統的な MIP 質問を補
足する追加質問として，紙版に載ったニュース記事の顕出性，再認，再生に関
する測定を行い，かつこうしたニュース記事のさまざまな組合わせに対して重

123

要度の順位づけをしてもらっている。別の実験では，人種差別問題の顕出性が３本の５点尺度によって測定された。この３本の尺度はそれぞれ，争点の重要性，友人と話題にする程度，政府のさらなる対策の必要性に関するものである。４章で論じた一連の実験的研究でも，反対語の対から成る13本のSD法尺度を用いて争点顕出性を測定し，また顕出性の３つの潜在的な次元を特定していたことを想起されたい。

　ニューヨーク州シラキューズにおける地域犯罪に関する世論を分析したある研究は，伝統的な評定尺度と行動面に関する測度を用いて，この問題の顕出性を確定した。

　　シラキューズ地区での犯罪問題について考えてください。仮に１から10までの目盛りがあり，１は「あなた個人にとってまったく重要でない」，10は「あなた個人にとってきわめて重要だ」を表すとすると，あなたにとって犯罪問題はどのあたりになりますか。また，あなたは犯罪の被害にあうことをどの程度心配していますか。まったく心配していませんか，少しは心配していますか，あるいは非常に心配ですか。

ある環境問題 —— 米国中西部における人造湖の開発 —— のさまざまな属性に関する顕出性は，３つの異なるやり方で確認された。２種類の自由回答式質問で，まずこの問題のどの側面に最も関心があるかをたずね，次に，人との話で最もよく話題にするのはどの側面かをたずねた。顕出性の３番目の測度で用いたのは一対比較法である。この評定技法では，属性のリストからすべての可能なペアを作り調査回答者に提示する。各ペアごとに回答者はより重要だと思う属性を選ぶ。こうした判定を総合することで顕出性に関する間隔尺度ができあがる。**図表5.3** に見られるように，属性顕出性に関するこれら３種類の測度はすべて，きわめて類似した属性型議題設定効果を明らかにした。こうした追試的結果の類似性は，議題設定効果とその測定法の頑健性を証明するものである。

124

顕出性を測定するための自由回答式アプローチへと話を戻そう。候補者イメージの属性型議題設定に関する世界各国での分析は自由回答式質問を用いているが，この質問はもともと 1976 年米大統領選挙研究で編み出されたものである。「仮にあなたのお友達で，長年外国にいて今回の大統領候補についてよく知らない人がいたとします。あなたはそのお友達に【候補者 X】についてどう説明しますか」[*43]。

　最後に，顕出性のどの測度を用いるにしても基本的にあてはまることだと思われるが，客体議題や属性議題に関する最近の研究は，無回答を顕出性の逆指標として用いている。

　たとえば，ある公的人物について何の意見も持たない人の数が少なければ少ないほど，公衆の間でのその人物の顕出性はより高い[*44]。あるいは，ある公共的問題の特定の側面について意見を持っていない人の数が多ければ多いほど，公衆の間でのその争点属性の顕出性はより低い[*45]。

　今日のコミュニケーション環境では公共的問題に関する公的コミュニケーションのチャンネルは数多くある。方法論的には，こうしたソーシャルメディアは公衆議題の非干渉的（unobtrusive）測度を生み出す豊かな源泉でもある。そうなれば，やはり非干渉的方法である内容分析の長年にわたる利点と肩を並べることになる。われわれは今や研究者を意識せずに生み出されるメディア議題と公衆議題のデータにアクセスできる。それはサーベイデータに勝る重要な利点である。同性結婚の争点を取り上げたある革新的な時系列分析は，この非

▶ 図表 5.3 ◀	公衆の環境問題に関する属性顕出性を 3 種の測度を用いて測定した場合の属性型議題設定効果の比較		
自由回答式質問			一対比較尺度
「最も関心ある側面」		「最も話題にした側面」	
+0.60		+0.61	+0.71

出典：David Cohen, 'A report on a non-election agenda setting study', paper presented to the Association for Education in Journalism, Ottawa, Canada, 1975.

干渉的アプローチを利用し，シカゴとアトランタで地方メディアと全国メディアの議題設定効果を比較した。[*46] また，コンピューターによる自動化はこの新しい環境では大きな可能性を持っている。たとえば，「レクシコーダー・センチメント・ディクショナリー（Lexicoder Sentiment Dictionary）」〔テキストの情動的要素を機械的に分析するために開発された内容分析用辞書〕を評価したある研究は，情動的属性議題のコーディングのためにこのプログラムの利用を推奨している。もしそうなれば，伝統的技法によるトーンのコーディング作業——面倒でかつ信頼性を欠くことも多いやり方——からの大きな進歩といえよう。[*47]

● 要　約

　市民は公共的問題に関する持続的な学習過程に関与している。何が最も重要な問題かという世論調査者の質問に対する市民の回答は，典型的には過去数週間にメディアから教わった内容を反映したものである。議題設定効果は，メディアのメッセージ特性によってかなりの程度まで形成された，そして影響度はかなり下がるがそうしたメッセージの受け手の特性によっても規定された，こうした学習過程の所産であることが多い。マスコミュニケーションは，多くの新しいソーシャルメディアも含めて，高度に冗長なメッセージが広く拡散される過程である。こうしたメッセージのさまざまな特性が，その内容に注意を払う人の数や，少なくとも部分的に理解してくれる人の数に影響している。

　突きつめて言えば，マスコミュニケーションは，受け手の単一メンバーとメディアメッセージとの間の取引である。この取引では個人差がすべての決め手となるように見えるかもしれない。ある意味では，コミュニケーション効果は重複する個人的経験の大きな集合である。こうした個人的経験のどの２つを取り出してみても，まったく同じであることはない。しかし，コミュニケーション効果の節減的な理論を構築するというわれわれの目標にとって幸運なことに，非常に異なる個人的特性を持つ人々も高度に類似した経験をすることがしばしばある。

議題設定の帰結

　多くの社会科学に典型的に見られる進化の過程は，劇的な科学的「発見」が次々になされるといった通俗的イメージとはかなり異なる。これは20世紀末までの議題設定理論を見ても明らかである。本書のこれまでの章で見たように，メディア議題と公衆議題について論理的かつ簡潔に説明しようとする試みは，新しい関係や新しい環境が急速に拡張する状況に置かれた。しかしながら，新しい視点が生まれたのは，世論形成におけるコミュニケーションメディアの役割について劇的な発見が次々になされたからというよりは，20世紀最後の数十年間にわたり地道な研究が積み重ねられたおかげである。こうした忍耐強い研究の結果として，マスコミュニケーションの議題設定的役割のアイディアは，コミュニケーションや人間行動に関する他の多くの社会科学的概念や関心と結合した。

　1968年に始まり現在に至るまで議題設定理論の研究史は，このコミュニケーション過程を詳細に描くという点で，論点は拡散しながらも，着実な進歩を示してきた。チャペルヒル研究で描かれた基本的な第1レベルの議題設定効果の最初の地図に，公衆，メディア，そしてそれぞれの議題に関する詳細かつ豊富な知識が付加されたことで，公衆へのメディア効果に関するわれわれの理解が深まった。これまでの章で示したのは，議題設定理論の中核に関するこうした詳細な知識である。そして，この理論的地図の最新版は，議題設定過程の帰結を詳細に描くものである。議題設定理論のこの新しい側面は，これまでごく概略的にしか描かれなかった帰結を詳細に説明するものである。

　　態度や行動は認知——人の知識，思考，信念——によって支配されるのが常である。したがって，マスメディアの議題設定機能は潜在的に巨大な影響力を含んでいる。その影響力の次元や帰結の全体像については，まだ

研究されていないし認識されてもいない。^(*1)

3章を終えるにあたり，次のような指摘をした。属性型議題設定における認知的要素と情動的要素との結合は，態度や意見に対するコミュニケーション効果の考察を再興するものであると。3章で紹介した，公衆が選挙候補者を思い描く際の情動的属性の顕出性 —— 少なくとも部分的には，ニュースメディアから得た顕出性 —— に関する証拠は，マスコミュニケーションの最小効果に関する強力な，実証にもとづく主張によって20世紀半ばにほぼ放棄された心理学的研究領域の扉を再び開くことを意味する。^(*2)

　初期の研究者の多くが信じたように，マスコミュニケーション効果は単に接触量から生じることもある。第1レベルの議題設定は，そうした現象をある程度まで実証している。しかし，属性型議題設定が示すように，メディアメッセージの具体的な内容により注意を払うことで，われわれの頭の中のイメージや，そうしたイメージにもとづく態度や意見に関するより詳細な理解が得られる。属性型議題設定は，態度や意見に対するコミュニケーションメディアの影響へと，すなわち，1940年代50年代にマスコミュニケーション理論が開始された理論的地点へと，われわれを連れ戻す。これはカール・ホブランドの科学的修辞学，つまりメッセージ特性と態度・意見変化との照合への回帰である。^(*3)しかしながら，ホブランドが1940年代に実施した先駆的な研究とは異なり，現在ではメディア議題と公衆とを結びつける詳細な理論的地図が存在し，それがわれわれの探究を導いてくれる。

　劇的な効果を生み出すため，オープニングのシーンだけ白黒やセピア調になっている映画がある。くすんだ色調が極彩色にいきなり変わると情動的なインパクトが増す。まったく同じように，メディアと公衆の属性議題が実質的属性とともに情動的属性をも含む場合，ニュースに登場する諸客体のイメージは強い情報や感情，つまり意見をもたらしうる。要するに，公衆の属性議題と個人的意見という両概念は結合する。しかしながら，これは公衆議題と個人的意見との唯一の結合点ではない。そこで，こうした関係を詳細に検討する前に，

6章 議題設定の帰結

議題設定に関するわれわれの理論的地図に、追加の要因を書き足す必要がある。

第1レベルと第2レベルの議題設定について示した既出の図から、客体の顕出性と属性の顕出性の部分を再掲したのが**図表 6.1** である。新たに付加された要因は、意見の2側面と観察可能な行動である。**図表 6.1** における新要因の1番目は「意見の強度」である。そもそも意見が存在するのかどうかという基本点から始まる。同時に、意見が強く抱かれたものか、あるいは弱いものか——意見が肯定的なものか否定的なものかにかかわらず——を区別するものでもある。**図表 6.1** に付加された2番目の要因は、おなじみの「意見の方向性」である。すなわち、ある客体や属性が、肯定的に見られているのか否定的に見られているのかを意味する。

客体・属性の顕出性と意見のこうした2側面とを連結させることで、3つの主要な関係が説明できる。プライミング（priming）についてはかなりの証拠が存在するが、これは公衆議題上での客体の顕出性と意見の方向性との連結であ

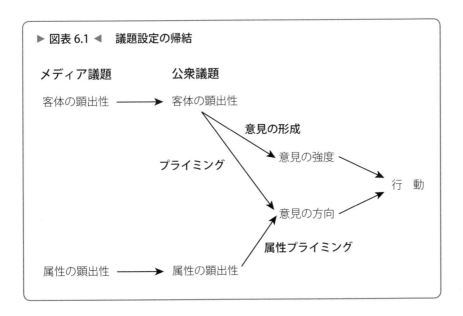

▶ 図表 6.1 ◀ 議題設定の帰結

る。第2レベルの議題設定の探究は，属性型プライミング（attribute priming）のアイディアをもたらした。すなわち，属性の顕出性と意見の方向性との連結である。3番目の関係，すなわち意見の形成は，客体の顕出性と意見の強度との連結である。本章ではこれら3種の関係について，さらにそれらが事後的に行動と連結することについても論じる。

● 世論をプライミング（誘発）する

　議題設定効果がもたらす帰結のうちで顕著なものは，モノや人に対する「見方（perspectives）」をプライミングすることである。そうすることで，公共的人物に対する世論を誘導する。これは，メディアの議題設定影響力の帰結が世論が形成される場のまさに中心へと及ぶことを意味する。メディアは，客体や属性の議題をわれわれの頭の中に形成するだけでなく，もっと多くのことを行っている。シャントー・アイエンガーとドナルド・キンダーは『ニュースこそ重要である』という著作の中で次のように述べる。「特定の問題へと注意を引きつけ，他の問題を無視することで，テレビニュースは（他のニュースメディアと同様に），政府や大統領，政策，公職への候補者などがどういう基準にもとづき評価されるかに影響を及ぼす」[*4]。議題設定効果は公衆の間に争点や他の要素についての顕出性を生み出すが，そうした効果がその後，特定の公共的人物に対する意見の表出へとつながっていくことはプライミングと呼ばれる。

　プライミングの心理学的基盤は公衆の選択的注意である。人々はありとあらゆるものに注意を払うわけではないし，そもそもそれは不可能である。公衆議題の容量に制限があることはすでに実証されている。さらに言えば，人は判断を下す際に——選挙日の投票であれ，世論調査員の質問に回答するときであれ——単純な経験則や直観的なショートカットを用いる[*5]。ほとんどの市民は，手持ちの情報を総動員して包括的な分析を行うのではなしに，判断を下さなければならない時点においてとくに顕出的である情報に依存するのが常である[*6]。言い換えれば，市民は自分の心の中にある顕出的な客体や属性の議題に依存して

いる。この議題はかなりの程度までマスメディアが設定したものである。この議題が，意見の基礎となる諸基準——場合によっては単一の基準——を決定する。

　1章で紹介した議題設定に関する一連の実験は同時に，大統領の全体的な仕事ぶりに関して人々が抱く意見に対し，テレビニュースのプライミング効果が作用していることを実証していた。[*7]特定争点の顕出性の変化が，大統領の仕事ぶりに対して人々が下す総合的評価に影響を及ぼすことを実証するために，こうした実験は2グループ間の比較を行った。すなわち，特定の争点に関するニュース項目をまったく見なかった人々と，その争点に関するテレビニュース報道に接触した人々とである。5つの異なる争点——国防，インフレ，軍縮，公民権，失業——のうち1つ以上の争点に関するニュース報道に長めに接触した実験参加者の間では，こうしたニュースに接触しなかった参加者と比べて，報道量が多かった争点に対する彼らの評点〔大統領がその争点にうまく対処したかについての評価〕が，大統領の全体的な仕事ぶりに対する彼らの意見により影響を及ぼしていた。この影響は，大統領がこの争点に対してかなりの責任を有しているとニュース項目で示唆されていようがいまいが存在した。その後，特定の争点に対する大統領の責任度合いを明示的に操作した実験が行われたが，そこでは，ニュース項目で大統領の責任を強調した場合ほど，特定争点にうまく対処できたかどうかの評点が，大統領の全体的な仕事ぶりに関する意見に対し，より大きなインパクトをもたらしていた。

　これは統制実験にもとづく強力な因果的証拠である。ニュース議題が公衆の争点顕出性に及ぼす影響は，米国人が大統領の全体的な仕事ぶりを評定する際に使用する基準をプライミングしているのである。

　このプライミングの影響に関する追加的証拠は，米国の政治的大事件であるイラン＝コントラ・スキャンダルでも見出された。[*8]1986年11月25日，アメリカ合衆国司法長官は次のような発表を行った。米国政府がイランに対し秘密裏に武器を売却したことで得られた資金が，コントラ（ニカラグアのサンディニスタ政府の転覆を企図していた集団）に不当に流されていたというのである。こ

131

の秘密作戦は国家安全保障会議 (NSC) のメンバーによって実行されたもので，レーガン大統領はその後，NSC 担当補佐官と幹部スタッフ１名を解任したことを明らかにした。言うまでもなく，こうしたスキャンダルの発覚は大きく報道された。思いがけない偶然だが，こうした政府発表が行われた時期に全米選挙研究 (National Election Study) の 1986 年大統領選挙事後調査が実施中であり，したがって，レーガン大統領に対するアメリカ人の評価に影響を与える世論の諸要素について，自然的状況で事前 – 事後の比較を行うことが可能となった。

　　コントラへの援助や中央アメリカへの米国の介入という問題に関する世論の（大統領の全体的な仕事ぶりを評価するうえでの）重要性は，スキャンダル発覚前の時期から発覚後にかけて，かなり増大した……同様に，干渉主義と孤立主義とでは一般的にどちらを好むかに関する公衆の意見も重要性を増していた……。他方，世界における米国の強さに関する公衆の意見は，スキャンダル発覚の影響を明らかに受けていなかった。こうした結果のパターンは，先に述べた実験の知見を裏づけるものである。^(*9)

ちょっと異なる政治環境に目を向けてみよう。香港最後のイギリス人総督に関する世論は，彼が立法会議員選挙への公衆の参加拡大を提案したというニュース報道に強く影響された。^(*10)総督が最初に所信表明演説をした 1992 年秋に始まり，52 週にわたり毎週実施された世論調査が跡づけた結果によれば，総督の全体的な仕事ぶりに関する世論は，香港の主要三大紙が彼の改革提案をどう取り上げたかのパターンによって有意にプライミングされていた。

　こうしたプライミング効果は政党に関しても生起する。デンマークの有権者の間では，2007 年国政選挙における政党選好は，テレビニュース議題上でどの政党が顕出的であったかに影響されていた。^(*11)ニュースでよく目についた政党ほど，かつニュース報道でのトーンが肯定的であるほど，有権者はその政党に投票する傾向があった。1 章で論じた市民的浸透 (civic osmosis) とも通じるが，こうした効果はメディアが作り出す累積的な情報環境から主として生じてい

た。

　プライミングは議題設定の重要な延長であり，マスメディアが態度や意見の^(＊12)形成に主要な役割を果たす経路のひとつである。こうしたマスメディアの議題^(＊13)設定効果は時として態度や意見に非常に直接的な帰結をもたらすことがある。とくに属性型議題設定の場合にそれが言える。そのインパクトは，映画でくすんだ色調が極彩色に突然変わるのと同じほど劇的なものである。

● 属性型議題と意見

　マスメディアが意見に及ぼすインパクトを詳説するうえで，ある争点にメディアが注意を払うこと自体の影響 —— 第1レベルの議題設定 —— と，ある争点をメディアがどのように描写するか —— 第2レベルの議題設定 —— とを区別することはきわめて重要である。上述した2007年デンマークにおける選挙研究は，この重要な区別を行っていた。社会におけるテレビの役割について包括的に検討したジョージ・コムストックとエリカ・シェラーは次のように述べる。「概念的に言えば，プライミングとフレーミングは議題設定効果の亜種（subspecies）であり，重要性を印象づけるだけでなく，公衆の評価や解釈にも影響を与える」。^(＊14)

　客体の顕出性と属性の顕出性とが異なる帰結をもたらすことは，湾岸戦争に関するアメリカ人の世論によって例証されている。^(＊15)長時間にわたるテレビ報道が，この戦争を，国が直面する最も重要な問題として，公衆議題上で高度に顕出的なものとした。これは第1レベルの議題設定効果である。さらに，1988年から1991年にかけてブッシュ大統領に関する世論を分析したところ，彼の人気の根拠となる政策が経済から外交へと移り変わっていた。これはプライミング効果である。そして，属性型議題設定の意見への効果を実証する知見として，テレビニュースにかなりよく接触したと回答した人々は —— テレビニュースは戦争報道において軍事的オプションを強調していたのだが —— ペルシャ湾において外交的解決策よりも軍事的な解決策をとるほうに賛成していた。

より長期にわたって持続しているトピック，たとえば，原子力発電や農薬汚染，喫煙といった問題の場合，ニュース報道の増加は公衆の認知を増大させるだけでなく，報道がこうした争点の再定義を促し，世論の変化をもたらすことがある。[*16] 原発や農薬は人類に恩恵をもたらす科学的応用から，公衆の安全に対する大きな脅威へと変化した。喫煙は個人の健康に対する脅威として定義されることがますます増えた。公衆議題上でのこうした争点の支配的な属性が変化するにつれ，世論はますます否定的になってきた。

ある争点のさまざまな側面のうちメディアが提示するものが――それがメディアの属性議題だが――その争点に対するわれわれの見方や意見を形成する。3章で属性型議題設定を論じた際に記したように，議題設定に関するコーエンの古典的な概要は修正されねばならない。メディアはわれわれに何について考えるべきか（what to think about）を告げるだけではない。メディアはまた，それについていかに考えるべきか（how to think about it）も告げる。さらには，それについて何を考えるべきか（what to think about it）を告げるときもある。

ドイツでは，ニュース雑誌や主要紙におけるヘルムート・コール〔ドイツの政治家。1982-1998 年ドイツ連邦共和国首相〕に関するニュースのトーンが，1975 年から 1984 年にかけて，彼の政治家としての仕事ぶりに対する評価に影響していた。最初は野党指導者としての，そして後には，首相としての評価にである。[*17] メディアにおける肯定的および否定的なトーン――コールの 6 種類の属性に関して合算したもの――が変化するパターンは，ドイツ国民の間での彼の支持率の有意な変化を説明していた。6 大ニュースメディアにおける属性議題の情動的トーンとその後の世論との相関は，6 ヵ月のタイムラグをとった場合，中央値で +0.48 となった。

米国では，1992 年と 1996 年大統領選挙における最後の 3 ヵ月間を日ごとに観察した結果，次のことが分かった。すなわち，キャンペーンの主要な出来事に関するテレビニュース報道のトーンは，有権者の候補者選好に影響していた。[*18] テレビの全国放送が共和党のキャンペーンイベントを好意的に報道することで，共和党の候補者への支持が増大した。逆に，民主党のキャンペーンイベ

ントを好意的に報道した場合，共和党の候補者への支持が減少した。メディア報道が有権者の意見に及ぼすこうした属性型プライミング効果の強さは，両方の選挙で相似していた。

人々の属性議題のトーンと彼らの意見との間の明示的な連関をさらに実証した試みとして，スペインでは，「非常に非好意的」から「非常に好意的」までの10点尺度で，6人の主要な政治的人物に対して市民が評定した結果と，こうした政治家を市民が情動的にどう描写したか——広く用いられている「友達にどう説明するか」という質問への回答[*19]——とが比較された。この自由回答質問への回答は6つの実質的カテゴリーと5つの情動的カテゴリーによって定義される記述的マトリックスにもとづきコーディングされた。とくに情動に関しては，先行研究よりも細かく濃淡を測っている。自由回答質問へのこうした回答は微に入り細にわたったもので，簡潔な評点の背後にあるイメージを説明してくれる。スペインの6人の政治指導者の場合，彼らに対する市民の情動的描写と評点との間の相関の範囲は +0.78 から +0.97 であり，中央値は +0.86 であった。ある指導者に10点尺度で低い評点を与えた市民は，かなり否定的な内容の人物描写を行っていた。高い評点を与えた市民は非常に肯定的な描写を行っていた。

2002年テキサスにおける州知事選と連邦議員選挙においては，知事選と米国上院選の候補者に関する市民の属性議題に対して，ニュースメディアは有意な属性型議題設定効果をもたらしていた。さらには後続効果として，個々人の属性議題とこれら4人の候補者に対する彼らの意見との間には有意な関連が見出された。地元紙をよく読む人のほうがあまり読まない人よりも，候補者に対する個人の意見を予測する属性の数が多かった。[*20]

以上のようなパターンは2006年イスラエルでの選挙でも再現された。公衆の間での属性顕出性は，キャンペーン期間中メディアにおける属性顕出性に呼応して変化した。そして有権者は，最も顕出的な属性の観点から候補者を評価した。これは新聞の熱心な読者にとくにあてはまることであった。[*21]

プライミングと属性型プライミングの両概念を巧みに組み合わせた研究もあ

る。1988年から2003年までの5回のイスラエル国会議員選挙の機会に，メディア報道における経済問題の顕出性と経済問題報道の論調とが併せて検討された。各選挙時点での政権党に対する有権者の評価は，争点としての経済の顕出性と，この経済報道の論調との両方にほぼ同等に影響されていた。[*22]

　争点顕出性（地球温暖化問題）と属性顕出性（地球温暖化の帰結として5つの属性〔下位問題〕がそれぞれ生起する度合いに関する信念）とを実験的に操作したある研究では，地球温暖化を低減するためのさまざまな努力を実験参加者が支持する度合いに対して，争点顕出性は何のインパクトも及ぼしていなかった。しかしながら，特定の属性が公衆の間での客体の顕出性にインパクトをもたらすという「強力論点（compelling argument）」の概念とも整合するものだが，属性のひとつである「生態系への負の効果」は，地球温暖化を低減するためのさまざまな努力に対して参加者が支持する度合いと有意に関連していた。[*23]

　より広範な公共的問題の領域へと話を移そう。1974年の全米選挙研究の分析によると，政治や公共的問題に対して厳しい批判的態度を持つ新聞読者ほどシニシズムのレベルも高かった。調査対象となった94紙は一面で批判的な記事の割合にかなりのばらつきがあった。10本に1本程度しか批判的記事を載せない新聞もあれば，一面記事の大半が非難がましい記事で構成される新聞もある。こうした否定的なトーンが読者のシニシズムに及ぼすインパクトは，教育水準が異なる市民（高卒未満から大卒まで）の間でも，全国テレビニュースや日刊紙の国政記事への接触度が異なる人々の間でも，一貫して見出された。[*24]

　ニュースのトーンの効果は，政治に関する態度や意見に限られるものではない。新聞で経済について否定的な見出しは，経済の健全性に関する人々の認知に影響を及ぼす。さらには，こうした意見は，人々が自分の行動を自分の信念に合わせようとするにつれ，自己成就的予言となる。「ニューヨークタイムズ」における経済記事の見出し，経済の健全性に関する消費者マインドの月ごとの測定結果，および実際の経済に関する月ごとの主要統計指標の三者を1980年から1993年まで比較したところ，一連の有意な議題設定効果が見出された。[*25]

議題設定の帰結 **6**章

「病める経済」といった見出しの増加はその後の消費者マインドを冷え込ませ，逆に，経済に関する肯定的な見出しは消費者マインドを活気づけるように見える……。主要な経済指標と経済記事の見出しとの間の関係では，強力なメディアの影響を示す証拠が明示された……。こうした結果は，経済ニュースの量とトーンとが経済環境に強力な影響を及ぼすこと，さらには，経済ニュース議題は，現行の経済状況によって設定されるとは通常言えないことを示唆している。[*26]

プライミング効果についての，そしてメディアメッセージ内の実質的属性と情動的トーン両方の効果についての，こうした収斂する証拠は次のことを示している。すなわち，第1レベルと第2レベルの議題設定は両方とも，世論の正・負の方向に影響を及ぼす。

● 意見の形成

議論の最初に話を戻すならば，ニュースにおける客体の顕出性と受け手の意見形成との間には基本的な連関がある。たとえば，ニュースにおいて公的人物の顕出性が増大するにつれ，こうした人物に対して意見を持つ人は増える。1984年から2004年までの6回の米大統領選挙を通して見ると，ニュース報道の量にはかなりのばらつきがあった。そして，この報道量のパターンと，全米選挙研究において各選挙で候補者に関して意見を表明した市民の比率との間には，強い対応が見られた。[*27]メディアである候補者が高い顕出性を帯びると，それに合わせてその候補者について意見を表明する人の数も増える。逆に，メディアでの報道量が少ない候補者であればあるほど，その候補者について何の意見も持たない人の数が増大するのである。類似のパターンは，1996年米大統領選挙中に，11人の政治家に関して意見を持つ人の比率に関しても見出された。[*28]ニュースである政治家が目立ちにくくなると，それに対応して，その政治家について意見を持つ人の数は減少する。メディアでの11人の報道頻度と，

137

それぞれ政治家について意見を表明した人の比率とを比較すると，+0.81 の相関が見出された。

　世論調査員に意見を表明しようとする意欲に関しても，似たようなことが言える。2004 年米大統領選挙中の何週間にもわたって，〔ペンシルバニア大学〕アネンバーグ選挙研究の全国調査における協力拒否率は，「ニューヨークタイムズ」や 3 大テレビネットワークのニュース番組における選挙ニュースの頻度と逆比例していた。選挙に関するニュース報道の比率が増大すると協力拒否率は下がる。すなわち，世論調査への参加意欲が高まる。[*29]

　ドイツのバーデン＝ビュルテンベルク州で実施された研究では，「東西ドイツの再統合」と「東ドイツからの移民」という二大争点の個人的顕出性が，個人的意見の強度と方向の両方に強く関連していた。[*30] 両方の争点に対する意見の強度に関しては，個人的顕出性はメディア接触や基本的属性よりもはるかに強力な予測因であった。意見の方向に関しては，「ドイツ再統合」の場合，個人的顕出性は年齢よりもやや強力な予測因であった。「東ドイツからの移民」についての意見の方向に関しては，個人的顕出性はテレビ利用と同程度の，そして教育水準よりもやや弱い予測因であった。

● 態度，意見，そして行動

　ペンシルバニア大学のキャンパスで生起した犯罪や暴力事件が —— 殺人やレイプの被害数なども含め —— 事細かにニュース報道されたことで，大学 1 年生への入学志願者が有意に減少した。[*31] この志願者の減少は主に女性の間で生じた。さらには，他の同格の大学は，同じ時期に志願者の増加を経験していた。

　青年の行動にメディアが影響を及ぼした別の例として，「指定ドライバー」のアイディアを広めるために，テレビの娯楽番組を利用し成功した例がある。指定ドライバーとは，パーティに連れ立った仲間のうちで，飲酒を控え，終了後に友達を家まで安全に送り届ける役を担った者のことである。[*32]

　一般人口に関する研究では，2002 年から 2008 年にかけて米国における全国

ニュース報道のパターンが，インフルエンザのような症状を報告し医者にかかる人の数に影響を及ぼしていた。米国疾病管理センター（CDC）によるインフルエンザ報告での罹患者数の動向は，それぞれ1週前の関連ニュース量を反映していた。[*33] 地方レベルでは，2003年ローカルニュース報道でインフルエンザの話題が急増した後に，小児科でのワクチン接種数が有意に増加した。[*34]

　旅客機の墜落やハイジャックに関するニュースは，議題設定効果とリスク回避行動との連関に関する別の例を示している。[*35] 議題設定理論にもとづくある分析は，死者が10人以上出た墜落事故のニュースや飛行中の旅客機での乗っ取り事件のニュースは，飛行の危険性に関する顕出性を増大させると仮定した。米国の中規模都市で，人々の行動に関する2組の相補的な証拠が収集された。航空券を購入した旅客数と航空傷害保険を購入した旅客数の5年間分のデータである。図表6.2は，顕出性が高まった週——死者が出るような墜落事故や乗っ取り事件が起こった週——と顕出性が低かった週とを5年間の各年ごとに比較したものである。予想されたように，顕出性が高い週には航空券の売上げは落ち込み，逆に，航空傷害保険の売上げは増えた。こうした相補的な行動

▶ **図表 6.2** ◀　**旅客機の墜落や乗っ取りのニュースに反応した個人的行動**

年	航空券売上数平均		傷害保険売上数平均	
	顕出性が低い週	顕出性が高い週	顕出性が低い週	顕出性が高い週
1969	4,493	4,030	52	56
1970	4,798	4,302	58	63
1971	5,014	4,601	60	64
1972	5,412	4,789	63	69
1973	5,667	5,021	68	74

出典：この研究は，マコームズのコミュニケーション理論のクラスでアレクサンダー・ブログが実施した。結果は次の論文で報告された。Maxwell McCombs and Donald Shaw, 'A progress report on agenda-setting research', paper presented at the Association for Education in Journalism, San Diego, CA, 1974.

における差異は注目に値する。メディア議題は，われわれの頭の中のイメージに影響するだけではない。メディアはわれわれの態度や意見，さらには行動にまで影響を及ぼすことが少なくない。

争点顕出性は，投票日に市民が実際どう投票するかに対する有意な予測因となることもある。メディア議題は，公衆議題上の争点の顕出性に影響を与(＊36)えるばかりでなく，時として特定の政党を優遇する。これは「争点領分(issue ownership)」——特定の争点に対処するうえで，ある政党が他の政党よりも長けていると有権者が認知する現象——のためである。米国では，ほとんどの社会福祉問題は民主党の領分（縄張り）であり，ほとんどの防衛問題は共和党の領分である。こうした問題のいずれかをメディアが強調すると，その顕出性(＊37)に影響を及ぼす（伝統的な議題設定効果）だけではない。その顕出性は行動へと翻訳されうる。その争点を領分とする政党への投票につながる。(＊38)

1990年テキサス州知事選挙に関するある分析は，候補者たちの争点上の立場とイメージとの組み合わさったものが，市民が投票日にどう票を投じるかに対する有意な予測因となっていることを発見した。この後半の候補者イメージ(＊39)に関する別の証拠は一種の2段階モデルを提起している。すなわち，政治広告がニュースからの要素と混ざり合いながら，有権者が抱く候補者たちの総体的イメージを形成し，それが有権者の投票決定に影響を及ぼすと仮定するものである。(＊40)

米国と日本における研究は，メディア議題上の客体の顕出性が生み出す，多様かつ相補的な認知的・行動的帰結を明らかにした。**図表6.3**は3種類の帰結——議論・熟慮，さらなる情報への欲求，注意・関心——に関する研究結果を列挙したものである。米国の場合，グレンジャー分析〔時系列データで因果関係を統計的に検定する技法〕を用い，全国テレビニュースにおける2000年米大統領選挙キャンペーンの週ごとの顕出性——選挙報道に割かれた時間量で測定したもの——がそれぞれの帰結に及ぼすインパクトを評定した。ある(＊41)行動——たとえば選挙について議論するといった——の主要な決定因は，その前の週にその行動がどの程度行われたかであるから，グレンジャー分析は，

140

議題設定の帰結 **6**章

> ▶ **図表 6.3** ◀　**メディア議題上の客体顕出性が 3 種の行動に及ぼすインパクト**

米国 2000 年大統領選挙 [a]	日本における実験 [b]	
〔インパクトのグレンジャー分析〕	〔変化を示した参加者の%〕	
	解釈型フレーム に接触	断片型フレーム に接触
「キャンペーンについて話し合った」	「争点について話し合いたい」	
$R^2 = +0.68$ [c]	58.3%	50.2%
メディアのインパクト +7%		
「キャンペーンについて考えた」	「争点に関する情報がもっと欲しい」	
$R^2 = +0.65$	69.5%	60.6%
メディアのインパクト +7%		
「キャンペーンに注意を払った」	「争点への関心が増した」	
$R^2 = +0.54$	53.5%	44.2%
メディアのインパクト +4%		

[a] 〔米国〕客体は大統領選挙キャンペーン。
[b] 〔日本〕客体は優先順位が低い争点。
[c] グレンジャー分析は，従属変数（例：キャンペーンについて最近会話した量）が先行する時点
　　の従属変数およびメディアへの接触によってどの程度説明されるかの測度として，相関係数 r
　　─本書ではしばしば引用してきたが─の二乗値を用いる。R^2 は r にもとづいているのでその
　　値は 0 ～ 1 の範囲にある。
出典：Robert L. Stevenson, Rainer Bohme and Nico Nickel, 'The TV agenda-setting influence
　　on campaign 2000', *Egyptian Journal of Public Opinion Research*, 2, 1 (2001) : 29-50, and
　　Tsuneo Ogawa, 'Framing and agenda setting function', *Keio Communication Review*, 23
　　(2001) : 71-80.

　キャンペーン中の 29 週にわたって実施された全国調査を用いて，3 種類の帰結それぞれについて，このインパクトを最初に測定した。次に分析は，それぞれの帰結に対する付加的な予測因として，テレビ議題上での選挙の顕出性を付け加えた。**図表 6.3** に見られるように，メディア議題は 3 種類の帰結すべてに有意なインパクトを及ぼしていた。

　日本で実施された実験では，測定された 4 つの間接経験的争点のうち各参加者が最も低い優先順位を与えた争点について，メディアにおける客体の顕出性が，3 種類の行動の量的変化に効果をもたらしたかどうかが検証された。参加[*42]

141

者の半数が，彼らにとって優先順位が最低であった争点に関する記事を読んだが，それらの記事は単なる事実だけを含んだ，スポーツニュースのジャーナリストがよく用いるような，典型的な客観的かつ断片的スタイルであった。別の半数は，自分たちが最も低い優先順位を与えた争点に関する解釈的な記事を読んだが，それらはそうした争点が読者にどんなインパクトを及ぼすかを予想したものだった。解釈型ニュース記事を読んだ参加者のほうが一貫して変化の度合いが大きいものの，両方の記事スタイルとも3種類の帰結すべてで大きな変化が生じた。たとえば，**図表6.3** によれば，半数以上の参加者が（どちらのスタイルを見たかにかかわらず）彼らにとって優先度の低い争点に関して，もっと情報が欲しい，もっと話し合いたいと回答した。

　2つの異なる文化で見出された，そして異なる研究法に基づくこうした相補的な行動に関する知見は，メディア議題設定の帰結に関する説得的な証拠である。[*43]こうした結果はまた，4章で論じた心理学的概念であるオリエンテーション欲求とも関連している。

　これらの事例では，オリエンテーション欲求の構成要素である「トピックの個人的関連性の認知」と「トピックに関する知識の適切性」の両方にインパクトが及んだと言って間違いないだろう。「個人的関連性の認知」は，日本の実験で解釈型の記事スタイルのほうがインパクトが大きかったことも説明してくれる。要するに，こうした証拠は，議題設定理論の中核的なアイディアに基づきながらも，われわれの理論的地図に新しい部分を付加してくれるものであった。

　1988年インディアナ大学調査は，議題設定とその帰結に関する諸側面をうまく網羅していた。[*44]当時の主要争点のひとつ，米国連邦政府の財政赤字に関する公衆の顕出性は，おなじみのパターンの再現ではあるが，新聞とテレビニュース双方への接触頻度と有意に相関していた。さらに，争点顕出性はテレビニュースの利用と併せて，この争点に関する人々の意見の強度を予測していた。他方，争点顕出性は新聞閲読とともに，実際の行動――財政赤字問題に関して〔新聞投書欄や政治家に〕手紙を書いたり，集会に参加したりといった

議題設定の帰結 **6章**

── を予測していた。メディア接触と争点顕出性との間の有意な関係についての証拠，および知識・意見・観察可能な行動への事後的効果についての証拠が，単一の状況で得られたのである。

● ビジネスニュースの議題設定的役割

議題設定効果と公衆の行動との間の連関に関する証拠は，『フォーチュン』の記事に対する投資家の反応にも見出された。[*45] 米国の代表的な株価指数であるS&P500が2.3％上昇したある3年間の期間に，『フォーチュン』が特集した54社の株価は3.6％上昇した。好意的な報道をされた会社の上げ幅が最も大きく4.7％だったが，会社の顕出性が少しでも増加すれば，株価もなんらかの程度上昇した。否定的な報道をされた会社でも1.9％，中立的に報じられた場合には1.7％上がった。

この研究は，成長しつつある新領域 ── ビジネスニュースの公衆に対する議題設定影響力 ── への最初の一手であった。この領域に専門特化して発達した概念が「企業の評判 (corporate reputation)」である。とくに，ビジネス報道は，公衆の間での企業やそのCEO（最高経営責任者）の知名度・突出度に議題設定影響力を及ぼすのか，あるいは，メディアが企業を描写する仕方がその企業名から連想される実質的属性に影響を及ぼすのか，そして，メディア報道のトーンが個別企業に関する公衆の意見にインパクトをもたらすのか，といった問題が追究されてきた。世界各地の20もの国々 ── 先進国市場，新興成長市場，フロンティア市場を含む国々 ── で行われた最近の研究では，今述べたような第1レベル・第2レベルの議題設定効果が見出されている。[*46] さらに言えば，こうした議題設定効果は重要な経済的帰結を引き起こす。[*47]

「フィナンシャルタイムズ」や「ウォールストリートジャーナル」のような老舗からケーブルテレビの新興チャンネルまで，ビジネスジャーナリズムは広範な議題設定効果を発揮し，意見や行動に大きな影響をもたらしている。ビジネスジャーナリズムの研究は微細だが多様な側面を持っており，議題設定理論

143

の小宇宙とも言えるものである。新たに登場した第3レベルの議題設定効果も
そこには含まれる。[*48]

　議題設定理論の別の側面——ニュースソースがメディア議題に及ぼす影響
——も，この専門特化した領域の重要部分である。7章では，公共的問題の文
脈でプレスリリースの影響について論じるが，プレスリリースと企業のウェブ
サイトはビジネスニュースの主要なソースでもある。[*49]企業の業績に関する定期
的報告からビジネス戦略の大きな変化に至るまで，また，委任状争奪戦や企業
の乗っ取りにおいてステークホルダーの議題に影響を及ぼそうとする試みも含
め，あらゆる情報が発信される。[*50]ビジネスニュース議題は，マスコミュニケー
ションの議題設定役割の重要な側面となっている。

● 要　約

　マスコミュニケーションの議題設定効果は，人々の頭の中にイメージを作り
出すだけでなく，重要な含意を持つ。議題設定の原点であり伝統的な領域であ
る公共的争点の顕出性においては，こうした争点の顕出性の転移が，公共的指
導者の全体的な仕事ぶりに関する世論の基礎となることが多いという証拠がか
なりある。同様に，ニュースにおける公共的人物の顕出性は，個人がその人物
に関して，そもそも何かしらの意見を持つかどうかにも関連している。第2レ
ベルの議題設定においては，公共的指導者に関する公衆の認知的イメージと絡
み合った情動的属性の顕出性が，属性型議題設定と意見の形成・変化とを結び
つける。態度や意見以外にも，メディアが作り上げる現実像は，大学入試への
出願から選挙日における投票まで，個人のさまざまな行動と密接に関係してい
る。

メディア議題の形成

　公衆に及ぼすニュースメディアの議題設定影響力に関する証拠がどんどん積み上げられてきた1980年代前半，研究者たちは次のような問いかけを始めた。「メディア議題を設定するのは誰か」。ニュースメディアによって提示される議題がどのような要因から生まれるかを探るため，新しい理論的追究が始まった。この新しい研究では，メディア議題が従属変数 ―― 説明されるべき結果 ―― となる。それまでは，メディア議題は独立変数，すなわち世論を形成する主要な原因のひとつであった。**図表7.1**は，メディア議題の主要な先行要因をも含めた，マスコミュニケーションと議題設定過程の広範かつ包括的なモデルを図示したものである。メディア議題の起源はと考えると，他の多くの議題が思いつく。たとえば，立法府や他の政府機関が考慮する争点や政策問題の議題。こうした公的機関はマスメディアの日常的な取材対象である。あるいは，選挙キャンペーンにおける各陣営の競合的な議題。さらには，PRの専門家が日常的に提起するトピックの議題。現代社会には数多くの組織的議題が存在する。

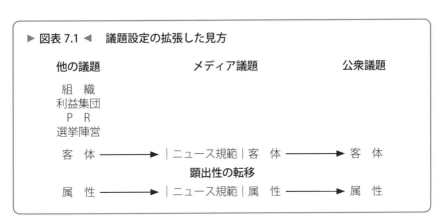

▶ 図表7.1 ◀　議題設定の拡張した見方

これら他のすべての議題とニュースメディアの議題との関係を理解するうえで便利な比喩は「玉ねぎの皮」である。玉ねぎの同心円的各層は，メディア議題（玉ねぎの芯）の形成に作用している多くの影響因を表す。この比喩はまた，この過程が順次的であることも示す。外側の層の影響因は，順に，玉ねぎの芯により近い層の影響を受けるのである。この玉ねぎを細部まで綿密に描こうとすれば層の数はさらにもっと増える。たとえば，パメラ・シューメーカーとスティーブン・リースは『メッセージを媒介する』という著作で，その社会に支配的な文化からジャーナリスト個人の心理に至るまで，5層の影響因を特定した。(*1)この玉ねぎに含まれる数多くの媒介層は，ニュース組織の振る舞いやジャーナリズムの職業的規範を表すものであるが，「ニュース社会学」の構成要素でもある。1980年代になって議題設定理論は，この学問領域と収斂し始めたのである。(*2)

　本章では，「メディア議題を設定するのは誰か」という疑問への答を，**図表7.2**に示された3つの基本的な層に沿って述べていく。われわれの理論的玉ねぎの表層にあるのは，メディアの外部に存在する主要なニュースソース（情報源）である。例として，アメリカ合衆国大統領や日常的なPRの諸活動，選挙陣営の働きかけなどが挙げられる。玉ねぎの内側に入っていくと，多様な

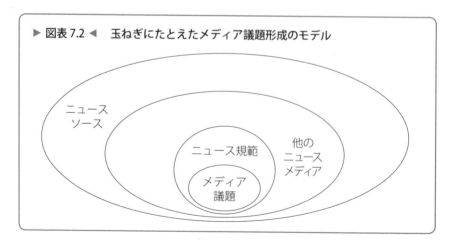

▶ **図表7.2** ◀　玉ねぎにたとえたメディア議題形成のモデル

ニュースメディア同士の相互作用や影響がある。これはいわゆる「メディア間議題設定（intermedia agenda-setting）」と呼ばれる現象である。こうしたメディア間の相互作用は，ジャーナリズムの社会規範や伝統をかなりの程度まで正当化し補強するよう作用する。こうした規範や伝統は —— 玉ねぎの芯を直に取り囲む層にあたるが —— メディア議題が最終的に形成されるうえでの基本原則を規定する。

● 大統領と国家の議題

　合衆国大統領のような一国の政治指導者を描写したり評価したりする1つのやり方は，国家の議題を設定するうえでのその人の役割に着目することである。近年ますます言えることだが，米大統領の主要な業務のひとつはニュース報道の焦点に影響を与えることである。それが支持的な世論を生み，さらには，連邦議会の振る舞いに対する大統領の影響力を増大させる。大統領が米国一のニュースメーカーであることを示す逸話的証拠はたくさんある。大統領の行為はほとんどすべて —— 国際会議の招集から，午後のジョギング途中にスナックを買いに店に立ち寄ったことまで —— ニュースバリューがあると見なされる。メディアの注目の中心に位置することが，メディア議題を設定しうる大きな機会を大統領に付与しているのだろうか。

　大統領の影響力を評定する格好の機会が毎年恒例の「一般教書演説（State of the Union Address）」である。合衆国憲法に規定され，1世紀以上にわたり，この教書は文書として議会に提出されてきた。しかし，20世紀後半になると，一般教書演説は大きなメディアイベントとなる。国会議事堂内で夕方に行われる上下両院合同会議において大統領が演説する。それがテレビの全ネットワークで全国向けに生中継されるようになった。

　現在の一般教書演説は，そのフォーマット —— 基本的には，大統領が議会に対処を求める諸争点の一覧表のようなもの —— ゆえに大統領の議題設定影響力を評定するうえで理想的な材料となっている。教書という単一のメッセー

ジ――何週間にもわたって多数の政治・政策アドバイザーからの大量の助言を取り入れ作成されたメッセージ――に大統領の優先事項がリスト化されている。大統領の議題におけるこうした優先事項は，その後のメディア報道に有意な影響をもたらすのだろうか。一般教書演説直後の数日間を超えて，ニュース報道のパターンに影響が及ぶのだろうか。

　この疑問に対する最初の探究は，1978年ジミー・カーター大統領の一般教書演説を検討したものだが，意外なことに演説は，大統領の8つの優先争点に関する「ニューヨークタイムズ」「ワシントンポスト」あるいは3大全国テレビネットワークの翌月の報道に有意なインパクトを及ぼしてはいなかった。[*3]しかしながら，一般教書演説が行われた前月の「ニューヨークタイムズ」とテレビネットワークのこうした8争点に関する報道が，大統領の議題に影響していたという証拠が得られた。

　同じ研究デザインを用いて再度検討されたのは，カーターとはかなり異なるアメリカ大統領，リチャード・ニクソンである。[*4]この場合，ニクソン大統領の1970年一般教書演説中にあった15争点から成る議題が，「ニューヨークタイムズ」「ワシントンポスト」そして3大全国テレビネットワークのうち2局の翌月のニュース報道に影響していた。メディアが大統領に影響を及ぼした証拠はなかった。もちろん，この種の歴史的分析においては，大統領ごとのパーソナリティに大きな違いがあることが，主たる要因として考慮されるべきだろう。しかしながら，この要因に留意したとしても，一人の大統領とニュースメディアとの関係は，彼の在職期間中に変化することを示す証拠もまた存在する。フランクリン・ルーズベルト大統領の最初の7回の一般教書演説（1934年から1940年にかけて行われたもの）の分析では，ニュースメディアと大統領との関係について，かなり相矛盾する証拠が得られた。[*5]似たような相矛盾した効果の証拠は，レーガン大統領の1982年と1985年の一般教書演説を分析した場合にも見出された。[*6]大統領が，ニュースメディアの注意を特定の争点へと差し向け，メディアや公衆の議題を設定できる場合がある。しかし，別の場合には，大統領はメディアや世論に従うのである。[*7]

一般教書演説に関するこうした検討は，「メディア議題を設定するのは誰か」という疑問への解答以上のものを与えてくれる。これらはまた，「政策議題の設定（policy agenda-setting）」—— 政府がどんな社会的争点を自らの注意の焦点に据えるかを決定する過程 —— の一側面を例証するものである。しかしながら，公共政策の形成におけるニュースメディアの役割に関する経験的研究は，世論の形成における研究と比べるとかなり少ない。[*9]

　おそらく，この現状の主な理由は，どんな争点でも公共政策過程が進展するにはふつう長い期間を要するが，そこでのニュースメディアの役割が概して一定していないということだろう。メディア議題は，社会的に討議する価値があるものは何かという判断よりも，直近の出来事や状況がどの程度ニュースバリューがあるかという判断によって形成されることが圧倒的に多い。もちろん，現代のニュースメディアのこうした価値観に対して異議を唱える動きもある。たとえば，近年登場したパブリックジャーナリズムの理念と実践である。[*10]

　しかしながら，全国レベルでも地方レベルでも，メディアが時には政策議題にかなりの影響を及ぼしてきたという証拠がある。3例を挙げると，第1に，『JAMA（米国医師会誌）』に掲載された児童虐待に関するある画期的な論文。この論文はメディアの注目をかなり浴び，その後，連邦議会や多くの州議会の対応へとつながった。[*11]第2に，テキサス州サンアントニオ市の老舗の日刊紙「サンアントニオ・ライト」〔1993年休刊〕が〔1992年の〕新年冒頭の社説で唱えた地域社会の議題。年間にわたる後追い報道に助けられたこともあり，市の児童関連施策予算の大幅な増額をもたらした。[*12]第3は，シカゴのあるテレビ局が行った2シリーズの調査報道。それらは市の警察部門や消防部門における政策変更を引き起こした。[*13]

　しかし，多くの場合，ニュース報道と公共政策の経時的進展との間の関係はきわめて循環的なものである。そうしたパターンは，エイズ，[*14]地球温暖化，[*15]そして薬物といった多様な争点に関して事細かに実証されてきた。[*16]ニュースメディアが断続的かつしばしば循環的な役割を果たすがゆえに，マスコミュニケーションと世論に関する検討は，民主政の3極構造の3番目の要因 —— 政

149

府の政策 —— を含めることが少なかったのである。

● メディア議題を助成する

　世界中のジャーナリズムはすべて，日々の状況や出来事のうちほんの小さな部分しか観察できていない。多くの場所の多くの種類の出来事を日常的に無視しているにもかかわらず，日々のニュースの主要なトピックさえ，その全側面を報道するに十分な数のジャーナリストはいない。たとえば，国際レベルから地方レベルまで，政府やビジネスの活動についてわれわれが知っていることの多くは，重要なニュースソースである広報官や他の PR 実務家が発信源である。こうしたコミュニケーションの専門家は，ニュースを伝えようとするニュース組織の活動に対して，かなりの量のまとまった情報を提供することで「助成（subsidy）」を行っている。この種の情報は，ニュース記事のスタイルを正確に模したプレスリリースの形で提供されることが多い。[17]

　「ニューヨークタイムズ」と「ワシントンポスト」の紙面の 20 年間分を調べたところ，記事の約半数はプレスリリースや他の直接的な情報助成に基づくものであった。[18]両紙の記事総数の約 17.5％は，少なくとも部分的にはプレスリリースに基づいていた。別の 32 パーセントは記者会見や背景説明がネタ元であった。「ニューヨークタイムズ」や「ワシントンポスト」は，大量のスタッフと多大な資源を有する大新聞社である。これら両紙でさえ PR 情報源にかなりの程度依存しているという事実は，メディア議題全体が日々構成されるうえで情報助成が果たしている役割を浮き彫りにする。

　ニュース議題の形成に PR が重要な役割を果たすことの付加的な証拠は，2006 年に実施された英国の主要 5 紙と放送局 4 局に関する詳細な研究でも見出された。新聞記事の 19％，および放送されたニュース項目の 17％は，「主として，あるいは全部が，PR の素材や活動に由来するものであることが確認された」。[19]PR と他の情報とが混ざり合った記事・項目を加えると，合計で新聞では 30％，放送では 31％になる。こうした PR の実質的な議題設定的役割は，

メディア議題の形成 | **7**章

多くの点で，ジャーナリストが「大量に記事を書き発表することを要請される経済的・制度的・組織的制約条件の下で[20]」活動していることの必然的結果である。

ルイジアナ州の主要日刊紙による6つの州政府機関に関するニュース報道もまた，そうした機関の広報官が提供する情報にかなりの程度まで基づいていた[21]。こうした広報官が提供する情報助成——主に文書化されたプレスリリースによるものと，時たま口頭での伝達によるもの——の半数をやや超えるものが，その後に記事化された。トピックの議題は，州の財政から一般経済，また冠婚葬祭から祝賀イベントまでを含む幅広いものであった。具体的に言うと，広報官発の議題とそうした情報を利用したニュース記事の議題との間の8週間の期間での対応度は +0.84 であった。州政府機関発の議題とそれら州政府機関に関する全記事との同じ期間での対応は +0.57 であった。このように PR の成功率が高い理由を調べると，玉ねぎの最も中心に近い層であるジャーナリズムの規範と伝統が，メディア議題形成の基本原則を設定する中心的役割を果たしていることが浮き彫りになる。記事に取り上げる際に最も重視した理由として，全ケースの82%でニュースバリューが挙げられた。

エイズやポリオといった公衆衛生問題の報道もまた，科学者や他の専門的なニュースソースから提供される情報助成を反映している[22]。エイズに関する1980年代の持続的かつ右肩上がりの報道は，科学界の議題によって発動されたものだが，それが持続したのは80年代後半の報道でエイズを語る新しいフレームが出現したおかげである。こうした新しいフレームの出現と同時に起こったことは，生物医学界とニュースメディアの議題設定的役割の交代である。大統領とニュースメディア，そして公衆との間の相互作用の場合と同様に，ほとんどすべての争点の発展過程においては時間的ダイナミクスを考慮する必要がある。

世界の20ヵ国において主要な公共事業を評価し，かつその後にメディアを用いてこうした支出に関する世論に影響を及ぼすという作業において，社会科学者がどんな広範かつ基礎的な役割を果たしたのかを詳説したのが，ベント・

151

フライフヨルグ，トッド・ランドマン，スタンフォード・シュラムの編著『現実的な社会科学 —— 実践知の応用』である。実践知（フロネシス）とはアリストテレスの倫理学に端を発するが，実用的な知恵と政治的能力を表す用語である。[*23]

　PR専門家や非営利団体，民間企業などが定期的に提供する情報助成がなければ，メディア議題は，カバーする範囲も内容も，かなり違ったものになっているだろう。結局，議題設定はPR活動の重要な部分である。[*24] さらに言えば，メディア議題に対するPRの影響力は，ジャーナリストの日常的活動を増補する情報助成だけにとどまらないときもある。

　PR専門家が外国政府 —— その多くは，国際的にかなり否定的なイメージを持たれている政府 —— の代理として活動を行う諸事例を検討した研究は，2種類の成功の基準があることを発見した。メディアがこうした政府にスポットライトを当てる頻度が減るにつれ，「ニューヨークタイムズ」におけるこれら政府の報道量全体も減少した。しかし，減少後のニュース報道はより肯定的なものになっていた。[*25]

● メディア議題を占拠する

　どの選挙キャンペーンでも究極の目標は投票日に勝利を収めることだが，選挙陣営は，メディア議題を占拠することを直近の目標と見なすことが多くなった。[*26] キャンペーンに対するこうした見方の背後には議題設定のアイディアがある。というのも，メディア議題を統制することは，公衆議題に大きな影響を与えることを意味するからである。もちろん，コミュニケーション議題の一部分は，特定の選挙陣営の直接的な統制下にある。マスメディアでの政治広告には巨額の費用がつぎこまれる。多くの国では主にテレビが利用されるが，ソーシャルメディアの利用も増えつつある。こうしたメッセージは，まさに選挙陣営が強く希望する議題を伝えるものである。しかし，ニュースメディアの議題に影響を及ぼすための努力もかなりの程度払われる。なぜなら，こうしたメッ

152

セージは利己的なものとは思われにくく，したがって公衆も信じてくれやすいからである。[＊27]

1983年英国総選挙と1984年米大統領選挙との比較分析は，政党がニュース議題に及ぼす影響力が，両国の間でかなり異なることを発見した。[＊28] 1983年英国総選挙においては，政党は，ニュースメディアの注目を自らの争点に集めることにかなりの程度まで成功した。保守党，労働党，そして〔自由党・社会民主党の〕同盟が5つの主要政策争点をどう強調したかと，こうした争点に関するBBCとITV，そして新聞5紙（高級紙と大衆紙の両方）の報道とを詳細に比較したところ，両者の相関は中央値で +0.70 であった。21の組み合わせ——3政党それぞれと7つの異なるニュースメディアとの比較——では，相関の範囲は +0.30 から完璧な 1.0 までであった。6つの組み合わせは中央値である +0.70 を実際示し，21組の相関のうち5つだけが +0.70 より低かった。政党は議題設定で新聞にもテレビにも同様に成功を収めていた。

1984年アメリカ大統領選の各陣営はニュースメディアにうまく対処できなかった。民主党と共和党が6つの主要政策争点をどう強調したかと3大全国テレビネットワークにおけるニュース報道との比較では，+0.31を超える相関は見出せなかったし，6組の比較のうち3組はゼロもしくは負の相関であった。新聞に対しても政党が首尾よく対処できなかったことを示す別の証拠がある。

メディアに対する議題設定者としての選挙陣営の成功度合いにこうした著しい差異があったのは，米英ジャーナリストの選挙に対する姿勢に文化的差異があった結果である。言い換えれば，われわれの理論的玉ねぎの最後の層——ジャーナリズムの社会規範と伝統——が英国と米国とではかなり違っていた。アメリカの選挙のニュース報道のパターンは，ニュースに取り上げられる価値がある他のすべての記事との厳しい競争の中で，選挙記事のニュースバリューを日々推し量った結果として生まれたものである。対照的に，英国のジャーナリストは選挙を一種神聖なものと見なしており，選挙キャンペーンは本質的に重要な活動であるから，その報道はニュースバリューの有無だけでは決められない。

両国の選挙報道の仕方におけるこうした差異は，議題設定の観点からも述べることができる。

　　英国では，多くのテレビニュース制作者は，キャンペーンに対する自らの寄与を「議題設定」の用語で定義することをためらう。彼らから見ると，この用語は「能動的に」介入するという意味を持っている。政党が前面に押し出したい争点ではなく，制作者個人が重要とみなす争点を提示することは，非難されるべきだと考えるのである……。（アメリカの）NBC に勤めるジャーナリストの大半は，自分たちの役割をそんなに抑制的には考えていなかった。彼らは，BBC のジャーナリストと比べると，議題設定過程でより能動的な役割を果たす心づもりをしていた。[*29]

2000 年米大統領予備選挙においても，「ニューヨークタイムズ」の編集者は類似のアメリカ的観点に立っていた。同紙はジョージ・W・ブッシュ〔テキサス州知事；本選挙での共和党候補者〕が若い頃に薬物を使用していたかどうかを執拗に問いただしたが，ブッシュは回答を拒んでいた。「ここに，誰が議題を設定するのかという問題がある —— 政治家か，プレスか」。同紙編集主幹ジョセフ・レリーベルドの発言である。[*30]これは，われわれがここで詳細に探究すべき中心的な問題である。

　長期にわたる大統領選挙の大半の時期において，米国ニュースメディアが強い議題設定的役割を果たしていることを証拠全体としては示唆しているが，政治家が機先を制するときもある。3 章の属性とフレームに関する議論で見たように，1996 年共和党予備選挙では，党の指名を争う候補者たちがニュース報道に影響を及ぼした証拠が得られた。「ニューヨークタイムズ」「ワシントンポスト」「ロサンゼルスタイムズ」の 1995 年 12 月 26 日（ニューヨークタイムズ紙が候補者について掘り下げた紹介記事を連載し始めた日）から 1996 年 2 月 20 日（米大統領選挙年の最初の予備選挙であるニューハンプシャー州予備選挙の日）までの報道に対してである。[*31]共和党指名争いの主要な候補者 4 名 —— ラマー・アレ

クサンダー，パット・ブキャナン，ロバート・ドール，スティーブ・フォーブス――に関するメディア描写を，これら候補者のウェブサイトにあるプレスリリースと比較したところ，メディアの属性議題と各候補者の自己提示とが驚くほど一致していることが分かった。アレクサンダーは +0.74，ブキャナンは +0.75，フォーブスは +0.78，そしてドールは +0.62 である。ドールの先行馬としての地位は，他よりやや低いが，それでも十分高い相関によって説明できよう。

　しかしながら，ニューハンプシャー州予備選挙中のテレビニュース報道に焦点を絞った分析では，ニュースと予備選挙での候補者スピーチのトピックとの一致度は中程度でしかなかった (+0.40)[*32]。ほとんどすべての候補者はスピーチで公共的争点について言及していたが，テレビニュース報道で争点に触れたものは 3 分の 1 未満だった。アメリカのジャーナリストが伝統的に〔候補者の勝ち負けに焦点を合わせた〕競馬型トピックを好み，争点への関心が薄いことは明白である。

　メディア議題で競馬型トピックが第 1 位の地位を占めることの追加的証拠は，1996 年大統領選挙秋期キャンペーンでの 4 つの主要テレビネットワーク〔地上波 3 大ネットワークと CNN〕と「ニューヨークタイムズ」「ワシントンポスト」「ロサンゼルスタイムズ」の報道においても見出された[*33]。新聞もテレビも，競馬型報道がメディア議題の約半分を占めた。キャンペーンの話題を除き，公共的争点だけに焦点を合わせると，候補者の争点議題は秋期キャンペーン中のどのメディアの議題に対してもごく緩やかな影響しか与えていないことが，ニュース報道の分析から判明した。

　しかし，選挙年の初期に候補者が影響力を持つことは，2000 年大統領予備選挙でも再度実証された。候補者の争点議題がネットワークテレビニュース報道に影響を及ぼした証拠がある[*34]。4 人の候補者の議題と 3 大ネットワークとの 12 組の比較のうち 10 組で有意な相関が得られ，その中央値は +0.64 と +0.68 の間であった。交差時間差相関を用いたさらなる分析で，選挙戦初期の数ヵ月間の因果パターンを調べたところ，候補者がメディアの争点議題に影響を及ぼ

155

す事例が，逆の事例の2倍あった。

　第2レベルの議題設定に関しては，影響を示す証拠の全体量は減るものの，発見された有意な相関の強さは，第1レベルの議題設定に関する証拠に引けを取らないものであった。候補者とテレビニュースとが受け手のさまざまな下位集団——高齢者，マイノリティ，女性など——のうちどこを強調するかに関する12組の比較のうち，有意になったのは6組だけであった。この6組は，すべて共和党のブッシュとマケインに関するもので，民主党のゴアとブラッドリーに関するものは含まれていなかったが，相関の中央値は +0.77 と +0.85 の間であった。キャンペーンのトピック——世論調査，新聞の支持表明，討論会など——の強調度に関しては，12組の比較のうち3組だけが有意であった。これら3組はすべて共和党のマケイン候補に関するものである。当時マケインは，主要なメディアの語りの中では，ゴリアテ〔旧約聖書「サムエル記」に登場するペリシテ人の巨人兵士〕役のブッシュに対するダビデ〔イスラエルの羊飼いの少年：ゴリアテと決闘し勝利する〕の役を振られていた。3組の有意な相関のうち，中央値は +0.69 であった。

　国民投票には非常にさまざまなタイプのキャンペーン組織が関与する。2006年スイスで，より制約的な政治的保護法に関する国民投票が実施されたが，47の組織がプレーヤーとなった。[＊35] さまざまな組織が提起した賛成もしくは反対の立場に立つ議題と，提案された法案に関する7つの主要論点についてのテレビ・新聞報道とを比較して分かったことは，新法案に賛成する組織——反対する組織ではなく——が，彼らの論拠をメディアに取り上げてもらうという点でかなりの成功を収めていたということである。3ヵ月の期間にわたる賛成派の論拠とニュース報道との相関は中央値で +0.78 であった。さらには，この報道は強力な議題設定効果を引き起こしたのだが，それはメディアへの依存度が高い公衆に対してのみであった。しかしながら，調査した3ヵ月間のうち，こうした効果は国民投票直前の最後の数週間にだけ現れた。その頃になると，メディア議題とメディア高利用者の議題との一致度は +0.92 になった。

　議題設定の理論的フロンティアに挑んだ研究として，2012年米大統領選挙

におけるオバマとロムニー陣営の情報助成——プレスリリース，党綱領，候補者のブログや他のソーシャルメディアなど——に関するある分析は，選挙年中盤の数カ月間の新聞やテレビ報道に対する第1，第2，そして第3レベルの議題設定効果を検討した。先行研究と同じように，選挙陣営の議題とメディア議題，とくに新聞の議題との間には，どの争点が顕出的であるか，また，どの利害関係者集団——候補者や彼らのスタッフから活動家集団や社会団体まで——が顕出的であるかについて高いレベルの一致が見られた。同様のパターンは争点属性の議題や候補者属性の議題に関しても見出された。

　新領域の探究に関しては，選挙陣営とメディアとの間で争点ネットワークおよび争点属性ネットワークに関する第3レベルの議題設定を表す中程度の一致が見られた。しかしながら，利害関係者のネットワークに関する第3レベルの議題設定を調べた場合には，高いレベルの一致が，片やプレスリリース，ブログ，党綱領と，他方新聞報道（中央値は +0.66）そしてテレビ報道（中央値は +0.77）との間で見出された。さらに利害関係者ネットワークに関しては，選挙陣営が使用した4種類のソーシャルメディア——フェイスブック，ユーチューブ，グーグル＋，ツイッター——と新聞報道との相関は中央値で +0.51，またテレビとの相関は中央値で +0.88 であった。

　1970年から2008年にかけてオーストリアで実施された4つの国政選挙に関するある分析は，主要政党のプレスリリースで示された争点優先順位が，主要紙のニュース報道にも反映されていることを発見した。争点属性議題の概念を発展させ，政党や新聞が政治的討議にどう貢献しているかを検討するために，政党のプレスリリースや新聞記事の情報の質を次の4側面から評定した。すなわち，争点に関してなぜその立場をとるかの理由を述べているか，問題を解決するための提案が含まれるか，品位を保ったやり方で議論しているか，立場が異なる相手に対して実質的な批判をしているか，である。こうした情報の質に関して，新聞は政党のプレスリリースよりもかなり劣っていた。さらには，ジャーナリストの〈情報伝達者としての役割〉と〈分析家としての役割〉とを比較したところ，分析記事よりもストレートニュースのほうが情報の質が高い

ことが明らかになった。

　情報の質に関するこうした分析は，人々が市民として行動するうえで役に立つような議題をニュースメディアは提示しているのか，という重要な規範的疑問に対して部分的ながらも解答を与えてくれる。[*38]民主主義において市民は，公共的問題に関して意思決定を下すことを求められるが，こうしたトピックや属性の議題は，決定の基盤としてどの程度役立つものなのだろうか。

●3種の選挙議題

　1992年と2000年の米大統領選挙キャンペーンに関する全国規模の包括的な分析から，メディアの争点議題や後続する公衆の争点議題の形成に対して，ジャーナリズムの規範が強力な影響を持ちうることを示すかなりの証拠が得られた。[*39]1992年における候補者の綱領とメディア議題や公衆議題との強い相関（それぞれ +0.76，+0.78）は，一見すると，メディアの議題設定的役割というアイディアの価値を下げ，さらには，メディアと公衆との間の強力な相関（+0.94）が誇張されたものであることを示唆するように見える。だが，そうではないのである。3要因全部を同時に考察すると，メディアと公衆との間の強力な相関は持続する一方で，候補者の綱領と公衆議題との相関は大幅に減少する。これはいくつかのやり方で観察することができる。

　メディア議題と公衆議題との関係（+0.94）を分析する際に，候補者綱領がメディアと公衆議題の両方に及ぼす直接的影響を制御しても，結果として +0.85という非常に高い相関が維持される。見方を変え，メディア議題を候補者と公衆とを介在する，すなわち候補者と公衆間を橋渡しする主要因と見なすと，結果として得られる候補者 – 公衆間の偏相関は —— 予期したとおり —— 大幅に減少する。候補者綱領と公衆議題との単相関が +0.78 であったものが，メディアの介在的影響を除去すると +0.33 に低下する。もちろんメディア議題はまったくの白紙の状態から構成されるわけではなく，メディアソースからのかなりの入力がある —— 候補者綱領とメディア議題との相関 +0.76 が示すように。

しかし，大統領候補の選挙陣営から発せられた光は，ジャーナリズムの規範というプリズムを通していったん屈折してから公衆に届くのである。

このように，ニュースメディアが争点議題に対して，選挙陣営の影響力とは独立してかなりの議題設定影響力を及ぼすことは，2000 年大統領選挙秋期キャンペーンでも追認された。当初は，相関の基本パターンはほぼ同一である。片や候補者の争点議題と他方メディア議題および公衆議題との間には十分に高い相関があり（それぞれ +0.79 と +0.76），同時に，メディアと公衆との間にも強い相関が見られた（+0.92）。

1992 年に見られたパターンを再生するかのように，候補者議題からメディア議題や公衆議題に及ぼす影響を制御して，メディアと公衆との関係を分析した場合も，+0.79 というかなり高い相関が持続した。見方を変え，メディア議題を候補者と公衆との間の介在要因と見なした場合には，候補者－公衆間の当初の +0.76 という相関は +0.15 まで減少した。候補者議題を主要候補者であるジョージ・W・ブッシュとアルバート・ゴアとに分割してこうした分析を繰り返しても，同じパターンが得られた。これらの知見はすべて，公共的争点へと公衆の注意を焦点化するニュースメディアの議題設定的役割に関する強力な証拠となっている。

2000 年大統領選挙の分析は，候補者とニュースメディアの属性型議題設定影響力についても調査しているが，これは，公衆議題上で第 1 位にランクされた社会福祉問題を，公衆がどのように認知しているかに焦点を合わせたものであった。このレベルでは，2000 年秋期キャンペーン期間中この争点に関する議題設定で主要な役割を演じていたのは候補者陣営であることをはっきりと示す証拠が得られた。社会福祉問題の 8 つの属性に関する候補者陣営の議題とニュース議題との相関は +0.76 という十分な強さであり，候補者陣営議題と公衆議題との相関はさらに強い +0.86 である。1992 年と 2000 年に争点の全体集合に関する第 1 レベルの議題設定で見出されたパターンとは異なり，第 2 レベルの議題設定では，メディア議題を介在要因と位置づけた場合にも候補者陣営と公衆との相関はわずかに減少するだけである（+0.78）。さらには，属性議題

に関するメディアと公衆との相関（+0.60）は，候補者議題を制御すると消滅してしまう。

● 地方選挙におけるメディア議題

　2006 年に実施された 9 つの州レベルの選挙において競合する候補者が発表したプレスリリースを分析したところ，候補者の争点議題とこれらの州で広く読まれている新聞の争点議題との相関の中央値は +0.48 であった。第 2 レベルの議題設定に関しては，候補者と新聞との争点属性議題の相関の中央値は +0.58 であった。[*41]

　2002 年フロリダ州知事選挙において，共和党・民主党の候補者のニュースリリースに表れた争点議題と州の主要紙 6 紙の争点議題とを比較した場合には，相関の中央値は +0.78 を示した。[*42] さらに，新聞の争点議題と公衆議題との相関の中央値は +0.74 であった。候補者のプレスリリースの属性議題と，新聞における候補者イメージとの間にも十分なレベルの一致が見られた。候補者の実質的属性に関しては，相関の中央値は +0.79 であり，否定的な属性に関しては +0.81，そして肯定的属性に関しては +0.60 であった。

　1990 年テキサス州知事選挙の際，民主党と共和党の候補者が州都オースティンにおいて有料で打ったテレビ広告の争点議題（両党合計）と，オースティンの新聞およびローカルテレビ局 3 局によるそうした争点に関するニュース報道とを比較してみた。[*43] この選挙陣営の議題は地方紙とローカルテレビ局に対してかなりの影響を及ぼした（それぞれ +0.64，+0.52）。この影響のパターンは，他の要因を制御した場合にも持続した。

　しかしながら，4 年後のテキサス州知事選挙——ジョージ・W・ブッシュが政界デビューを果たした選挙——では，影響のパターンは基本的に逆転した。1994 年秋期選挙キャンペーン期間中にブッシュと現職のアン・リチャーズが発表したプレスリリースと州の 3 大新聞の報道とを比較してみると，新聞が候補者陣営にかなりの影響を及ぼしていることが分かった。たとえば，候補

者の争点議題に（+0.70），彼らのプレスリリースの中で，争点，個人的イメージ，キャンペーン自体の動静のいずれに焦点を置くかに（+1.0），そしてプレスリリースのトーンが全体として肯定的か否定的かという点に（+0.80）である。[*44]

　第2レベルの議題設定に関して1995年スペインのナバラ州地方選挙から得られた証拠では，政治広告はその後の時点のテレビニュースにおける候補者描写に影響を与えていた（+0.99）。しかし，新聞に対する影響はゆるやかな程度でしかない（+0.32）。[*45]広告の主たる影響は，候補者の資質描写に関してであった。テレビでは，資質描写に割かれる時間量はキャンペーンの初期から後半に移るにつれて8倍以上増加した。新聞でもこうした属性に関する言及量はキャンペーンの過程で倍増した。

● 地方争点の属性

　米国の地方政治レベルでは，政治広告の属性型議題設定効果がテキサス州ビクトリアで実施された2つの選挙で観察された。[*46]1995年，地方売上税をテーマにしたビクトリアでの住民投票では，登録有権者を対象とした2回の世論調査から2つのパターンが明らかになった。1回目の調査は住民投票の約1ヵ月前に，2回目は投票の1週間前に実施された。キャンペーン期間中に有権者の学習量はかなり増大し，とくに政治広告は，提案された売上税がビクトリアにどんな影響をもたらすのかを有権者がイメージするうえで強力な役割を果たした。

　1回目から2回目の調査にかけて，売上税に関する有権者のイメージと地方紙の描写の仕方との一致度は +0.40 から +0.65 に増大した。政治広告に関して言えば，有権者との一致度は +0.80 から +0.95 に増大した。これらテキサス州の有権者とある情報源（例：新聞）との対応を見る際に別の情報源（例：政治広告）を制御すると，新聞と公衆との対応はまったく消えてしまった。しかし，政治広告の場合，別の情報源を制御しても有権者との相関は +0.87（1回目調査の場合；単相関は +0.80）および +0.94（2回目調査の場合；単相関は +0.95）である。

161

政治広告は，この地方の経済争点に関する主要な学習情報源であった。

　同年に実施されたビクトリア市長選挙では，2人の候補者に関する有権者のイメージは，地方紙の報道における属性議題と有意に対応していたが（各候補者とも +0.60），各候補者の政治広告とはもっとよく対応していた（+0.73 と +0.85）。さらなる分析によって導き出された結論は，この地方選挙においては政治広告こそが議題設定の最大の主体であったということである。候補者がメディア議題や公衆議題に及ぼす影響を制御した場合には，新聞－公衆間の対応は1人の候補者では +0.60 から +0.46 に減少し，もう1人の候補者では実質的に無相関となった。しかしながら，メディア議題を制御して政治広告議題と公衆議題の関係を見ると，選挙陣営と公衆との間をメディアが橋渡し役をしている証拠はまったくなかった。候補者議題と公衆議題との間の強い相関は変わらなかった。

● 選挙の3つの要素

　政治キャンペーンにおける3つの主要素 —— 候補者・政党，ニュースメディア，そして公衆 —— に関する上述の証拠は，ニュースメディアの議題設定的役割を完全なコンテクストで検討するために必要とされる実証データの複雑な混合体を提供する。この豊かな混合体によって，メディアの議題設定効果に関する証拠は断片的であるという，古くからの批判に対処することができる。なぜ断片的と言われたか。多くの証拠は一度に2つの要素しか検討してこなかったからである。議題設定研究の開始当初はメディアと公衆としか，また，その後 1980 年代からはニュースソースとメディアとしか扱ってこなかった。さらに上述の証拠は，誰が真の議題設定主体か —— メディアか，選挙陣営か —— という基本的な疑問にも対処することができる。もし，選挙陣営がメディア議題と公衆議題両方の形成を支配しているならば，メディアは公衆議題のせいぜいよくて近因でしかない。英国では，ニュース議題を占拠するという点で，国政政党がかなりの成功を収めていた。米国では勝手が違う。ジャーナリズムの

さまざまな規範のせいで，大統領選挙キャンペーン期間中，メディア議題は国政政党が提起する議題とごく弱い対応しか示してこなかった。米国の証拠は３つの要素全部を含んでいるので分かることだが，より重要なことは，候補者議題ではなくこうしたメディア議題こそが，公衆議題に最も大きな影響を及ぼしているのである。

　米国の選挙年を通して見ると，全体的にはメディアが議題設定主体である。しかしながら，米国の大統領選挙年の初めの時期や，あるいは米国やスペインでの地方レベルにおいては，事情はより不確定である。こうした状況においては，選挙陣営がメディア議題を首尾よく占拠することが頻繁に起こる。

● 選挙キャンペーンを超えて

　選挙は，ニュースソースがメディアに及ぼす影響やメディアが公衆に及ぼす影響を集約的に検討する環境を提供してくれる。しかしながら，歴史のより大きな流れの中では，選挙は，時代時代の話題に関する世論の持続的な消長にインパクトを与えるほんの小さな点に過ぎない。1985 年から 1995 年までカナダで３つの争点に関する世論を詳細に分析した研究からは，多様なニュースソースからニュースメディアへ，そしてそこから公衆へと争点顕出性が移行する，より大きな構図が見てとれた。(＊47)分析に選ばれた３つの争点 —— インフレーション，環境，国債と財政赤字 —— は，前の章で概観した議題設定理論の諸側面に対する別の見方も提供してくれる。議題設定の総過程モデルというコンテクストからの見方である。

　第１に，４章で論じたメディア効果と直接経験的・間接経験的争点という観点では，こうした争点特性の連続体に沿ってはっきりとしたパターンが見られた。インフレーションという直接経験的争点に関しては，先行する知見と一致して，メディアから世論に対する議題設定影響力の証拠は得られなかった。環境問題に関しては，メディア議題と公衆議題との関係は相互規定的であり，公衆からメディアに対するインパクトが相対的に強いように見える。最後に，カ

ナダ政府の国債と財政赤字という間接経験的で抽象的な争点に関しては，メディアから公衆議題に及ぼす有意な影響の証拠が得られた。

　こうした包括的な検討によって，メディア議題と現実との関係を再考することも可能となる。3争点に関する分析のうち，10年間にわたるメディア議題の動向と，インフレーションや環境やカナダ国家財政に関する現実世界の指標との間に有意な関係を見出したものはひとつもなかった。常識から窺えるように，こうした現実世界の指標は，インフレーションや環境問題に関しては，公衆議題や政策議題の動向と連結している。3番目の争点，国家財政については，現実世界の指標は政策議題とのみ関連していた。ちなみに，この政策議題は，カナダ国会での質疑や委員会報告でどの程度言及されたトピックかで定義された。もちろん，選挙もまた現実の一側面であり，ニュースの大きな源泉である。しかし，選挙が実施されたかどうかは，これらいずれの争点の場合も，メディア報道の長期的な動向に影響を及ぼしてはいなかった。そして，選挙のあるなしは，環境問題の場合のみ，公衆の関心動向に影響を与えていた。

　政府から政策議題がさまざまな形で表明されることは，メディアにとってもニュースの潜在的な素材となる。ここでも証拠は不確定である。インフレーションの場合，政策議題がニュース議題にゆるやかな影響を及ぼしていた証拠が見られる。しかし，環境問題とカナダの国家財政の場合には，メディアと政策議題の間に相互規定的な――環境問題に関してはきわめて強力で，国家財政問題に関してはよりゆるやかな――関係が存在した。

　似たような不確定な構図は，インディアナ州ブルーミントンの市議会の活動と日刊地方紙によるその報道とを1年間にわたり比較した場合にも現れた。市[*48]議会の優先事項とメディア議題との間にはかなりの一致が見られたが（+0.84），より詳しく検討してみると，19の争点カテゴリーのうち7つの順位で大きなズレが見られた。4つのカテゴリー――芸術と娯楽〔文化事業〕，核兵器凍結〔1980年代前半米国で興隆した平和運動のテーマ〕，公共料金，選挙――に関しては，新聞の強調度のほうがかなり高かった。顕彰事業，動物保護，都市開発に関しては，新聞の強調度はかなり低かった。市の公式会議に関しては速記録的

164

な報道がなされてしかるべきだが，こうした報道さえも，ニュース規範と出来事との相互作用に影響されることが例証された。市議会を担当する記者が語るには，彼が好むのは「論争含みで幾人かの行為者がかかわるような主題である。なぜなら，こうした特徴があったほうが良いストーリー（記事）ができるから」。[*49]彼の見方は，ジャーナリズムには語りの要素が不可欠であるという規範の影響を反映している。良いストーリーを語らなければいけないのである。この見方はまた，市議会議事録に記録された項目のたった59％しか地方紙で報道されないという事実を，少なくとも部分的には説明するものである。

　最後に，いままで考察した3種類の議題 —— 政府のさまざまな活動を反映した政策議題，メディア議題，公衆議題 —— のすべてに影響を及ぼすことが，組織化された利益集団の目標であることが多い。[*50]選挙陣営と同じくらい資金集めに長けている場合も多く，利益集団による争点キャンペーンは，選挙キャンペーンに匹敵する成功実績を誇っている。銃規制に関する米国内の議論9年間分を分析したある研究は，ネットワーク・テレビニュースにおける注目とこの争点の両サイドの利益集団が発するプレスリリースの洪水との間に有意な関連（+0.60）があることを発見した。また，テレビニュースにおける注目は議会での議論とも関連していた（+0.32）。[*51]この争点がどのようにフレーミングされたかについての分析では，「暴力の文化」テーマ〔銃は犯罪や暴力の蔓延を助長するという，銃規制を支持するフレーム〕がニュース項目の約半数で優勢であった。しかしこのテーマは，議会での銃規制に関する発言の中では4分の1以下，そしてプレスリリースの中では6分の1以下しか占めていない。要するに，これらのニュースソースとはかなり独立に，ニュースメディアは語りの要素を優先し，印象的な「暴力の文化」フレームを選んだのである。メディアの主張の独立性という点では，これは結構なことかもしれないが，同時に，「単純化された情動的枠組みを超えて，より理性的な政策論争へと議論を推し進める」[*52]という点では失敗であった。

165

● メディア間議題設定

　エリートニュースメディアは，他のニュースメディアの議題に対してかなり
の影響を及ぼすことが多い。米国でメディア間議題設定の主役を演じることが
多いのは「ニューヨークタイムズ」である。この役割は今やかなり制度化され
ており，AP 通信社はその会員社に対して，タイムズ紙の翌朝刊 1 面に掲載予
定の記事リストを毎日通知するほどである。タイムズ紙の 1 面に載ることが，
あるトピックがニュースバリューを持つ証しと見なされることが多い。

　ニューヨーク州西部ラブキャナル運河での深刻な化学物質汚染事件や，ペン
シルバニア州やニュージャージー州近辺でのラドンガスの脅威といった問題
は，地方紙が何ヶ月にもわたって集中的な報道を行っていたにもかかわらず，
これらの問題が「ニューヨークタイムズ」の議題に上るまでは全国的な注目を
集めることはなかった。2 章で記したように，1985 年後半にタイムズ紙が薬物
問題を発見したことが，翌年には米国中の主要紙や全国テレビニュースによる
大規模報道をもたらした。その報道のピークは 1986 年 9 月にネットワーク 2
局それぞれが全国放送した特集番組である。ある韓国の研究は，大手ニュース
組織によるメディア間のこうした影響が，オンラインニュース環境でも存在す
ることを示している。

　社会学者のウォーレン・ブリードは，エリートニュースメディアから他の多
数のメディアへとニュース記事が伝播することを「樹状的影響（dendritic influ-
ence）」と概念化した。家系図にも似て，この幹状の流れは祖先から多数の子孫
へと至る。多くの場合，ジャーナリズムの業界における子孫はまったくのク
ローンである。20 世紀中盤「ニューヨークタイムズ」と今や亡き「ニューヨー
クヘラルドトリビューン」が熾烈な競争を繰り広げていた頃，両紙の編集長は
しばしば自紙の 1 面に対し降版前の土壇場の変更を命じたが，それは競合紙
の報道に合せるためであった。1 章の新しいメディア環境を論じたときに指摘
したように，ジャーナリストは同業者のニュース報道を観察する —— そして，
その後にそっくり真似る —— ことが多い。それは，日々の出来事に関する自

らのニュース判断を正当化するためである。[*58]

　個々のジャーナリストの間に作用するこうした影響の古典的な例が，1972年米大統領選挙の最中に生じた。米国の大統領年における最初の大きな政治的イベントは，アイオワ州での党員集会である。州のあちこちで政党の地域集会が催され，州党大会に送る代議員が選ばれる。報道するにはきわめて曖昧な状況である。こうした何十もの地域集会に出席するのは，自分の意思で参加した意欲ある有権者たちである。さらに，選挙年のこうした初期の頃には，代議員獲得を競う多彩な候補者たちがいる。こうした党員集会の夕べにジャーナリストに課された仕事は，集会の全容を理解し，この営み全体の中からニュースを発見することである。

　　何が起こったかといえば，「ニューヨークタイムズ」のジョニー・アップル記者が片隅に腰掛け，そして，すべての記者がアップル記者の肩越しに彼が書く文面を見つめていたのである……。アップル記者は座ってリード文を書く。そうすると他の記者もリード文を書く……。ついに真夜中頃には係の男性が発表する。「マスキー候補が32％，マクガバン候補は26％獲得」。するとアップル記者は腰を下ろし，記事の仕上げにとりかかる。彼は情勢を「ジョージ・マクガバン上院議員が意外なほど強い躍進を示す」といったふうに評した。それを誰もが彼の肩越しに凝視し，そして真似る。翌日のあらゆる主要紙の1面に，それが掲載される。[*59]

1985年から1992年までの地球温暖化問題の歴史を見ると，米国のエリートニュースメディア同士でメディア間議題設定が大規模に生じていることが分かる。[*60]この争点に関するニュース報道は1989年のピークに向けて着実に増加するが，主要紙――「ニューヨークタイムズ」「ワシントンポスト」そして「ウォールストリートジャーナル」――3大テレビネットワークの議題に有意な影響を及ぼしていた。こうした複雑な科学的な争点の場合，メディア間議題設定で新聞以外に重要な役割を果たしていたのは科学刊行物である。科学記者や

編集者は，こうした主要な専門的情報源に定期的に目を通している。

　新しいトピックが幅広く報道されるきっかけをエリートニュースメディアが作ったり，ニュースをフレーミングするうえで主要なジャーナリストが影響力を持ったりすることは，メディア間議題設定の印象的な事例といえる。しかし，地味な形でのメディア間議題設定も毎日生じている。たとえば地方のニュース組織が，通信社から配信される膨大な量のニュースの中から日々の議題を構成するといった場合のように。アイオワ州の日刊紙24紙がAP通信社からの配信をどのように利用しているかを調査した結果，通信社が地方紙の議題に大きな影響を与えていることが分かった。各新聞は，APが配信した記事のうち，ほんの小さな割合しか利用していなかった。しかし，各紙の報道のパターンは，APが配信したニュース全体を内容ジャンル別に分類した場合のカテゴリーごとの比率を基本的に反映するものとなっていた。

　ある実験室実験——参加者は新聞やテレビで経験を積んだ通信社担当デスク——も，通信社が配信する大量のニュースと編集者がそこから選んだ小さなサンプルとの間で，両者の内容ジャンル別カテゴリーごとの比率がかなりよく一致することを発見した(+0.62)。通信社の議題設定影響力に関する付加的証拠はこの実験の統制条件において見出された。この条件では，ニュースの各カテゴリーに同数の記事が割り振られていた。こうした状況では，共通した選択パターンがまったく見られなかった。つまり，均等に分布され顕出性の手がかりを欠いた通信社配信記事と比べてもそうであるし，また，参加者である通信社担当デスクの間でもそうである。彼らは同様のニュースバリューを共有していると予想していたのだが。

　ゲートキーピングに関する初期の研究，すなわち，地方紙で通信社配信を編集するジャーナリストが，没にする項目，関門（ゲート）を通過させる項目をどう決定するかに関する研究は，ゲートキーパー自身の心理学的特性を強調していた。対照的に議題設定理論は，こうした業務の社会学的環境への注意を促す。

　ある二次分析について紹介すると，「ゲート氏（Mr. Gates）」に関する古典的

な事例研究[*65]を再分析したところ，複数の契約通信社電を総合した議題と，ゲート氏が自紙のために選択したニュース議題との間にはかなりの一致が見られた（+0.64）。ゲート氏を17年後に再度調査した追試的研究[*66]についてもさらに検討してみると，その時点では契約通信社は1社のみとなっていたが，通信社電の議題と彼のニュース選択との相関は+0.80であった[*67]。

　ローカルニュースのレベルに話を移そう。1990年州知事選挙キャンペーン期間中にテキサス州オースティンにおける選挙報道を分析して判明したのは，日刊地方紙の争点議題がテレビローカルニュースの争点議題に影響を及ぼしていたことである（+0.73）[*68]。本章で先述したように，候補者の争点議題は新聞とテレビ報道の両方に影響していた。しかし，候補者の影響を制御した場合でも，新聞がテレビ報道に有意な影響を及ぼしている証拠が得られた（+0.44）。

　スペインでは，1995年地方選挙の期間に，新聞とテレビとの間のメディア間影響を調査し，第1レベルと第2レベル両方の議題設定効果を測定した[*69]。パンプローナで測定した第1レベルのメディア間議題設定は，オースティンの場合とかなりよく似ていた。パンプローナの地方紙2紙における6つの地域争点に関する報道をその後の時点のテレビニュース議題と比較すると，それぞれ+0.66，+0.70という相関が得られた。第2レベルについては，新聞とテレビローカルニュースとの間に，候補者を描写するやり方に関して属性型議題設定影響力の証拠は見出せなかった。しかしながら，すでに述べたように，パンプローナの新聞に掲載された政治広告は，その後の時点の新聞やテレビでの候補者描写に影響を及ぼしていた。

　ジャーナリストは自らのニュース感覚を，同僚の仕事を観察することによって確認する。こうした慣行，持続的な観察，そして結果としてのメディア間影響の所産として，高度に類似したニュース議題が生まれる。議題設定の端緒となったチャペルヒル研究では，日刊紙5紙——地方紙とエリート紙が含まれる——と現地で視聴されたテレビネットワーク2局それぞれの争点議題間の相関は中央値で+0.81であった[*70]。1992年台湾の立法委員選挙時に台北で主要紙3紙とテレビ局3局の争点議題に関して似たような比較を行ったところ，相

関の中央値は +0.75 であった。[*71]

　第2レベルの議題設定に関しては，3章で取り上げたように，日本の経済問題を「毎日新聞」がフレーミングしたやり方が，2組の属性の観点から検討された。1組目はマクロな視点からの問題状況フレームであり，他は経済問題のミクロな諸側面に関する属性である。この分析を拡張して追試した研究では，「朝日新聞」と「読売新聞」の経済報道に表れたこれら2組の属性が比較された。結果として判明したことは，問題状況フレームの顕出性に関しても（+0.93），下位争点の属性の顕出性に関しても（+0.79），両紙はきわめて似通っていたことである。[*72] 米国メディアで報じられた経済問題の諸属性を比較したある研究では，新聞とテレビの議題間に +0.80 の相関が見出された。[*73] ただ，これは擬似的な比較と言えるかもしれない。なぜなら，2紙の新聞の議題と3局のテレビの議題とをそれぞれ総合して新聞議題，テレビ議題を構成していたからである。

　さまざまなニュースアウトレットの議題を総合して合成的なメディア議題を作ることは，メディアの議題設定的役割を研究する際にはよく行われている。なぜなら，これらさまざまな議題の間に高度な均質性が見出されてきたからである。調査方法論の言葉で言うと，ニュースメディアの議題の間に存在する高度な相関は，一種の信頼性の測度と見なすことができる。すなわち，同じ観察ルールを用いる独立した観察者の間での一致度を示すものである。日々観察可能となる膨大な数の出来事や状況にジャーナリズムの規範と伝統を適用することで，ジャーナリストは —— もちろん，他のメディアが行う観察に支援されながら —— 高度に類似した議題を構成するのである。議題設定の第2レベルにおいては，議題の均質性は，特定の客体に関する属性議題で一致を見ること以上に拡がる。関連する客体に関する属性議題においても，高度な類似性が見られるのである。台北の主要紙で報じられた3人の市長候補に関する属性議題を比較したところ，相関の中央値は +0.93 であった。[*74]

　日々のニュースを語るうえで，ジャーナリズムの規範が均質性への強力な圧力となる。そして均質性は，ニュースが主要なソーシャルメディアであるツイッターへと流れる，その伝わり方にも影響を与える。ヒューレットパッカー

ド研究所は2010年9月から10月にかけて3,361個のさまざまなトレンディングトピック〔ツイッター上で話題となるトピック〕に関する1,632万のツイートを調査したが，そこで分かったのは，こうしたトレンディングトピックは「大部分が伝統的なメディア発のニュースであり，それがツイッター上でのリツイートの繰り返しによってトレンドとなるのである」[*75]。

　メディア間議題設定がより微妙な様相を示すのが「ブロゴスフィア(blogosphere)」〔ブログの書き手と読み手が作り上げるオンライン・ネットワーク〕である。とくに第1レベルの議題設定に関しては，政治ブログと伝統的メディアの議題は，かなりの程度まで収束する。しかし，こうしたブログの政治的多様性を考慮すると，属性議題のレベルでは収束度がより下がっても意外ではない。影響に関して言えば，主流メディアが主動因であり続ける。だが時には，政治ブログや他のソーシャルメディアが首尾よく主導権を握ることがある。誰がリードし誰がフォローするかにかかわらず，支配的なパターンは高度に均質的な争点議題と少なからず収束した属性議題であろう[*76]。

　最後に，新しいメディア環境の別の側面に話を移そう。2008年米大統領予備選挙期間中に実施されたある分析によると，「30秒でオバマを語る(Obama in 30 seconds)」オンライン広告コンテストに反映された市民活動家の争点議題は，ユーチューブに投稿されたオバマ陣営の公式広告や「ムーブオン・ドット・オーグ(MoveOn.org)」〔米国進歩派の政治活動委員会：「30秒でオバマを語る」広告コンテストを主催。市民に，オバマ支持のオンライン広告を自作し参加するよう呼びかけた〕の広告における争点優先順位よりも，党派的なニュースメディア報道の議題により強く関連していることが分かった[*77]。

● 要　約

　メディアの議題を設定するのは誰か。どのトピックが公衆の注意の的となるかを問うこの疑問はきわめて重要である。米国のコラムニスト，レナード・ピッツは次のように述べる。「メディアが人々の議題を設定し対話を始動させ

る役割を担う世界では，メディアが無視した物事は存在しないに等しい」。この疑問に対する本章での答は，要点として次の主要な3要素を考慮するものである。ニュースの素材となる情報を提供する主な情報源，他のニュース組織，そしてジャーナリストの規範や伝統。

　国政指導者がニュース議題を設定するのに成功することも時折ある。政府の広報官や他のPR専門家もまたニュース議題に大きな影響を与えうる。しかし，こうしたソースからの影響の流れは，ジャーナリズムの規範が規定した基本原則のフィルターにかけられる。しかも，これはきわめて強力なフィルターである。毎日のあるいは毎週のニュース議題は，ニュース組織間の相互作用によってさらに型をはめられ，規格化される。このメディア間議題設定の過程では，「ニューヨークタイムズ」やAP通信社といった高い地位にあるニュース組織が他のニュース組織の議題を設定する。都市レベルでは地方紙やテレビのローカル局が競合他社のニュース議題に影響を与える。近年では，多様なソーシャルメディアがコミュニケーションの合唱隊に加わった。こうした新しい声が主導的な役割を担うことも時にはあるが，ほとんどの場合，それらは均質的な議題を提示する拡大版合唱隊の一部である。

　メディア間議題設定がとても変わった形態をとることもある──娯楽メディアがニュースメディアの議題を設定するのである。1982年から1996年までの15年間にわたり，カナダの主要紙におけるホロコーストに関する記事を幅広く検討した結果，映画『シンドラーのリスト』〔米国，スティーブン・スピルバーグ監督，1993年〕が，発表されたホロコースト関連の記事数やそのインパクトの持続期間に対して影響を及ぼしていたことが分かった。しかもその影響力は，15年間にニュースとして取り上げられた多数のホロコースト関連の出来事よりも強力であった。

　メディアの議題を設定するのは誰かという疑問の追究は，コミュニケーション研究者や専門家にとって直接的な関心事であるが，メディアの外部に存在するこうした議題が認知されるようになったことで分かるのは，議題設定理論の範囲が拡大しているということである。議題設定過程に関するわれわれの知識

の大半はメディア議題と公衆議題との関係に集中しているが，そうした設定はこの理論のごく狭い範囲の応用でしかない。議題設定理論は，ある議題から別の議題へと顕出性が転移することに関わるものである。この理論で最も盛んに研究されてきたのはメディア議題と公衆議題との連関である。この理論のルーツが世論研究にあったこと，そして，理論の発達に貢献した学者の多くが，マスメディア効果にとくに関心を持っていたことがその理由である。本章で紹介したような，メディア議題を形成する要因へと関心が移行した際にも，全体的な焦点はメディア中心的 (media-centric) なままである。しかし，後述するように，考慮すべき議題設定的関係はほかにもたくさんある。

　歴史的に見れば，メディア議題を形成する影響源に関する研究は，議題設定理論の新局面を開くものであり，メディア議題−公衆議題の関係を超えた，重要な拡張を意味する。最初の局面はチャペルヒル研究から始まったが，メディアの争点議題が公衆の争点議題に及ぼす影響に焦点を合わせたものだった。議題設定理論の第2の局面は，こうしたニュースメディアの影響をさらに綿密に検討し，公衆への議題設定効果を高めたり抑えたりする多様な随伴条件について探究した。第3の局面では，メディアによる議題設定影響力の範囲が，注意への効果——客体に関する議題——から理解への効果——属性議題——へと拡張された。さらに最近では，理論の新しい局面として，第3レベルの議題設定効果が探究されている。この章では，理論のさらに別の局面である，メディア議題の起源について紹介した。議題設定研究におけるこれら全局面の登場の仕方には，はっきりとした歴史的パターンがある。しかしそれは，新局面が登場すると先行する局面が終了するという意味での歴史的段階ではない。議題設定のこれら理論的局面のいずれにおいても，いまだ活発な研究が継続されている。しかも，探究すべき領域はまだまだたくさんある。

マスコミュニケーションと社会

　マスコミュニケーションは3つの広範な社会的役割を持つ。より広大な環境の監視，社会の諸部分の間での合意の達成，そして文化の伝達である(*1)。これまでの章で詳細に論じた議題設定過程は監視的役割の重要な部分であり，より広大な環境に関するわれわれのイメージや思考のかなりの部分を提供している。議題設定過程は社会的合意や文化の伝達に対しても重要な意味合いを持つ。その意味合いゆえに，議題設定理論は，公共的問題や政治コミュニケーションといった伝統的な状況を超えて発展していく。

　環境監視活動において，メディアの揺れ動くスポットライトが客体から客体へと，またそうした客体の属性間を移動するにつれ，公衆は有意義な知識を入手する。最初に，マスメディアに接触することで，人々は，個人が直接視認可能な範囲を超えた環境における主要な要素について知るようになる。そして，厳選された少数の要素に対しとくに重要性を付与する。メディアの監視活動のさらなる帰結として，公衆は環境内の重要な要素に関するイメージ——主要な客体とその最も顕出的な属性——を形成する。こうした学習の側面が議題設定過程の中核である。

　社会的合意の達成におけるマスコミュニケーションの役割を考察する場合，こうした議題設定効果は5章で述べた次のような観察と結びつく。「メディア議題設定効果は個人間に異なるレベルの顕出性を作り出すものではなく，明らかにすべての個人の顕出性を時間とともに上下させるのである(*2)」。この結果からの合理的な推論はこうなる。すなわち，世論調査で基本的属性に関する集団間にしばしば見られる差異——たとえば，男性と女性の間や若年層と高年層の間の差異——はニュースメディア接触の結果として減少する。具体的に言えば，さまざまな基本的属性集団の議題間の一致度は，ニュースメディアへの接触が増えるほど高まる。

174

マスコミュニケーションと社会 | **8** 章

「ノースカロライナ世論調査（the North Carolina Poll）」から得られた萌芽的な証拠は，議題設定と合意に関するこうした見方を支持している。[*3]日刊紙をたまにしか読まない男性グループと女性グループの争点議題を比較すると相関は+0.55 であった。しかしながら，日刊紙をときどき読む男性と女性の場合には，国が直面する最も重要な問題に関する議題の一致度は +0.80 になる。新聞をいつも読んでいる男性と女性の間では，争点議題は完全に一致する（+1.0）。新聞への接触が増える結果として，国が直面する最も重要な問題に関する合意が増大するという類似のパターンは，若年層と高年層，黒人と白人とを比較した場合にも見出された。メディア接触の増加に併せてさまざまな基本的属性集団間の合意が増大する傾向は，テレビニュース視聴者の場合でもあてはまる。

ニュースメディアへの接触が社会的合意をもたらすという類似のパターンは台湾やスペインでも見られる。[*4]さまざまな基本的属性集団間におけるこうした合意のパターンを要約したのが**図表8.1** である。もちろん，スペイン・台湾・米国の比較といっても，3ヵ国の文化的政治的背景がかなり異なることを考えれば，**図表8.1** のパターンが完全には一致していないのは意外なことではない。

ニュースメディアの利用増加につれ合意が増大するという現象がこれら3ヵ国で最もよく起こるのは，男性と女性を比較した場合と公教育を受けた期間が長い人と短い人を比較した場合である。男性と女性の比較では，3ヵ国すべてで合意増大の証拠がある。スペインと米国では新聞への接触とテレビニュースへの接触がともに測定され，新聞の効果は見出されたがテレビの効果はなかった。台湾ではテレビへの接触だけが測定されたが，ここではテレビの効果が見られた。

教育水準にもとづく比較の場合，スペインでは新聞とテレビニュースの効果が見られ，台湾ではまたテレビの効果があった。しかし，米国ではどちらのメディアとも効果がなかった。他の基本的属性集団に関しては，結果は国ごとに異なる。全体的に見れば，**図表8.1** の 19 組の比較のうち 11 組で，マスメディアへの接触の増加が合意の増大をもたらすというパターンが見られる。

合意の増大という類似のパターンは第 2 レベルの議題設定でも見られる。[*5]

175

> ▶ 図表 8.1 ◀　ニュースメディアの利用が増すにつれ基本的属性集団間で
> 　　　　　　　生じる社会的合意のパターン：スペイン，台湾，米国の事例

	スペイン		台湾	米国	
基本的属性集団	新聞	テレビニュース	テレビニュース	新聞	テレビニュース
性別	YES*	NO	YES	YES	NO
教育	YES	YES	YES	NO	NO
年齢	NO	NO		YES	YES
収入			YES	NO	NO
人種（黒人／白人）				YES	YES

＊ YES は，その行の特性（例：男性か女性か）で定義される基本的属性集団に関して，新聞やテ
　レビニュースの利用が増大するほど集団間の相関が高まることを意味する。NO は集団間で，
　このような相関が高まるパターンが見られないことを示す。
出典：Esteban Lopez-Escobar, Juan Pablo Llamas and Maxwell McCombs, 'Una dimension
　　　social do los efectos do los medios de difusion : agenda-setting y consenso',
　　　Comunicacion y Sociedad IX（1996）: 91-125 ; Ching-Yi Chiang, 'Bridging and closing the
　　　gap of our society : social function of media agenda setting', unpublished master's thesis,
　　　University of Texas at Austin, 1995 ; Donald Shaw and Shannon Martin, 'The function
　　　of mass media agenda setting', *Journalism Quarterly*, 69（1992）: 902-20.

　2001 年 9 月 11 日に起こったニューヨークでの悲劇的な事件から 2 ヵ月後に，
ヨーロッパの 15 ヵ国で調査を行い，2 つの属性群——9/11 への EU の対応に
関しては 8 つの実質的属性，そしてヨーロッパにおけるムスリムとアラブのコ
ミュニティに関する 5 つの情動的属性——について検討した。両方の属性群
とも，15 ヵ国の大部分の国で全国テレビニュースの利用が高まるほど，成人
の若年層と高年層との間で，そして教育水準の高い層と低い層との間で，合意
の増大が見られた。過半数の国では，新聞閲読の場合にも，基本的属性集団の
間で実質的属性に関して同じパターンが見出された。しかし，情動的属性に関
してはそうではなかった。たとえば，3 分の 2 の国々では，新聞閲読の程度が
増すほど，若年層と高年層の間で実質的属性に関する合意が増大した。しかし，
情動的属性に関してもこのパターンが見られた国は半数に満たなかった。
　基本的属性集団の比較は，マスコミュニケーションの議題設定的役割が社

会的合意に寄与する程度を探るための有用な出発点である。基本的属性による比較は世論調査結果の報告でたびたび見かけるので，誰にも馴染みやすい。しかし，社会的合意へのマスコミュニケーションの寄与をさらに入念に調べるためには，個人差や社会への関与度をもっとよく引き出す心理学的特性を分析に投入すべきだろう。基本的諸属性は人々の生活状況をごく大まかに表す代理指標でしかない。

● 文化の伝達

マスコミュニケーションの第3の社会的役割である文化の伝達もまた，議題設定過程と関連している。

争点や選挙候補者，そしてそれらの属性に関するメディアや公衆の議題——こうした要素はすべて本書の中心的な焦点であった——は，より広大な市民文化の基盤の上にある。この市民文化は基本的には，民主政治や社会に関する規範的信念の議題によって規定されている。議題設定理論の新しい魅力的な応用は，こうした市民文化の一部である他の議題設定制度を探究することである。たとえばそれは学校や宗教組織である。

他の文化的議題の伝達におけるメディアの役割を探究することは，議題設定理論が新しい知的フロンティアをめざし，伝統的な公共的問題の分野を超えることを意味する。こうした新しい文化的探究のトピックとしては，〔後述のように〕社会の過去の集合的記憶を定義する歴史的議題，今日のギリシアにおける博物館入場者数，プロバスケットボールへのグローバルな関心なども含まれる。

議題設定が伝統的に公共的争点に焦点を当てていたことから話を始めると，メディアの争点議題は，市民文化——争点を生み，またそれに影響する環境を定義する，さまざまな信念や活動の集合——に関する重要なメッセージを同時に伝えていることがしばしばある。より広い観点に立てば，こうした一般的市民的態度に対する議題設定影響力は，特定の争点や意見に及ぼす議題設定

効果よりもずっと重要なものである。たとえば，民主政治の社会的健全さは，選挙への参加に関する市民文化にかなりの程度まで規定される。米国では，ほとんどの市民の個人的議題上で政治は目立った位置を占めていない。そこで，メディアの最も重要な議題設定的役割は，4年ごとに政治関心を刺激し，大統領選挙を市民の議題上に位置づけることだといえるかもしれない。

　1976年米大統領選挙中にこうした議題設定的役割を調査した初期の研究は，春期後半におけるテレビニュース接触が，夏期や秋期そして11月の選挙に至るまでの政治関心を刺激していたことを発見した。残念なことに，市民文化に対するこうした肯定的な寄与は，米国の政治ジャーナリストが政治の否定的な属性を好んで強調することで市民文化に重大な否定的影響を及ぼしているという数々の証拠によって帳消しにされている。メディアの議題設定のこうした否定的側面は，政治ジャーナリズムと有権者の反応に関して広く言及されてきた2冊の図書のタイトルに要約されている。ジョセフ・カペラとキャサリン・ホール・ジェイミソンが著した『シニシズムのらせん』〔邦題は『政治報道とシニシズム』〕とトマス・パターソンの『アウト・オブ・オーダー』である。また前々章では，政治や公共的問題に対して厳しい批判的態度を持つ新聞読者ほど高レベルのシニシズムを示すという知見も紹介した。議題設定理論の視点から見ると，こうした結果は驚くにあたらない。否定的な市民的テーマが毎年のように繰り返されることで，政治に関するこうした否定的視点が公衆の間できわめて顕出的になるのである。

　青少年の政治的社会化に関して，メディアだけでなく学校や家庭も含めて議題設定過程を考えるというより広い見方がある。この見方に立ったある研究は2002年から2004年にかけてアリゾナ，フロリダ，コロラドの高校2・3年生を対象としたものだが，学校での公民の対話型授業や，両親や友だちとの話し合い，そしてニュースへの接触が，政治的効果の階層 —— 争点重要性の認知，意見の強度，政治的イデオロギー，そして投票参加 —— にインパクトを及ぼすことを発見した。

178

マスコミュニケーションと社会 | **8**章

● 議題設定の新しい適用領域

　文化の伝達だけではなく，文化の定義づけで大きな役割を果たす別の社会制度は宗教組織である。公共的問題という比較的狭い市民領域内部でさえも，宗教的議題は大きなインパクトをもたらしうる。[10]

　　1992年大統領選挙期間中，宗教的コミュニケーションは人工中絶問題を
　　公衆議題上に載せ続けた。マスメディアがこの争点にほとんど注目しな
　　かったにもかかわらずである。少数の主題ではあるが，原理主義教会の全
　　信者たちが自らの自由への脅威として注視するよう教会から言われている
　　争点がある。それゆえ，公立学校での祈祷や銃所持への支持といった憲法
　　上の争点は，大統領選挙に関するメディアの言説でまったく扱われなくて
　　も，彼らには最も重要な問題である。[11]

公共的問題とは別に，宗教的議題は信者の個人的生活にかなり大きな効果をもたらしうる。今日までの経験的証拠は，宗教的メッセージが人々の過去や現在の行動パターンにもたらす議題設定影響力を単にほのめかすものにしか過ぎない。[12] 中世のドイツやフランスでは，個人はシナゴーグ（礼拝堂）での祈祷会を遅延させるという儀式によって，ユダヤ人コミュニティの公衆議題に争点を提起することができた。モシェ・ヘリンガーとツリエル・ラシはこの実践を議題設定理論の観点から分析し，こうした実践を生み出した慣習と議題設定理論で説明されるマスコミュニケーションの過程との類似点について論じている。[13]

　市民の議題と重複することもあるが，より広い文化的地位を占めているのが「集合的記憶（collective memory）」である。これは過去の出来事や状況に関する高度に選択的な議題であり，公衆が自分たちの歴史的アイデンティティをどう見るかに大きな影響を与えている。[14] こうした文化的神話は，集団や地域社会や国民が過去を想起する際に高度に顕出的になることが多いが，歴史の事実的状況とはかけ離れたものであることもしばしばである。われわれの集合的記

179

憶の性質や起源を理解するためには，過去に関する個々人の回想についてとく
にマスメディアがどう物語ってきたのか，その影響を検討することが必要であ
る。

　個々人の深い回想が，多くの国において，大恐慌や第二次世界大戦など感情
をかき立てずにはおかない時代についての集合的記憶を形づくる。しかし，新
しい世代が年齢層に加わるにつれ，マスメディアの説話が舞台中央に移動して
くる。実際のところ，各世代は過去に関する自らの歴史を書き，自らの集合的
記憶を生み出す。何百万もの若いアメリカ人にとって，ジョン・F・ケネディ
大統領暗殺に対する彼らの見方は，映画監督オリバー・ストーン〔1991年『JFK』
を監督〕が提起した議題によって形成されている。そして，こうした若者が，
リチャード・ニクソン大統領を辞職に追い込んだウォーターゲートスキャンダ
ルに対して抱くイメージの中では，俳優ロバート・レッドフォードが「ワシン
トンポスト」記者ボブ・ウッドワードになっている〔映画『大統領の陰謀』(邦題)
1976年〕。

　歴史としての過去にさらに立ち戻るならば，マスメディアの説話――この
場合，選択された過去の出来事に関する映画やニュースメディアの特集番組だ
けでなく，一般向けの本や学校教科書も含まれる――は，公衆議題にさらに
大きな影響を与える。これは第1レベルの議題設定――過去のどの出来事が
非常に顕出的になるか――とともに，第2レベルの議題設定――こうした出
来事の特定の側面や詳細のうち，われわれの記憶の中で何が突出するか――
についても言える。「メディアは物語をどう語るかを心得ている。そして，伝
統的な記憶の語り部よりもずっとうまく伝説を作ることができる」。イスラエ
ルの研究者ヨラム・ペリはそう述べる。

　メディアのこうした能力に関する特筆すべき事例は，イスラエルの建国60
周年記念において見られる。2回の時系列調査で全国的な代表サンプルに対し
て，過去100年間でイスラエルと世界において最も重要と考えられる2つの出
来事を挙げるよう求めた。また，主要な新聞とテレビチャンネルの内容分析で，
メディアの歴史的議題についても測定した。1回目の調査は日常の規則的な報

道が行われた時期に1週間かけて実施されたが，2回目の調査は60周年記念式典直後に実施されたものであり，この間に言及された出来事の数は5倍に増加した。そしてメディア議題と公衆議題との対応は，1回目の調査の時点では+0.62であったが，2回目の調査時点では+0.83に増大した。最も重要なことは，メディア報道に合わせるかのように，国際的な出来事やイスラエル国内での小さな出来事への言及が減少し，イスラエル国内での主要な出来事への言及が6倍以上に増えたのである。

　過去のイメージから同時代のイメージへと話を移すと，2004年に実施された調査では，ドイツやトルコ，北朝鮮など世界9ヵ国に対する米国人と英国人の意見は新聞報道に影響されていた。[＊18] 米国と英国それぞれの結果は非常に類似していた。新聞報道のトーンと100点満点の感情温度計で測定された世論との間には両国とも高い一致が見られた。米国では+0.72，英国の場合には+0.73であった。肯定的な報道と否定的な報道とを分離しての分析も，米国では類似のパターンを示した。すなわち，世論と肯定的報道との間では+0.87，否定的な報道とでは+0.85である。しかし，英国では否定的な報道のインパクトのほうが強いようである。世論と否定的報道との相関は+0.84だが，肯定的な報道とでは+0.56に低下する。

　1998年，21ヵ国に関する米国のテレビネットワーク4局〔地上波3大ネットワークとCNN〕のニュースのトーンとそれらの国々に対する公衆の感情との相関は，否定的なニュース項目の場合は+0.58，肯定的な項目の場合には+0.32であった。また26ヵ国を取り上げ，国ごとの報道の総量と，それぞれの国に対して米国は死活的な利害を持っているかという質問への調査回答とを比べたところ，第1レベルの議題設定のより強い関連（+0.57）が見出された。[＊19]

　われわれの集合的記憶に関しては，学校もまた重要な議題設定機関である。学校教科書を内容分析すれば，社会が強調したり無視したりしたいと望んでいる過去の諸側面を特定できる。われわれが関心を持つ現象はここでもまた，ひとつの議題から別の議題への顕出性の転移である。すなわち，学校の教科書やカリキュラムで過去はどのように記憶されるべきかに関して教育者や公共的議

論が果たすべきものとして，少なくとも暗黙裡には認められることがある役割である。もちろん，学校が影響を及ぼす文化的・個人的議題は唯一集合的記憶だけというわけではない。スペインでは，大学の教室で未来のジャーナリストを教育する際に重要な位置を占める専門職業的価値の議題がどう伝達されるかに関して，議題設定理論を応用した独創的な研究が行われた。[20]

● 他の文化的議題

「何が新しくて重要かというわれわれの文化的意味づけ —— われわれの文化的議題 —— は，テレビで何をやっているかに主に由来する」。そう述べるのはローレンス・ウェナーである。[21] そして今日，テレビが世界規模で伝える議題の重要な部分を占めているのが，プロフェッショナルスポーツである。こうしたテレビの議題が生み出しうる効果の最たる例は，米国でここ数十年の間にプロバスケットボールの人気が急上昇したことであろう。『究極のアシスト』という著作でジョン・フォルトゥナートが詳細に論じているのは，全米プロバスケットボール協会（NBA）と米国テレビネットワークとの商業的パートナーシップが，彼らの観衆を作り出すために第1レベルと第2レベルの議題設定に根ざした戦略を用いたことである。[22] 第1レベルの効果 —— NBAの試合の顕出性を高めること —— は，全国テレビ放送のスケジュールにベストのチームや選手を注意深く配置することで部分的には達成された。第2レベルの効果 —— プロバスケットボールのイメージを高めること —— は，工夫をこらした番組作りによって達成された。たとえば，選手やコーチへのインタビュー，アナウンサーによる解説，図解，プレー直後のビデオ再生など，このスポーツを面白く見せるための仕掛けの導入である。こうした戦略は功を奏した。テレビに関して，そして試合自体に関しても。1969-70年のシーズンにはNBAの14チームが574試合を行い，430万人のファンをコートサイドに引き寄せた。30年後，1999-2000年のシーズンにはNBAの29チームが1,198試合を行い，2,010万人のファンをコートサイドに引き寄せた。この同じ30年間に，NBAのテレ

ビからの収入は1シーズンあたり1,000万ドル未満から20億ドル以上に増大した。理論としての議題設定は，ビジネスプランとしての議題設定にもなりうるのである。

　新聞も個人の文化的議題に影響を及ぼすことができる。ギリシアの博物館のうちアテネの主要な新聞での視認性〔visibility：ここでは記事に取り上げられた頻度を意味する〕が高い博物館ほど，視認性が低い施設と比べ入場者数が多かった。メディアでの視認性は当月と翌月の入場者数にインパクトを与え，翌月のインパクトのほうがずっと強かった。新聞の情動的属性議題について見るならば，より好意的に言及された博物館ほど入場者数が多かった。他方，新聞で否定的に言及された施設ほど入場者数が少なかった。肯定的な記事が載ると当月とそして翌月にも肯定的な効果〔入場者数増〕が見られた。しかしながら，否定的な記事は当月よりも翌月に，否定的な効果をもたらす傾向があった。[*23]

　個人的文化的議題の別の側面 ── ワインに関する認知 ── もまた議題設定を反映している。オレゴンのワイン醸造所が主要誌・紙のワイン専門記者に送ったプレスリリースやパンフレット，テイスティングノートにおける属性議題は，受け取ったジャーナリストのオレゴンワインに関する記事に強く反映されていた（+0.67）。さらには，こうしたメディアの属性議題を，米国の5つの主要な大都市地域での消費者調査で得られたオレゴンワインに関する描写と比較すると，有意な一致度（+0.44）が見出された。[*24]

　現在の議題設定研究には相反する2つの傾向が見られる。ひとつはこれまでの章で論じた求心的な傾向で，研究者たちは主要な理論的概念についてさらに掘り下げて研究してきた。もうひとつは本章で詳述した遠心的傾向である。議題設定が新たな多様な領域へと拡張していく。議題設定理論がこのようにオリジナルな領域を離れていくことに対して，学問的正統性にこだわる多くの学者は難色を示す。にもかかわらず遠心的な方向への探究は今後も続くに違いない。1980年代前半を振り返ると，「メディアの議題を設定するのは誰か」という問題提起に応じて，それは議題設定理論の領分を超えるものだと主張する学者たちがいた。しかし，議題設定理論は新しい状況や領域でも成長し続けている。

● 概念，領域，状況

　膨大かつたえず拡張し続ける議題設定研究の文献を十分に理解するためには，また，何が研究されており，新しい研究は今後どの方向に向かうのかを把握するためには，こうした研究の焦点となる「概念 (concepts)」，「領域 (domains)」，「状況 (settings)」を区分することが役に立つ。議題設定理論の中核的な概念は客体議題，属性議題，および顕出性の議題間の転移である。そして，顕出性の転移に関する主要な随伴条件のひとつとして，オリエンテーション欲求も含まれるだろう。

　こうした理論的概念は，多くのさまざまな領域や状況で研究することができる。チャペルヒル研究に端を発し今日まで続いている議題設定研究の主要な領域は公共的問題，とくに公共的争点である。過去 10 年ほどの間に意義深い研究が生み出された，それとはかなり異なる領域群については本章で概観した。こうした市民的・文化的領域には教育制度や宗教制度から社会の過去に関する集合的記憶，今日のギリシアにおける博物館の入場者数，プロバスケットボールに対するグローバルな関心までが含まれる。

　こうした領域のそれぞれにおいて，議題設定は多くの状況で研究することができる。すなわち，議題設定理論の中核的概念の操作的定義は，多くのさまざまな領域の特定の側面に該当しうる。伝統的な公共的問題の領域では，最も研究されてきた状況は「ニュースメディア−公衆」の二者関係である。しかし，伝統的な議題設定の研究文献に見られる状況の中には，さまざまなニュースメディア相互の連関であったり，情報源とニュースメディアとの連関，個人間の会話が公衆議題に及ぼす影響なども存在する。こうした領域の他の側面としては，研究対象となる議題項目の種類（たとえば，争点か候補者か）も含まれる。最後に，議題設定理論の概念を用いてこうしたさまざまな領域を研究する試みは，世界中のきわめて多様な地理的状況で多くの時点において行われてきた。新たに登場した議題設定の文化的領域は，議題の源泉やそうした議題を構成する項目に関する無数の操作的定義を導入するものである。それらはすべて公共

マスコミュニケーションと社会 **8**章

的問題とはかけ離れた状況に置かれる。

　議題設定理論の中核的概念とその操作的定義とを区分したうえで，研究論文に見られるきわめて多様な領域や状況に注目することで，研究の過去もはっきりと捉えやすいし，新しい方向も予想しやすくなる。こうした区分は，さまざまな研究者が提起した議題設定に関するさまざまな――そしてときには混乱を招くような――定義を整序してくれるものでもある。議題設定研究のオリジナルな領域と状況を遵守し，議題設定を，メディア議題から公衆議題への争点顕出性の転移として狭く定義する人もいる。もう少し広い定義のひとつ――しばしば言及したもので，しかしまだ基本的にはオリジナルな領域と状況に準拠しているもの――は，メディア議題で突出的な要素は公衆議題でも突出的になることが多いと述べるものである。両方の定義とも正しい。しかしどちらも，今日存在している議題設定理論と研究の範囲全体をカバーするものではない。

　概念，領域，状況の間の区分を認識することで，議題設定を定義したり，広範囲の議題設定現象を理解したりするのに役立つコンテクストを手に入れることができる。領域や状況はきわめて多様であるものの，ひとつの議題から別の議題への顕出性の転移という議題設定理論の中核的原理は，節減的な理論構築に寄与する。議題設定と議題構築（agenda-building）という用語は研究文献の中で並列的に登場することもあるが，両者に基本的な差異はない。それは違いのない区別である。領域や状況がいかなるものであれ，議題設定は基本的に顕出性が議題間を転移する現象である。現代の世界には数多くの議題があり，数多くのさまざまな議題設定機関がある。しかしながら，古代ローマでユリウス・カエサルがそうであったように，現代の議題の形成において，マスメディアは同輩の中でも頭ひとつ抜きん出た存在であることが多い。

185

● 議題設定理論の持続的進化

　議題設定に関するわれわれの理論的地図が描かれ始めたのは，45年前チャペルヒルにおける研究からである。そこでは，有権者が最も重視する争点に対してニュースメディアがどう影響しているかが追究された。その後何十年をかけて，この地図は拡張され，個別的な6つの側面を持つ多面的な理論となった。これらの側面はすべて，現在に至るまで生産的な研究テーマである。他方，議題設定のアイディアは広範な国際的状況における多様な領域へと拡張された。研究が今後も議題設定過程をさらに入念に調べ，またこの過程が公共的問題というオリジナルな焦点を超えてどう応用できるかを探究し続けるならば，現在の理論的見取り図を超えた持続的な進化が見込まれるであろう。理論的な基礎に立ち戻る動きと新領域への外向きの動きとが併存することで，学術活動の興味深い議題が示されている。シャーロック・ホームズが冒険へと誘うセリフを借りるならば，こうなる。

「来たまえ，これから面白くなりそうだ（Come, the game is afoot）」

メディア議題設定と受け手の議題融合

ドナルド・L・ショー, デービッド・H・ウィーバー[*]

　われわれは日々の生活で多くの議題に直面している。これは初期文明以来ずっと言えることではあるが，しかし近年，ツイッターやフェイスブック，ユーチューブといったソーシャルメディアや，携帯電話，電子メール，そして他のメディアが利用可能になったおかげで，社会的景観が著しく拡大した。われわれはさまざまなメディアから入手した客体議題や属性議題を混ぜ合わせ，世界についてのイメージを構成する。この統合的な過程を表す用語が「議題融合（agenda-melding）」である。議題融合とは，われわれが，片や市民社会の議題や重要とみなす準拠集団の議題と，片やわれわれ自身の見解や経験との間でバランスをとり，世界に関する満足のいくイメージを作り上げるやり方である。議題融合はメディアの議題設定に取って代わるものではない。むしろ，メディアの議題設定の強さがさまざまなメディア，集団，個人間でなぜ異なるのかを説明しようとするものである。

　日刊紙や全国ネットワークのラジオ・テレビのように，広範かつ一般的な受け手へと届くメディアがある。こうしたメディアは膨大な受け手を指向する。あたかもピラミッドの頂上から眼下の広大な砂漠にいるすべての人に向かって叫ぶようなものである。こうしたメディアからのメッセージはマスオーディエンスへと降りていく，いわば「垂直的に（vertically）」流れる。対照的に，雑誌や多くのケーブルテレビの番組，トーク番組のホスト，ブログ，ウェブサイト，ツイッターの発信者などは，既知の特殊な関心――スポーツ，ファッション，政治，旅行，あるいは他のトピックへの関心――を持つ受け手を指向する。こうしたメディアは，特殊な関心を持つ受け手に対して届くという点で，ある意味「水平的（horizontal）」である。

　「垂直型メディア（vertical media）」は市民生活にとって主要なニュース議題

を提供し，「水平型メディア（horizontal media）」は垂直型議題を補うような支持的な情報や視点を供給する。政治に関して言えば，われわれはまた選好や投票履歴を持つ。これらは見えない要因として作用し，われわれが，垂直型メディアや水平型メディアから得た議題を混ぜ合わせたり融合したりして，個人的に満足のいく議題コミュニティを見出すのを助けてくれる。われわれはオリエンテーション欲求を持ち，関連性のあるトピックにまつわる不確実性を取り除く。さらにわれわれは，居心地の良い個人的な議題コミュニティを見出したい ── もしくは作り上げたい ── という欲求も持っている。

　図表 E.1 は垂直型メディアの議題と水平型メディアの議題との関係，および有権者の選好による影響も合わせて図示したものである。政治を例にとるならば，垂直型メディアと有権者との間に有意な関係を予想することができる。これは 1968 年チャペルヒル研究で見たとおりである。(*1)だが，もし測定できるとしたら，有権者と水平型メディア ── ラジオやテレビの政治番組のホスト，ツイッター，選りすぐったウェブサイト，ユーチューブ，友人，仕事仲間，そ

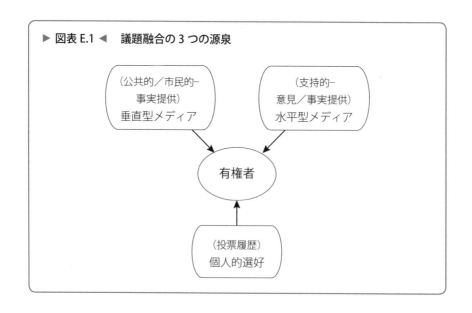

▶ 図表 E.1 ◀　議題融合の 3 つの源泉

188

エピローグ

して他の個別化した情報源など —— の議題との間にも関係があることが予想できる。こうした水平型メディアが垂直型メディアの議題を反映することもしばしばある。たとえば，保守派のラジオ司会者であるラッシュ・リンボーやリベラル派のテレビ司会者であるジョン・スチュワートは，彼らの手がかりを主要メディアから得ているように見える。

図表 E.1 を例にとれば，もし垂直型および水平型議題の両方が有権者と +1.00 で相関しているなら（そうであれば必然的に両議題同士も +1.00 で相関していることになる），有権者はメディアと完全に一致し，個人の価値観が選択を形作る余地はないことになる。このようなありえない事例の場合，垂直型および／もしくは水平型メディアの議題を参照するだけで，有権者の争点を予測することができる。しかし，垂直型メディアと水平型メディアの相関は +1.00 に達することはない。われわれは争点を選り好みするからである。われわれが持つ個人的価値観がメディアの影響を緩和する。垂直型および水平型メディアを参照するだけでは説明できない分散が，個人としてのわれわれに残っている。われわれは公共的な側を多少とも重視するかもしれないし，あるいは，支持的なコミュニティや個人の側を多少とも重視するかもしれない。しかしわれわれは，諸議題のコミュニティと自分自身の価値観との間で，バランスを保とうとするのである。

● 政治的議題融合

このモデルは，民主党候補バラク・オバマと共和党候補ジョン・マケインとが争った 2008 年大統領選挙の際にテストされた。われわれは（属性ではなく）トピック（客体）に焦点を合わせた。チャペルヒル —— 端緒となる 1968 年研究が行われた地点 —— において，選挙人名簿から，性別，年齢，民主党員か共和党員かあるいは無党派かといった点でバランスをとるよう努めながら，有権者のサンプルを抽出した。

研究は，詳細なインタビューにもとづくフィールド実験として設計された。[*2]

189

オリジナルな1968年研究では100人の有権者に対し個別面接調査を実施した。40年後，若い有権者を電話でつかまえてインタビューするのは，なかなか容易ではないことが分かった。2008年〔6月から8月上旬にかけて〕，われわれが詳細にインタビューできた有権者は70人だった。うち32人は民主党員，19人は共和党員，そして19人は無党派として有権者登録をしていた。また，男性は41人，女性は29人，40歳以上は47人，40歳未満は23人であった。全員が5月の予備選挙で投票しており，選挙への関心が高い有権者である。インタビューでは，重要と考える争点，候補者選好，利用したメディアを始めとする，さまざまな質問を用意した。回答者ごとに1時間ほどかけたインタビューの結果は，逐語的に文字起こしされた。

アトラスIという，テキストをコード化するプログラムを用いて，各人の回答記録を検索し，全主要争点への言及，メディアの利用，候補者選好（意中の人がいる場合）や他のデータを抽出した。こうしたキーワードを用いて政治コミュニケーションのさまざまなカテゴリーを定義したが，われわれの3人のコーダー間の一致度は80％台であった。2008年チャペルヒルのこれら有権者は，全部で18の争点に言及した（うち14の争点は，垂直型や水平型メディアでも言及された）。われわれは14の争点を今回の分析に用いた。

今回の報告では，5つのテレビニュース番組——ABC，NBC，CBS，CNN，FOXニュース——から得たデータを総合したものを用いる。これらのテレビネットワークで，党全国大会に先立つ，6月から8月上旬の9週間に放送された夕方の定時ニュース番組約18本をサンプルとして抽出した。1968年とは異なり，本研究は，投票日前の短期間ではなく，政治的意見が徐々に形成されていく一定の期間に焦点を合わせた。

同じくアトラスIプログラムを使い，これらの番組を分析のため記録した。われわれはこれら5つのメディアを垂直型とみなした。いずれも主にキャンペーンイベントや争点に焦点を当てている。各局の番組は相互に強く関連していた。こうした垂直型メディアから，われわれは争点をコード化した。コーダー間の一致度は，インタビュー記録を処理したときと同程度であった。

エピローグ

　さらに同じ 9 週間に放送された，水平型で支持的なメディア —— 意見や娯楽を提供するもの —— の番組についてもサンプルを抽出し記録した。1968 年の頃は水平型メディアをあえて取り上げ研究することはなかった。2008 年に水平型メディアに含めたものは次のとおりである〔肩書き・立ち位置は当時のもの〕。ラッシュ・リンボー〔トークラジオ番組司会者，保守派〕，ステファニー・ミラー〔トークラジオ番組司会者，リベラル派〕，ジョン・スチュワート〔コメディアン，テレビのニュース風刺番組司会者，リベラル派〕，スティーブン・コルベア〔コメディアン，テレビのニュース風刺番組司会者，リベラル派〕，ロン・サベージ〔テレビニュース番組のアンカー兼記者，保守派 (2017 年死亡)〕，エド・シュルツ〔トークラジオ番組司会者，リベラル派〕。これらは垂直型メディアの場合ほどには相互に強く関連していなかった，われわれはこれらのオピニオンメディアを総合し，水平型議題とした。水平型メディアでは，有権者やテレビが言及していたのと同じ争点が取り上げられていた。

　1968 年には，調査した投票意図未決定の有権者 100 人の議題は，印刷・放送メディアの議題と +0.97 という相関でよく一致していた。40 年後に調査した選挙関心の高い有権者 70 人の議題は，垂直型である放送ニュース番組の議題と +0.87 という一致度を示した。水平型メディアとの一致度は +0.39 であった (2008 年調査での垂直型メディアと水平型メディアの一致度は +0.52 である)。14 の争点 —— 3 つのプラットフォームを通して言及されていたもの —— を用いて，有権者が垂直型メディアと水平型メディアをどう使っていたかを比較することができる。垂直型メディアと水平型メディア両方との有権者の相関が得られているので，われわれは「残余の」分散も計算することができる。

　われわれの公式は次のとおりである。

ACA（Agenda Communiti Attraction：議題コミュニティの牽引力）
　= （垂直型議題との相関）^{2} + （水平型メディアとの相関）^{2}
　　+ （残余の個人的分散） = 2.00

▶ 図表 E.2 ◀　　議題コミュニティの牽引力

	〔市民的〕		〔支持的〕		二乗値	〔個人的〕
	垂直型	二乗	水平型	二乗	合 計	残 余
全有権者 (70)	0.87	0.76	0.39	0.15	0.91	1.09
民主党員 (32)	0.84	0.71	0.32	0.10	0.81	1.19
共和党員 (19)	0.92	0.85	0.46	0.21	1.06	0.94
無党派 (19)	0.82	0.67	0.39	0.15	0.82	1.18

まれな事例として，もし垂直型メディアと水平型メディアの両方と有権者との一致度がそれぞれ +1.00 になったとしたら，有権者には分散は残されていない。**図表 E.2** は有権者間で見られる差異を表示している。

　こうした知見は，異なる政党のメンバー（支持者）が，垂直型議題と水平型議題とを異なるやり方で融合していることを示唆している。3つの有権者集団が 14 の争点をそれぞれどう順位づけしているかを分析したところ，各争点の分布が有意に異なることが分かった。対照的に，男性と女性とでは，垂直型メディアと水平型メディアの使い方は有意に異なってはいなかった。しかしながら，2008 年有権者が融合した議題コミュニティの観点から言うと，40 歳以上の有権者は垂直型メディアをどちらかというと好み，それより若い有権者は水平型メディアをどちらかというと好んだ。政治的選好と同様，メディア利用習慣もまた，ここで言う議題コミュニティの形成に寄与している。

●コミュニティ議題融合への欲求

　ウィーバーは 1972 年大統領選挙の際に，選挙キャンペーンに対して高い関心と高い不確実性を抱いた有権者が，オリエンテーション欲求を感じることを発見した。(＊3)この理論的先例に従うならば，2008 年研究におけるわれわれの公式を次のような方程式に書き換えることができる。

2.00 − (個人的分散) = (垂直型メディアの分散) + (水平型メディアの分散)

この場合，書き換えた結果は**図表 E.3** のような形で示される。

　共和党員は，ソーシャルな〔水平型メディアの〕議題に所属したいという欲求が相対的に強いようである。垂直型と水平型コミュニティ議題とを比べると，民主党員はコミュニティ議題の混合において水平型に対する垂直型の比率が他よりも高い (0.71/0.10=7.1)。他方，共和党員や無党派は，垂直型コミュニティへの欲求が，相対的に言って弱い（共和党員：0.85/0.21=4.0；無党派：0.67/0.16=4.2)。民主党員は外部〔水平型〕コミュニティを追求する傾向が最も弱いので，垂直型議題が水平型議題に対して7対1の比率で優位に立っている。無党派も，外部の支持的集団に対する欲求のレベルは民主党員と似ているが，しかし，垂直型議題と水平型議題の比率は4対1である。共和党員は自分の立場への支持を求める欲求が最も強く，垂直型議題と水平型議題の比率は，無党派と同様，4対1となる。

　以下のような予測を立てることができよう。

- もし市民が公共的争点について強い関心と高い不確実性を抱くならば，彼らはオリエンテーション欲求を感じ，しかるべきメディアから情報を追求するだろう。
- もし市民が公共的なコミュニティにおける自分たちの立場について強い関心と高い不確実性を抱くならば，彼らは社会的平衡 (social balancing)

▶ **図表 E.3** ◀　　**議題コミュニティの平衡を追求する**

	個人的		垂直型		水平型
民主党員 (32)	2.00 − 1.19	= 0.71	+	0.10
共和党員 (19)	2.00 − 0.94	= 0.85	+	0.21
無 党 派 (19)	2.00 − 1.18	= 0.67	+	0.15

への欲求を感じ，市民的コミュニティ議題と支持的コミュニティ議題と
を融合させ，個人的に満足のいくコミュニティのイメージを形成するだ
ろう。

議題融合の概念は，市民生活におけるコミュニケーションの役割を理解するた
めの新しい道を開くものである。

注

序

(1) *New York Times,* 8 March 2000, p. A3.

(2) Polly Toynbee, 'Press ganged', *Guardian,* 21 May 2003.

(3) *New York Times,* 26 February 2001, p. C15.

(4) Frankel (1999), pp. 414-15.

(5) White (1973), p. 327.

(6) McCombs and Shaw (1972). この研究の初期の歴史を記しておくことは，新しい理論的視点を提起しようとする研究者にとって役に立つだろう。1968年の選挙から数カ月後，マコームズとショーはジャーナリズム教育学会 (AEJ) の年次大会発表に応募するため論文を送った。それは後に『パブリックオピニオンクォータリー (*POQ*)』に掲載されることになる論文である。しかし，この論文は AEJ ではあっさりと不採択になった。選挙から 1972年 *POQ* での発表まで 4 年間のギャップがあるのはこのためである。

(7) 「議題設定」という言葉は，*POQ* の 1972年夏号に発表されるオリジナル論文を匿名で査読した研究者によって示唆されたものだ，という見解を表明している学者がいる。しかし，それは事実に反する。1969年 6 月に全米放送事業者協会に提出したマコームズとショーの報告書の第 I 部には「マスメディアの議題設定機能」というタイトルがすでに付けられていた。報告書全体のタイトルは「政治情報の獲得」である。この下書き的な報告書の改訂版を *POQ* に投稿したのは数年経ってからである。議題設定という言葉は匿名の査読者が作ったものだという見解は Stevenson, Bohme and Nikel (2001) に見られる。「この言葉それ自体は——おそらくはオリジナルな学術誌論文の匿名査読者が示唆したものであろうが——いくつかの言語ではなじみ深いもので，ほとんど翻訳するまでもないものであった」(p. 29)。

(8) McCombs and Zhu (1995)。また，Smith (1980) およびその追跡的分析である Smith (1985) も参照のこと。

(9) この比喩的な比較を示唆してくれたジョン・パブリックに感謝したい。2003年 9 月 12 日，ドイツのボンで本書の初版について会話をしたときのことであった。

(10) デービッド・ウィーバーは，端緒となった 1968年チャペルヒル研究の直後にノースカロライナ大学大学院に入学したが，議題設定理論の発展にとって，すぐさま主要な役割を果たすようになった。1972年米大統領選調査では大学院生として大きな貢献を成したが，それは 4 章で詳述される。また，1976年米大統領選調査におけるインディアナ大学教員としての貢献については 1 章で触れる。その後の他の多

くの貢献に関しては他の章に記してある。

(11)　Dearing and Rogers (1996).

(12)　Blumler and Kavanagh (1999), p.225.

(13)　Gurevitch and Blumler (1990).

(14)　Bettag (2000): 105.

(15)　Merritt and McCombs (2003).

1章　世論への影響

(1)　Lippmann (1922), p.29.

(2)　Park (1940).

(3)　Cohen (1963), p.13.

(4)　Lippmann (1922), p.3.

(5)　同上，p.4.

(6)　Lazarsfeld, Berelson and Gaudet (1944).

(7)　Klapper (1960).

(8)　McCombs and Shaw (1972).

(9)　Klapper (1960), chapter II.

(10)　Dearing and Rogers (1996).

(11)　Presser (2011). 詳細は表2 (p.843) に。また，チャペルヒル研究が引用される
　　背景的事情については，Neuman and Guggenheim (2011). とくに p.180 を参照。

(12)　Shaw and McCombs (1977).

(13)　Weaver, Graber, McCombs and Eyal (1981).

(14)　Winter and Eyal (1981).

(15)　Soroka (2001).

(16)　Brosius and Kepplinger (1990).

(17)　Eaton (1989).

(18)　Smith (1987).

(19)　Canel, Llamas and Rey (1996).

(20)　Takeshita (1993).

(21)　Lennon (1998).

(22)　de Pereson (2002).

(23)　McCombs and Shaw (1972).

(24)　Shaw and McCombs (1977).

(25)　Weaver et al. (1981).

(26)　Winter and Eyal (1981).

(27) Eaton (1989).

(28) Brosius and Kepplinger (1990).

(29) Smith (1987).

(30) Iyengar and Kinder (1987).

(31) Althaus and Tewksbury (2002), p.199.

(32) Conway and Patterson (2008).

(33) Ku, Kaid and Pfau (2003).

(34) Wang (2000).

(35) Martin (2014).

(36) Conway and Patterson (2008); Althaus and Tewksbury (2002).

(37) Song (2007).

(38) Chaffee and Metzger (2001).

(39) Tan and Weaver (2013).

(40) Coleman and McCombs (2007).

(41) Lee and Coleman (2014).

(42) Boczkowski (2010).

(43) McCombs (2012).

(44) Webster and Ksiazek (2012), p.39.

(45) Lazarsfeld et al. (1944), p.122.

(46) McCombs, Lopez-Escobar and Llamas (2000).

(47) Coleman and McCombs (2007), p.503.

(48) Stromback and Kiousis (2010), p.288. 強調は原著者。

(49) Chaffee and Wilson (1977). 次の論文も参照。Jochen and de Vreese (2003).

(50) 経験的な議題設定研究に関するメタ分析によると，相関の平均値は +0.53 であ り，多くの結果は +0.47 〜 +0.59 の幅に収まっていた。次の文献を参照。Wanta and Ghanem (2006).

(51) たとえば次を参照。Cao (2010); Glynn, Huge, Reineke, Hardy and Shanahan (2007).

(52) Gamson (1992).

(53) Mayer (1992).

2章　現実とニュース

(1) Funkhouser (1973).

(2) 同上，p.72.

(3) Kepplinger and Roth (1979).

(4)　McCombs, Einsiedel and Weaver (1991), pp.43-5. 次も参照。Shoemaker (1989).
とくにこの編著の中でも，Reese and Danielian, pp.29-46; Danielian and Reese, pp.
47-66; Shoemaker, Wanta and Leggett, pp.67-80 を参照されたい。

(5)　Gonzenbach (1996). 薬物問題に関するこの時系列的分析は，伝統的なメディア
議題 – 公衆議題間の分析に政策議題を付け加えた。証拠の大部分は，メディアと
公衆間の顕出性の主たる伝達はメディアから公衆への方向であることを示唆してい
る。しかし，政策議題とメディア議題との間の影響の流れに関しては，かなりの変
動が見られた。Dearing and Rogers (1996) が指摘していることだが，政策議題に
関するほとんどの研究は，本書で論じられているようなメディア中心型議題設定理
論とは独立して展開されてきた。

(6)　Downs (1972).

(7)　Ghanem (1996). ニュース報道のパターンと犯罪統計に示される現実との乖離を
テキサスにおいて調べたガーネムの研究は，全国的状況を縮図化した小宇宙とでも
いうべきものである。類似の全国的状況については次を参照。Morin (1994); Lowry,
Ching, Nio and Leitner (2003).

(8)　Gordon and Heath (1981). 抜粋は次の編著に再掲されている。Protess and
McCombs (1991), pp.71-4. ニュース報道と現実とが乖離する別の例——この場合に
は，テレビのローカルニュースと異なる 19 の米国コミュニティにおける犯罪の生起
——は Hamilton (1998) で紹介されている。

(9)　Gerbner, Gross, Morgan, Signorielli and Shanahan (1994). 次も参照。Holbrook
and Hill (2005).

(10)　Gross and Aday (2003).

(11)　'The statistical shark', *New York Times*, 6 September 2001, p.A26.

(12)　Ader (1995).

(13)　Downs (1972).

(14)　Henry and Gordon (2001).

(15)　個人の争点議題を検討した優れた研究例として，McLeod, Becker and Byrnes
(1974).

(16)　注意をもとにした研究を多数引用した研究として，Wanta (1997).

(17)　Stromback and Kiousis (2010), p.288.

(18)　Merritt (1966).

(19)　Nord (1981).

(20)　同上，p.570.

(21)　Folkerts (1983), p.29.

(22)　Funkhouser (1973).

(23)　Winter and Eyal (1981).

(24)　Caudill (1997), p.179.

(25)　同上，p.181.

(26)　Blumler and Kavanagh (1999).

(27)　Safire (2002).

3章　われわれの頭の中のイメージ

(1)　Lippmann (1922).

(2)　McCombs and Shaw (1972).

(3)　McCombs (1992).

(4)　Caspi (1982).

(5)　McGuire (1989).

(6)　*New York Times*, 1 November 2002, p. A28.

(7)　Cohen (1963), p.13.

(8)　Swanson and Mancini (1996).

(9)　McCombs (1994); McCombs and Evatt (1995).

(10)　Becker and McCombs (1978).

(11)　Weaver, Graber, McCombs and Eyal. (1981).

(12)　McCombs, Lopez-Escobar and Llamas (2000).

(13)　Berganza and Martin (1997); Sanchez-Aranda, Canel and Llamas (1997).

(14)　Coleman and Banning (2006).

(15)　同上，p.321. 映像から得られる情動的議題設定効果に関するこうした分析をさ
らに拡張して，コールマンとウーは，「感性としての情動」と「肯定的・否定的認知
的評価としての情動」の理論的区別を導入した。テレビニュースにおけるブッシュ
やゴアの非言語的行動に関する彼らの測度と，候補者特性に対する公衆に認知的評
価および候補者に対する公衆の肯定的な感性的反応との間には有意な関連は見られ
なかった。だが，公衆の否定的な感性的反応の場合には有意な関連が見られた。次
の文献を参照。Coleman and Wu (2010).

(16)　King (1997).

(17)　Lopez-Escobar, Llamas and McCombs (1996). 次 も 参 照。McCombs, Llamas,
Lopez-Escobar and Rey (1997).

(18)　Kiousis, Bantimaroudis and Ban (1999).

(19)　Takeshita and Mikami (1995).

(20)　Benton and Frazier (1976).

(21)　Mikami, Takeshita, Nakada and Kawabata (1995).

199

(22) Salwen (1988).

(23) McCombs and Smith (1969).

(24) Ghanem (1997).

(25) Ghanem (1996).

(26) Jasperson, Shah, Watts, Faber and Fan (1998); Fan, Keltner and Wyatt (2002).

(27) Schoenbach and Semetko (1992).

(28) Birkland (1997).

(29) Váně and Kalvas (2012).

(30) Kiousis (2005).

(31) Neuman, Just and Crigler (1992).

(32) Neuman, Just and Crigler (1992) で報告されたデータにもとづく，マコームズのオリジナルな分析。

(33) Son and Weaver (2006).

(34) McCombs and Guo (2014).

(35) Guo and McCombs (2011). ネットワーク議題設定という新しいアイディアを生み出すうえで，著者らはクレイグ・キャロルとサンス・バンから影響を受けた。

(36) Kim and McCombs (2007).

(37) Vu, Guo and McCombs (2012).

(38) Lazarsfeld and Merton (1948).

(39) Lippmann (1922); Nimmo and Savage (1976).

(40) Shoemaker and Vos (2009).

(41) Gerbner, Gross, Morgan, Signorielli and Shanahan (1994).

(42) 次も参照。Gordon and Heath (1981).

(43) Noelle-Neumann (1993).

(44) McCombs and Weaver (1985).

(45) Miller, Andsager and Riechert (1998). ここで報告した相関は，2000 年春学期にテキサス大学オースティン校におけるマコームズのセミナーで算出したものである。

(46) Takeshita (2002).

(47) Edelstein, Ito and Kepplinger (1989). この本の著者たちは，問題状況概念とフレーミングとを明示的に関連づけてはいないが，後にサルマ・ガーネムは両者を関連づけることが有用だと指摘している。Ghanem (1997), p.13.

(48) Entman (1993), p.52.

(49) Kahneman and Tversky (1984).

(50) Price and Tewksbury (1997); Scheufele (2000).

(51) Higgins (1996).

(52) Nelson, Clawson and Oxley (1997); Miller (2007).

(53) Kim, Scheufele and Shanahan (2002), pp.16-17.

(54) McGuire (1989). マスメディアの主要な効果が既存の視点の補強なのか，それとも新しい視点の創造なのかについては，いまだ論争が続いている。議題設定における第1レベルと第2レベルの区別は，この論争に関連する。とくにそれがはっきりするのは，心理的関連性の2側面としての顕出性と適切性（pertinence）という観点からメディア効果を論じるカーターの所説と合わせて考えた場合である。

「もし価値の顕出性の側面に関する証拠を探しているのなら，たぶん価値の補強を見出すことができよう。他方，もし個人が環境内の諸要素に諸価値を割り当てることで自らの認知的環境を構築するやり方を調べようとするならば，価値の適切性の側面に関する情報処理に着目せざるをえない。かくして，こうした区別をすることで，一見パラドックスに見えるものは解消できるのではなかろうか」(Carter, 1965, p. 207)．

(55) Baumgartner and Jones (1993).

(56) メディア効果はかなり限定されているという，このような見方を提起している最もよく知られた本の1冊がKlapper (1960)である。

4章　議題設定はなぜ生じるか

(1) Shoemaker (1996).

(2) Weaver (1977); Weaver (1980). Westley and Barrow (1959); McCombs (1967); Mueller (1970).

(3) Tolman (1932); Tolman (1948); McGuire (1974).

(4) Lane (1959), p.12.

(5) Merritt and McCombs (2003), chapter 6. また次も参照。Schudson (1998), pp. 310-11.

(6) 次の論文では，この事件で議題設定が作用しなかった理由を詳細に説明するためオリエンテーション欲求の概念を用いたのに加えて，3章の主題である議題設定理論の他の2つの側面——強力論点の概念および属性型議題設定とフレーミングとの収斂——についても言及している。Yioutas and Segvic (2003).

(7) Weaver (1977), p.112.

(8) Poindexter, McCombs, Smith and others (2002).

(9) Weaver (1977), pp.113, 115.

(10) Takeshita (1993).

(11) McCombs and Shaw (1972).

(12) Weaver and McCombs (1978).

(13) Cohen (1975).

(14) Evatt and Ghanem (2001).

(15) Bouza (2004), p.250 (強調は引用者).

(16) McCombs (1999).

(17) Inglehart (1990).

(18) Valenzuela (2011).

(19) Miller (2007).

(20) Matthes (2006).

(21) Matthes (2008).

(22) Chernov, Valenzuela and McCombs (2011).

(23) Zucker (1978).

(24) Winter, Eyal and Rogers (1982).

(25) Zucker (1978).

(26) Smith (1987), p.13.

(27) Weaver, Graber, McCombs and Eyal (1981).

(28) Blood (1981).

(29) 失業問題が，とくに全国的争点として見た場合，間接経験的性質を帯びることに関する追加的な証拠は次の論文を参照。Shaw and Slater (1988).

(30) Blood (1980).これは Patterson (1980) で最初に報告されたデータの二次分析である.

(31) Einsiedel, Salomone and Schneider (1984); Lasorsa and Wanta (1990).

(32) Noelle-Neumann (1985).次も参照。Erbring, Goldenberg and Miller (1980).

(33) Lasorsa and Wanta (1990).

(34) Yang and Stone (2003).

(35) Winter (1981); Gumpert and Cathcart (1986).

(36) 会話の補強的役割に関する事例は Wanta (1997), p.59 を参照。この研究では，議題設定過程における会話の役割はメディア接触の役割よりも強かった。ニュースメディアが主導因となるような違った視点に関しては，フランスの社会学者ガブリエル・タルドの意見形成モデルが参考になる。次の論文で議論されている。Herbst (1999), とくに pp.201-4; および Kim, Wyatt and Katz (1999).

(37) Roberts, Wanta and Dzwo (2002).

(38) Atwater, Salwen and Anderson (1985).

(39) オリエンテーション欲求が明示的に測定されてはいないが，片やメディアで大きく取り上げられた争点の公衆の側での顕出性と，片や対人コミュニケーション

やメディア接触の頻度との間に強い正の連関が見出された研究として，Wanta and Wu (1992). また，次の論文も参照。Weaver, Zhu and Willnat (1992).

(40) Wanta and Wu (1992) によれば，メディア議題上で高い顕出性を欠いていた争点が個人にとって顕出的となる場合には，ひとり対人コミュニケーション〔の頻度〕だけがそれと関連していた。

(41) オリエンテーション欲求と別のコミュニケーション理論である「沈黙のらせん」との連関に関する議論は，McCombs and Weaver (1985) を参照。

(42) 次の論文も参照。Blumler (1979).

5章　議題設定はどのように作用するか

(1) こうしたシステム的視点から導かれる重要な推論は，ニュース報道だけでは議題設定効果を生み出すに十分ではない，ということである。欧州統合問題に焦点を合わせ，1999 年欧州議会議員選挙キャンペーンのニュース報道と全 EU 加盟国で実施された選挙後の調査結果とが比較された。EU に関する報道が増えれば，欧州統合問題の重要性の認知が自動的に高まるわけではなかった。政治エリートの間で欧州統合に関する意見が分かれている国では，国民が EU に関するニュースを多く見れば見るほど，彼らは欧州統合問題をより重視する傾向が見られた。政治エリートの間で欧州統合問題について合意の度合いが高い国では，こうした効果は起きなかった。Jochen (2003).

(2) King (1997).

(3) Miller (1956).

(4) Neuman (1990).

(5) Tan and Weaver (2013).

(6) Zhu (1992).

(7) Smith (1980).

(8) McCombs and Zhu (1995).

(9) Popkin (1991), p.36 （強調は原著者）

(10) 同上，p.43.

(11) McCombs and Zhu (1995).

(12) Wanta (1997), pp.22-4.

(13) P・E・コンバースの言葉。Zhu with Boroson (1997), p.71 からの引用。コンバースが述べた「概念的洗練性」をさらに入念に検討した最近の研究知見として，候補者イメージに対するメディアの属性型議題設定効果は政治的洗練性に媒介されている，というものがある。すなわち，洗練度の高い市民はメディアによく接触するにもかかわらずあまり影響されない。洗練度が中程度の市民が——メディアの政治的

203

メッセージに接触するに十分な関心を有しており——最も大きな影響を受ける。Ha（2011）を参照。

(14) MacKuen（1981）. 特定の公共的争点に対する個人の関与に影響を及ぼす条件について，追加的な議論と証拠を示しものとして次を参照。Erbring, Goldenberg, and Miller（1980）.

(15) Zhu with Boroson（1997）.

(16) 同上，p.82（強調は原著者）.

(17) Takeshita（2006）. この区別は，広く言及される「精緻化見込みモデル」とも整合的である. Petty and Cacioppo（1986）.

(18) Bulkow, Urban and Schweiger（2013）.

(19) 同上，p.59.

(20) Pingree, Quenette, Tchernev and Dickinson（2013）; Pingree and Stoycheff（2013）.

(21) Weaver（1980）.

(22) Camaj（2012）.

(23) Ha（2011）でも議題設定効果の曲線的パターンに関する議論がなされていた。

(24) Stroud（2011）.

(25) Winter and Eyal（1981）.

(26) Zucker（1978）.

(27) Salwen（1988）.

(28) Roberts, Wanta and Dzwo（2002）.

(29) Wanta and Hu（1994）.

(30) Stone and McCombs（1981）.

(31) 議題設定効果の減衰における似たようなばらつきは次の文献でも発見された。Watt, Mazza and Synder（1993）.

(32) Salwen and Stacks（1994）および Bryant and Zillmann（1994）.

(33) Eyal, Winter and DeGeorge（1981）.

(34) Zhu（1992）.

(35) Kosicki（1993）.

(36) McCombs and Zhu（1995）. 次も参照。Smith（1980）. 議題設定研究の中には，ギャラップの MIP 質問をそのままのワーディングで用いるのではなく，言い換えているものもある。

(37) Min, Ghanem and Evatt（2007）.

(38) Althaus and Tewksbury（2002）.

(39) Wang（2000）.

注

(40) Evatt and Ghanem (2001).

(41) Einsiedel, Salomone and Schneider (1984).

(42) Cohen (1975).

(43) Weaver, Graber, McCombs and Eyal (1981).

(44) Kiousis and McCombs (2004).

(45) Kim, Scheufele and Shanahan (2002).

(46) Hester and Gibson (2007).

(47) Young and Soroka (2012).

6章　議題設定の帰結

(1) Shaw (1979), p.101. 研究のきわめて初期にこの領域を探究した創造的な研究例
として，Becker (1977).

(2) Klapper (1960).

(3) Hovland, Janis and Kelley (1953). 次も参照。Maccoby (1963).

(4) Iyengar and Kinder (1987), p.63. この本で報告された証拠はテレビニュースのみ
に関するものだが，カッコ書きの言葉（他のニュースメディアと同様に）が挿入され
ている理由は，どのニュースメディアも公職者の仕事ぶりに関する判断をプライミ
ングしうるという，かなりの証拠が存在するからである。

(5) Popkin (1991).

(6) ヒューリスティックな情報処理に関する古典的な研究は，Tversky and
Kahneman (1973).

(7) Iyengar and Kinder (1987), 7〜11章.

(8) Krosnick and Kinder (1990).

(9) 同上，p.505. さまざまな全米選挙研究にもとづくプライミングの別の証拠として
は次を参照。Krosnick and Brannon (1993); Iyengar and Simon (1997).

(10) Willnat and Zhu (1996).

(11) Hopmann, Vliegenthart, de Vreese and Albaek (2010).

(12) Iyengar and Simon (1997), p.250.

(13) 追加的な議論としては，Willnat (1997).

(14) Comstock and Scharrer (1999).

(15) Iyengar and Simon (1997).

(16) Baumgartner and Jones (1993).

(17) Kepplinger, Donsbach, Brosius and Staab (1989).

(18) Shaw (1999).

(19) Lopez-Escobar, McCombs and Tolsá (2007).

205

(20) Kim and McCombs (2007).

(21) Balmas and Sheafer (2010).

(22) Sheafer (2007). 次も参照。Sheafer and Weimann (2005).

(23) Lee (2010).

(24) Erbring, Goldenberg and Miller (1980).

(25) Blood and Phillips (1997). 次も参照。Hester and Gibson (2003).

(26) Blood and Phillips (1997), p.107.

(27) Kiousis (2011).

(28) Kiousis and McCombs (2004).

(29) Stroud and Kenski (2007).

(30) Rossler and Schenk (2000).

(31) *Philadelphia Inquirer*, 27 December 1996: A1 and 18.

(32) *New York Times*, 17 January 1989, p.22. 国際的に見ると, Population Communications International という NPO は, 世界中の途上国で, 家族計画, エイズ予防, 性差別撤退などさまざまな社会的テーマに関するテレビドラマの制作を支援してきた。(Graber, 2001, p.127).

(33) Trumbo (2012).

(34) Ma, Schaffner, Colmenares, Howser, Jones and Poehling (2006).

(35) シラキューズ大学のマコームズのコミュニケーション理論の授業で, アレクサンダー・ブログが行った分析. この研究は次の報告書に掲載されている。Maxwell McCombs and Donald Shaw, 'A Progress report on agenda-setting research', paper presented to the Association for Education in Journalism in Journalizm, San Diego, CA, 1974.

(36) Roberts (1992).

(37) Petrocik (1996). 次も参照。Petrocik, Benoit and Hansen (2003).

(38) Puglisi (2003).

(39) Roberts, Anderson and McCombs (1994).

(40) Sutherland and Galloway (1981); Ghorpade (1986).

(41) Stevenson, Bohme and Nickel (2001).

(42) Ogawa (2001).

(43) ニュース報道量の変動と, 選挙ニュースに関して人々が会話したり思考したりする程度との対応に関する付加的な証拠は次を参照。Patterson (2002).

(44) Weaver (1991).

(45) Kieffer (1983).

(46) Carroll (2011). 次も参照。Meijer and Kleinnijenhuis (2006); Carroll (2010).

(47) Kiousis, Popescu and Mitrook (2007).

(48) 第3レベルの議題設定——ネットワーク分析によって定義されるもの——の
ルーツは次の文献に見られる。Carroll (2004).

(49) Callison (2003).

(50) Ragas (2012); Ohl, Pincus, Rimmer and Harison (1995).

7章　メディア議題の形成

(1) Shoemaker and Reese (1991). この芯に近い層——ジャーナリストの個人的状況
——に関するドイツでの追加的な分析として次を参照。Peiser (2000).

(2) この領域の膨大な文献の中でよく引用される古典的研究として, Breed (1955);
Tuchman (1976); Gans (1979).

(3) Gilberg, Eyal, McCombs and Nicholas (1980).

(4) McCombs, Gilberg and Eyal (1982).

(5) Johnson and Wanta with Byrd and Lee (1995).

(6) Wanta, Stephenson, Turk and McCombs (1989). 大統領の記者会見や演説が国の
議題に影響を及ぼす証拠に関しては, Kiousis and Stromback (2010).

(7) Gonzenbach (1996); Wanta and Foote (1994). Wanta (1997)の7章では, こうし
た一般教書演説の分析を拡張し, 公衆議題へのインパクトも検討している。4つの
争点群——大統領は強調したがニュースメディアは強調しなかった争点群, メディ
アだけが強調した争点群, 大統領とメディアの両方が強調した争点群, 両方とも強
調しなかった争点群——を巧みに比較することで, 次のことを発見した。すなわち,
ニュースメディアへの接触——テレビで実際の一般教書演説に接触することではな
く——が, 全部の争点の顕出性に関する主要な予測因であった（ただし, 大統領だ
けが強調した争点群は除く）。大統領とメディアの両方が強調した争点の場合, メ
ディア接触だけが有意な予測因であった。これは, 大統領の権威よりもメディア議
題の冗長性のほうが影響が強いことを示唆している。

(8) Cobb and Elder (1972).

(9) Dearing and Rogers (1996).

(10) Merritt (1998), chapter 9.

(11) Nelson (1984).

(12) Brewer and McCombs (1996).

(13) Protess, Cook, Doppelt, Ettema, Gordon, Leff and Miller (1991). 次も参照。Protess
and McCombs (1991), とくに part IV.

(14) Rogers, Dearing and Chang (1991).

(15) Trumbo (1995).

207

(16) Gonzenbach (1996).

(17) Gandy (1982); Manheim (1994), chapter 8; Turk (1986).

(18) Sigal (1973), p.121.

(19) Lewis, Williams and Franklin (2008), p.7 (強調は原著者). 英国のジャーナリズムが PR 素材に依存していることに対するさらに否定的な評価として, Davies (2008).

(20) 同上, p.18.

(21) Turk (1986); Turk (1985).

(22) Rogers, Dearing and Chang (1991); Watts (1993).

(23) Flyvbjerg, Landman and Schram (2012), chapter 7.

(24) Pavlik (1987), chapter 4.

(25) Manheim and Albritton (1984). 次も参照。Kiousis and Wu (2008).

(26) Stromback and Kiousis (2011); Jamieson and Campbell (1992).

(27) O'Shaughnessy (1990).

(28) Semetko, Blumler, Gurevitch and Weaver, with Barkin and Wilhoit (1991).

(29) Semetko, Blumler, Gurevitch and Weaver (1991), p.49. ここで引用されている資料は, もともとは Gurevitch and Blumler (1982) に由来する。また, 次も参照。Brandenburg (2002).

(30) Lelyveld (1999).

(31) Miller, Andsager and Riechert (1998). 本章および 3 章で報告した相関は, 2000年春学期にテキサス大学オースティン校におけるマコームズの議題設定理論に関するセミナーで算出したものである。

(32) Lichter and Smith (1996).

(33) Boyle (2001).

(34) Tedesco (2001).

(35) Wirth, Matthes, Schemer, Wettstein, Friemel, Hanggli and Siegert (2010).

(36) Kiousis, Kim, Ragas, Wheat, Kochhar, Svensson and Miles (2013).

(37) Burkart and Russmann (2013).

(38) Gurevitch and Blumler (1990). 次も参照。Merritt and McCombs (2003), chapter 6.

(39) Dalton, Beck, Huckfeldt and Koetzle (1998). この論文では, さまざまな議題間のオリジナルな 0 次相関が報告されている。本章では, さまざまな制御変数を導入した偏相関をマコームズが算出した。

(40) Ha (2001). 米国上院議員選挙で同じパターンを追認した研究として, Martin (2014).

(41) Kiousis, Kim, McDevitt and Ostrowski (2009).

(42) Kiousis, Mitrook, Wu and Seltzer (2006).

(43) Roberts and McCombs (1994).

(44) Evatt and Bell (2001). 次も参照。Dunn (2009).

(45) Lopez-Escobar, Llamas, McCombs and Lennon (1998).

(46) Bryan (1997).

(47) Soroka (2002a). カナダの主要 8 争点に関する広範かつ詳細な分析については，Soroka (2002b).

(48) Weaver and Elliott (1985).

(49) 同上，p. 93.

(50) 次も参照。Huckins (1999).

(51) Callaghan and Schnell (2001).

(52) 同上，p. 197.

(53) Ploughman (1984); Mazur (1987).

(54) Reese and Danielian (1989).

(55) Lim (2006).

(56) Breed (1955).

(57) Kluger (1986).

(58) たとえば，「USA トゥデイ」の 1A ページに登場したニュース記事が「CBS イブニングニュース」のトップニュースに登場するまでの説明については，Pritchard (1987) を参照。別の例として，あるカトリック神父が逸脱行動を行ったというニュース記事が引き金となり，聖職者に関する否定的なニュースが 4 年間にわたりあふれ出たことについては，Breen (1997).

(59) Crouse (1973).

(60) Trumbo (1995).

(61) Gold and Simmons (1965).

(62) Whitney and Becker (1982).

(63) Becker, McCombs and McLeod (1975), pp. 39-41.

(64) 古典的なゲートキーピング研究からドナルド・ショーがメディア間議題設定の相関を算出した結果は，次の文献で報告されている。McCombs and Shaw (1976).

(65) White (1950).

(66) Snider (1967).

(67) McCombs and Shaw (1976) で報告されたショーによる計算。

(68) Roberts and McCombs (1994).

(69) Lopez-Escobar, Llamas, McCombs and Lennon (1998).

(70) McCombs and Shaw (1972), p. 183.

(71) King (1994).

(72) Takeshita (2007). この研究は3章で論じた Takeshita (2002) の拡大追試版である。

(73) Benton and Frazier (1976).

(74) King (1997).

(75) Asur, Huberman, Szabo and Wang (2011), p.8.

(76) ブログや他のオンラインメディアに関する最近の研究を包括的に概観したものとして，Tran (2014). メディア議題同士の発散と収束を示した研究例として，Meraz (2011); Lee (2007).

(77) Ragas and Kiousis (2010).

(78) Pitts (2001).

(79) Soroka (2000).

8章　マスコミュニケーションと社会

(1) Lasswell (1948).

(2) Zhu with Boroson (1997), p.82 (強調は原著者).

(3) Shaw and Martin (1992).

(4) Chiang (1995); Lopez-Escobar, Llamas and McCombs (1996); Lopez-Escobar, Llamas and McCombs (1998).

(5) Higgins-Joyce (2014).

(6) Weaver, Graber, McCombs and Eyal (1981).

(7) Cappella and Jamieson (1997); Patterson (1993).

(8) Erbring, Goldenberg and Miller (1980),

(9) Kiousis, McDevitt and Wu (2005); Kiousis and McDevitt (2008).

(10) 7章でも少し触れた次の文献では，「キリスト教連合 (the Christian Coalition)」という保守的宗教組織がニュースメディアの議題に及ぼす影響について考察している．Huckins (1999).

(11) Buddenbaum (2001), p.27.

(12) Harris and McCombs (1972).

(13) Hellinger and Rashi (2009).

(14) たとえば，次を参照。Robinson (2000).

(15) Lang, Lang, Kepplinger and Ehmig (1993).

(16) Peri (1999).

(17) Kliger-Vilenchik (2011).

(18) Besova and Cooley (2009).

(19) Wanta, Golan and Lee (2004).

(20) Rodriguez-Diaz (2000).

(21) Lawrence Wenner の発言は次の文献からの引用。John Fortunato, *The Ultimate Assist: The Relationship and Broadcasting Strategies for the NBA and Television Networks* (Cresskill, NJ: Hampton Press, 2001), p.2.

(22) 同上。

(23) Bantimaroudis, Zyglidopoulos and Symeou (2010); Zyglidopoulos, Symeou, Bantimaroudis and Kampanellou (2012).

(24) Weidman (2011).

エピローグ——メディア議題設定と受け手の議題融合

＊ドナルド・L・ショーはノースカロライナ大学チャペルヒル校 (UNC-CH) ジャーナリズム＆マスコミュニケーション学部名誉教授 (Kenan Professor of Journalism Emeritus). デービッド・ウィーバーはインディアナ大学ジャーナリズム学部名誉教授 (Roy W. Howard and Distinguished Professor Emeritus).

　　著者たちは，UNC-CH の大学院生であったクリス・バーゴが分析を助けてくれたことに感謝したい。

(1) McCombs and Shaw (1972).

(2) 著者たちは，UNC-CH ジャーナリズム＆マスコミュニケーション学部のジーン・フォルカーツ学部長 (当時) とインディアナ大学ジャーナリズム学部のブラッド・ハム学部長 (当時) が研究助成金の支援をしてくれたことにお礼申しあげたい。また，UNC-CH の数多くの大学院生が，インタビューやメディアサンプルの収集に協力してくれたことにも感謝したい。

(3) Weaver (1977).

引用文献

Ader, Christine, 'A longitudinal study of agenda setting for the issue of environmental pollution', *Journalism and Mass Communication Quarterly*, 72 (1995): 300–11.

Althaus, Scott L. and David Tewksbury, 'Agenda setting and the "new" news: patterns of issue importance among readers of the paper and online versions of the *New York Times*', *Communication Research*, 29 (2002): 180–207.

Asur, Sitaram, Bernardo A. Huberman, Gabor Szabo and Chunyan Wang, 'Trends in social media: persistence and decay', Social Computing Lab Hewlitt Packard, Palo Alto, C. A., http://mashable.com/2011/02/14/twitter-trending-topics-hp/ (2011)

Atwater, Tony, Michael Salwen and Ronald Anderson, 'Interpersonal discussion as a potential barrier to agenda setting', *Newspaper Research Journal*, 6, 4 (1985): 37–43.

Balmas, Meital and Tamir Sheafer, 'Candidate image in election campaigns: attribute agenda setting, affective priming, and voting intentions', *International Journal of Public Opinion Research*, 22 (2010): 204–29.

Bantimaroudis, Philemon, Stelios Zyglidopoulos and Pavlos Symeou, 'Greek museum media visibility and museum visitation: an exploration of cultural agenda setting', *Journal of Communication*, 60 (2010): 743–57.

Baumgartner, Frank and Bryan Jones, *Agendas and Instability in American Politics* (Chicago: University of Chicago Press, 1993).

Becker, Lee, 'The impact of issue salience', in *The Emergence of American Political Issues*, ed. Donald Shaw and Maxwell McCombs (St Paul, MN: West, 1977), pp. 121–32.

Becker, Lee, Maxwell McCombs and Jack McLeod, 'The development of political cognitions', in *Political Communication: Issues and Strategies for Research*, ed. Steven Chaffee (Beverly Hills, CA: Sage, 1975), pp. 21–63.

Becker, Lee and Maxwell McCombs, 'The role of the press in determining voter reactions to presidential primaries', *Human Communication Research*, 4 (1978): 301–7.

Benton, Marc and P. Jean Frazier, 'The agenda-setting function of the mass media at the three levels of information holding', *Communication Research*, 3 (1976): 261–74.

Berganza, Rosa and Marta Martin, 'Selective exposure to highly politicized media', paper presented at the World Association for Public Opinion Research regional conference, Pamplona, Spain, 1997.

Besova, Asva and Skye Chance Cooley, 'Foreign news and public opinion: attribute agenda-setting theory revisited', *Ecquid Novi: African Journalism Studies*, 30 (2009): 219–42.

Bettag, Tom, 'What's news? Evolving definitions of news', *Harvard International Journal of Press/Politics*, 5, 3 (2000): 105–7.

Birkland, Thomas, *After Disaster: Agenda Setting, Public Policy, and Focusing Events* (Washington, D.C.: Georgetown University Press, 1997).

Blood, Deborah J. and Peter C. B. Phillips, 'Economic headline news on the agenda: new approaches to understanding causes and effects', in *Communication and Democracy*, eds. Maxwell McCombs, Donald Shaw and David Weaver (Mahwah, NJ: Lawrence Erlbaum, 1997), pp. 97–114.

Blood, Warwick, 'Competing models of agenda-setting: issue obtrusiveness vs. media exposure', paper presented to the Association for Education in Journalism, Boston, 1980.

Blood, Warwick, 'Unobtrusive issues in the agenda setting role of the press', unpublished doctoral dissertation, Syracuse University, 1981.

Blumler, Jay, 'The role of theory in uses and gratifications research', *Communication Research*, 6 (1979): 9–36.

Blumler, Jay G. and Dennis Kavanagh, 'The third age of political communication: influences and features', *Political Communication*, 16 (1999).

Boczkowski, Pablo, *News at Work: Imitation in an Age of Information Abundance.* (Chicago: University of Chicago Press, 2010).

Bouza, Fermin, 'The impact area of political communication: citizenship faced with public discourse', *International Review of Sociology*, 14 (2004): 245–59.

Boyle, Thomas P., 'Intermedia agenda setting in the 1996 presidential primaries', *Journalism and Mass Communication Quarterly*, 78 (2001): 26–44.

Brandenburg, Heinz, 'Who follows whom? The impact of parties on media agenda formation in the 1997 British general elections campaign', *Harvard International Journal of Press/Politics*, 7, 3 (2002): 34–54.

Breed, Warren, 'Social control in the newsroom', *Social Forces*, 33 (1955): 326–35.

Breed, Warren, 'Newspaper opinion leaders and the process of standardization', *Journalism Quarterly*, 32 (1955): 277–84, 328.

Breen, Michael J., 'A cook, a cardinal, his priests, and the press: deviance as a trigger for intermedia agenda setting', *Journalism and Mass Communication Quarterly*, 74 (1997): 348–56.

Brewer, Marcus and Maxwell McCombs, 'Setting the community agenda', *Journalism and Mass Communication Quarterly*, 73 (1996): 7–16.

Brosius, Hans-Bernd and Hans Mathias Kepplinger, 'The agenda setting function of television news: static and dynamic views', *Communication Research*, 17 (1990): 183–211.

Bryan, Kenneth, 'Political communication and agenda setting in local races', unpublished doctoral dissertation, University of Texas at Austin, 1997.

Bryant, Jennings and Dolf Zillmann, eds., *Media Effects: Advances in Theory and Research* (Hillsdale, NJ: Lawrence Erlbaum, 1994).

Buddenbaum, Judith, 'The media, religion, and public opinion: toward a unified theory of cultural influence', in *Religion and Popular Culture: Studies in the Interaction of Worldviews*, eds. Daniel A. Stout and Judith Buddenbaum (Ames: Iowa State University Press, 2001).

Bulkow, Kristin, Juliane Urban and Wolfgang Schweiger, 'The duality of agenda-setting: the role of information processing', *International Journal of Public Opinion Research*, 25 (2013): 43–63.

Burkart, Roland and Uta Russmann, 'Quality of understanding in political campaign communication: an analysis of political parties' press releases and media coverage in Austria (1970–2008)', working paper, University of Vienna, 2013.

Callaghan, Karen and Frauke Schnell, 'Assessing the democratic debate: how the news media frame elite policy discourse', *Political Communication*, 18 (2001): 183–212.

Callison, Coy, 'Media relations and the internet: how Fortune 500 company websites assist journalists in news gathering', *Public Relations Review*, 29 (2003): 29–41.

Camaj, Lindita, 'Need for orientation, selective exposure and attribute agenda setting effects: change versus reinforcement in Kosovo', paper presented to the Association for Education in Journalism and Mass Communication, Chicago, 2012.

Canel, Maria Jose, Juan Pablo Llamas and Federico Rey, 'El primer nivel del efecto agenda setting en la informacion local: los "problemas mas importantes" de la ciudad de Pamplona' ['The first level agenda setting effect on local information: the "most important problems" of the city of Pamplona'], *Comunicacion y Sociedad*, 9, 1 and 2 (1996): 17–38.

Cao, Xiaoxia, 'Hearing it from Jon Stewart: the impact of *The Daily Show* on public attentiveness to politics', *International Journal of Public Opinion Research*, 22 (2010): 26–46.

Cappella, Joseph and Kathleen Hall Jamieson, *Spiral of Cynicism: The Press and the Public Good* (New York: Oxford University Press, 1997).*[1]

Carroll, Craig, 'How the mass media influence perceptions of corporate reputation: exploring agenda-setting effects within business news coverage', unpublished doctoral dissertation, University of Texas at Austin, 2004.

Carroll, Craig, 'The relationship between media favorability and firms' public esteem', *Public Relations Journal*, 3–4 (2010): 1–32.

Carroll, Craig, ed., *Corporate Reputation and the News Media: Agenda-setting within News Coverage in Developed, Emerging, and Frontier Markets* (New York: Routledge, 2011).

Carter, Richard, 'Communication and affective relations', *Journalism Quarterly*, 42 (1965): 203–12.

de Pereson, Alicia Casermeiro, 'La jerarquizacion tematica y de imagen segun los medios, y su transferencia a los habitantes de la ciudad de Buenos Aires:

aplicacion de la teoria de la agenda setting al caso Argentino' ['The ranking of themes and images according to the media, and their transfer to the citizens of Buenos Aires: application of agenda-setting theory to the Argentine case'], unpublished doctoral dissertation, Austral University, Buenos Aires, 2002.

Caspi, Dan, 'The agenda-setting function of the Israeli press', *Knowledge: Creation, Diffusion, Utilization*, 3 (1982): 401–14.

Caudill, Edward, 'An agenda-setting perspective on historical public opinion', in *Communication and Democracy: Exploring the Intellectual Frontiers in Agenda-Setting Theory*, eds. Maxwell McCombs, Donald Shaw and David Weaver (Mahwah, NJ: Lawrence Erlbaum, 1997).

Chaffee, Steven and Miriam Metzger, 'The end of mass communication?', *Mass Communication and Society*, 4 (2001): 365–79.

Chaffee, Steven and Donna Wilson, 'Media rich, media poor: two studies of diversity in agenda-holding', *Journalism Quarterly*, 54 (1977): 466–76.

Chernov, Gennadiy, Sebastian Valenzuela and Maxwell McCombs, 'An experimental comparison of two perspectives on the concept of need for orientation in agenda-setting theory', *Journalism and Mass Communication Quarterly*, 88 (2011):142–55.

Chiang, Ching-Yi, 'Bridging and closing the gap of our society: social function of media agenda setting', unpublished master's thesis, University of Texas at Austin, 1995.

Cobb, R. W. and C. D. Elder, *Participation in American Politics: The Dynamics of Agenda-Building* (Baltimore: Johns Hopkins University Press, 1972).

Cohen, Bernard, *The Press and Foreign Policy* (Princeton, NJ: Princeton University Press, 1963).

Cohen, David, 'A report on a non-election agenda setting study', paper presented to the Association for Education in Journalism, Ottawa, Canada, 1975.

Coleman, Renita and Stephen Banning, 'Network TV news' affective framing of the presidential candidates: evidence for a second-level agenda-setting effect through visual framing', *Journalism and Mass Communication Quarterly*, 83 (2006): 313–28.

Coleman, Renita and Maxwell McCombs, 'The young and agenda-less? Age-related differences in agenda-setting on the youngest generation, baby boomers, and the civic generation', *Journalism and Mass Communication Quarterly*, 84 (2007): 495–508.

Coleman, Renita and Denis Wu, 'Proposing emotion as a dimension of affective agenda setting: separating affect into two components and comparing their second-level effects', *Journalism and Mass Communication Quarterly*, 87 (2010): 315–27.

Comstock, George and Erica Scharrer, *Television: What's On, Who's Watching, and What it Means* (San Diego, CA: Academic Press, 1999).

Conway, Michael and J. R. Patterson, 'Today's top story? An agenda-setting and recall experiment involving television and Internet news', *Southwestern Mass Communication Journal*, 24 (2008): 31–48.

Crouse, Timothy, *The Boys on the Bus* (New York: Ballentine, 1973).

Dalton, Russell, Paul Allen Beck, Robert Huckfeldt and William Koetzle, 'A test of media-centered agenda setting: newspaper content and public interests in a presidential election', *Political Communication*, 15 (1998): 463–81.

Davies, Nick, *Flat Earth News: An Award-winning Reporter Exposes Falsehood, Distortion and Propaganda in the Global Media* (London: Chatto and Windus, 2008).

Dearing, James and Everett Rogers, *Agenda-Setting* (Thousand Oaks, CA: Sage, 1996).

Downs, Anthony, 'Up and down with ecology: the "issue-attention cycle"', *The Public Interest*, 28 (1972): 38–50.

Dunn, S. W., 'Candidate and media agenda setting in the 2005 Virginia gubernatorial Election', *Journal of Communication*, 59 (2009): 635–52.

Eaton, Howard Jr, 'Agenda setting with bi-weekly data on content of three national media', *Journalism Quarterly*, 66 (1989): 942–8.

Edelstein, Alex, Youichi Ito and Hans Mathias Kepplinger, *Communication and Culture: A Comparative Approach* (New York: Longman, 1989).

Einsiedel, Edna F., Kandice L. Salomone and Frederick Schneider, 'Crime: effects of media exposure and personal experience on issue salience', *Journalism Quarterly*, 61 (1984): 131–6.

Entman, Robert, 'Framing: toward a clarification of a fractured paradigm', *Journal of Communication*, 43 (4) (1993): 51–58.

Erbring, Lutz, Edie Goldenberg and Arthur Miller, 'Front-page news and real-world cues', *American Journal of Political Science*, 24 (1980): 16–49.

Evatt, Dixie and Tamara Bell, 'Upstream influences: the early press releases, agenda-setting and politics of a future president', *Southwestern Mass Communication Journal*, 16, 2 (2001): 70–81.

Evatt, Dixie and Salma Ghanem, 'Building a scale to measure salience', paper presented to the World Association for Public Opinion Research, Rome, Italy, 2001.

Eyal, Chaim, James Winter and William DeGeorge, 'The concept of time frame in agenda-setting', in *Mass Communication Review Yearbook*, vol. 2, eds. G. Cleveland Wilhoit and Harold de Bock (Beverly Hills, CA: Sage, 1981), pp. 212–18.

Fan, David, Kathy Keltner and Robert Wyatt, 'A matter of guilt or innocence: how news reports affect support for the death penalty in the United States', *International Journal of Public Opinion Research*, 14 (2002): 439–52.

Flyvbjerg, Bent, Todd Landman and Sanford Schram, eds., *Real Social Science: Applied Phronesis* (Cambridge: Cambridge University Press, 2012).

Folkerts, Jean Lange, 'William Allen White's anti-populist rhetoric as an agenda-setting technique', *Journalism Quarterly*, 60 (1983): 28–34.

Frankel, Max, *The Times of My Life and My Life with The Times* (New York: Random House, 1999).

Funkhouser, Ray, 'The issues of the sixties', *Public Opinion Quarterly*, 37 (1973): 62–75.

Gamson, William, *Talking Politics* (New York: Cambridge University Press, 1992).

引用文献

Gandy, Oscar, *Beyond Agenda Setting: Information Subsidies and Public Policy* (Norwood, NJ: Ablex, 1982).

Gans, Herbert, *Deciding What's News: A Study of CBS Evening News, NBC Nightly News, Newsweek and Time* (New York: Pantheon, 1979).

Gerbner, George, Larry Gross, Michael Morgan, Nancy Signorielli and James Shanahan, 'Growing up with television: cultivation processes', in *Media Effects: Advances in Theory and Research*, 2nd edn, eds. Jennings Bryant and Dolf Zillmann (Mahwah, NJ: Lawrence Erlbaum, 1994), pp. 43–68.

Ghanem, Salma, 'Media coverage of crime and public opinion: an exploration of the second level of agenda setting', unpublished doctoral dissertation, University of Texas at Austin, 1996.

Ghanem, Salma, 'Filling in the tapestry: the second level of agenda-setting', in *Communication and Democracy*, eds. Maxwell McCombs, Donald Shaw and David Weaver (Mahwah, NJ: Lawrence Erlbaum, 1997), pp. 3–14.

Ghorpade, Shailendra, 'Agenda setting: a test of advertising's neglected function', *Journal of Advertising Research*, 25 (1986): 23–7.

Gilberg, Sheldon, Chaim Eyal, Maxwell McCombs and David Nicholas, 'The State of the Union address and the press agenda', *Journalism Quarterly*, 57 (1980): 584–88.

Glynn, Carroll, Michael Huge, James Reineke, Bruce Hardy and James Shanahan, 'When Oprah intervenes: political correlates of daytime talk show viewing', *Journal of Broadcasting and Electronic Media*, 51 (2007): 228–44.

Gold, David and Jerry Simmons, 'News selection patterns among Iowa dailies', *Public Opinion Quarterly*, 29 (1965): 425–30.

Gonzenbach, William, *The Media, the President, and Public Opinion: A Longitudinal Analysis of the Drug Issue, 1984–1991* (Mahwah, NJ: Lawrence Erlbaum, 1996).

Gordon, Margaret T. and Linda Heath, 'The news business, crime and fear', in *Reactions to Crime*, ed. Dan Lewis (Beverly Hills, CA: Sage, 1981). Excerpt reprinted in *Agenda Setting: Readings on Media, Public Opinion, and Policy-Making*, eds. David Protess and Maxwell McCombs (Hillsdale, NJ: Lawrence Erlbaum, 1991), pp. 71–4.

Graber, Doris, *Processing Politics: Learning from Television in the Internet Age* (Chicago: University of Chicago Press, 2001).

Gross, Kimberly and Sean Aday, 'The scary world in your living room and neighborhood: using local broadcast news, neighborhood crime rates, and personal experience to test agenda setting and cultivation', *Journal of Communication*, 53 (2003): 411–26.

Gumpert, G. and R. Cathcart, eds., *Inter/Media: Interpersonal Communication in a Media World* (New York: Oxford University Press, 1986).

Guo, Lei and Maxwell McCombs, 'Network agenda setting: a third level of media effects', paper presented to the International Communication Association, Boston, 2011.

Gurevitch, Michael and Jay Blumler, 'The construction of election news at the BBC: an observation study', in *Individuals in Mass Media Organizations: Creativity and Constraint*, eds. James Ettema and Charles Whitney (Beverly Hills, CA: Sage, 1982), pp. 179–204.

217

Gurevitch, Michael and Jay Blumler, 'Political communication systems and democratic values', in *Democracy and the Mass Media*, ed. J. Lichtenberg (Cambridge: Cambridge University Press, 1990), pp. 269–89.

Ha, Sungtae, 'The intermediary role of news media in the presidential campaign: a mediator, moderator, or political agent?', unpublished paper, University of Texas at Austin, 2001.

Ha, Sungtae, 'Attribute priming effects and presidential candidate evaluation: the conditionality of political sophistication', *Mass Communication and Society*, 14 (2011): 315–42.

Hamilton, J. T., *Channeling Violence* (Princeton, NJ: Princeton University Press, 1998).

Harris, Jacqueline and Maxwell McCombs, 'The interpersonal/mass communication interface among church leaders', *Journal of Communication*, 22 (1972): 257–62.

Hellinger, Moshe and Tsuriel Rashi, 'The Jewish custom of delaying communal prayer: a view from communication theory', *Review of Rabbinic Judaism*, 12 (2009): 189–203.

Henry, Gary T. and Craig S. Gordon, 'Tracking issue attention: specifying the dynamics of the public agenda', *Public Opinion Quarterly*, 65 (2001): 157–77.

Herbst, Susan, 'The cultivation of conversation', in *The Poll with a Human Face: The National Issues Convention Experiment in Political Communication*, eds. Maxwell McCombs and Amy Reynolds (Mahwah, NJ: Lawrence Erlbaum, 1999), esp. pp. 201–4.

Hester, Joe Bob and Rhonda Gibson, 'The economy and second-level agenda setting: a time-series analysis of economic news and public opinion about the economy', *Journalism and Mass Communication Quarterly*, 80 (2003): 73–90.

Hester, Joe Bob and Rhonda Gibson, 'The agenda-setting function of national versus local media: a time-series analysis for the issue of same sex marriage', *Mass Communication and Society*, 10 (2007): 299–317.

Higgins, E. T., 'Knowledge activation: accessibility, applicability, and salience' in *Social Psychology: Handbook of Basic Principles*, eds. E. T. Higgins and A. W. Kruglanski, (New York: Guilford, 1996), pp. 133–68.

Higgins-Joyce, Vanessa de Macedo, 'Consensus-building function of agenda setting in times of crisis: substantive and affective dimensions', in *Agenda Setting in a 2.0 World*, ed. Thomas J. Johnson (New York: Routledge, 2014).

Holbrook, R. Andrew and Timothy Hill, 'Agenda-setting and priming in prime time television: crime dramas as political cues', *Political Communication*, 22 (2005): 277–95.

Hopmann, David Nicolas, Rens Vliegenthart, Claes de Vreese and Erik Albaek, 'Effects of television news coverage: how visibility and tone influence party choice', *Political Communication*, 27 (2010): 389–405.

Hovland, Carl, Irving Janis and Harold Kelley, *Communication and Persuasion* (New Haven, CT: Yale University Press, 1953).[*2]

Huckins, Kyle, 'Interest-group influence on the media agenda', *Journalism and Mass Communication Quarterly*, 76 (1999): 76–86.

引用文献

Inglehart, Ronald, *Culture Shift in Advanced Industrial Society* (Princeton, NJ: Princeton University Press, 1990). *3

Iyengar, Shanto and Donald Kinder, *News that Matters: Television and American Opinion* (Chicago: University of Chicago Press, 1987).

Iyengar, Shanto and Adam Simon, 'News coverage of the Gulf crisis and public opinion', in *Do the Media Govern?*, eds. S. Iyengar and R. Reeves (Thousand Oaks, CA: Sage, 1997), pp. 248–57.

Jamieson, Kathleen Hall and Karlyn Kohrs Campbell, *The Interplay of Influence: News, Advertising, Politics and the Mass Media* (Belmont, CA: Wadsworth, 1992).

Jasperson, Amy, Dhavan Shah, Mark Watts, Ronald Faber and David Fan, 'Framing and the public agenda: media effects on the importance of the federal budget deficit', *Political Communication*, 15 (1998): 205–24.

Jochen, Peter, 'Country characteristics as contingent conditions of agenda setting: the moderating influence of polarized elite opinion', *Communication Research*, 30 (2003): 683–712.

Jochen, Peter and C. H. de Vreese, 'Agenda-rich, agenda-poor: a cross-national comparative investigation of nominal and thematic public agenda diversity', *International Journal of Public Opinion Research*, 15 (2003): 44–64.

Johnson, Thomas J. and Wayne Wanta, with John T. Byrd and Cindy Lee, 'Exploring FDR's relationship with the press: a historical agenda-setting study', *Political Communication*, 12 (1995): 157–72.

Kahneman, Daniel and Amos Tversky, 'Choices, values and frames', *American Psychologist*, 39 (1984): 341–50.

Kepplinger, Hans Mathias, Wolfgang Donsbach, Hans Bernd Brosius and Joachim Friedrich Staab, 'Media tone and public opinion: a longitudinal study of media coverage and public opinion on Chancellor Kohl', *International Journal of Public Opinion Research*, 1 (1989): 326–42.

Kepplinger, Hans Mathias and Herbert Roth, 'Creating a crisis: German mass media and oil supply in 1973–74', *Public Opinion Quarterly*, 43 (1979): 285–96.

Kieffer, Nancy, 'Agenda-setting and corporate communication issues: can the mass media influence corporate stock prices?', unpublished master's thesis, Syracuse University, 1983.

Kim, Joohan, Robert Wyatt and Elihu Katz, 'News, talk, opinion, participation: the part played by conversation in deliberative democracy', *Political Communication*, 16 (1999): 361–85.

Kim, Kihan and Maxwell McCombs, 'News story descriptions and the public's opinions of political candidates', *Journalism and Mass Communication Quarterly*, 84 (2007): 299–314.

Kim, Sei-Hill, Dietram Scheufele and James Shanahan, 'Think about it this way: attribute agenda-setting function of the press and the public's evaluation of a local issue', *Journalism and Mass Communication Quarterly*, 79 (2002): 7–25.

King, Pu-Tsung, 'Issue agendas in the 1992 Taiwan legislative election', unpublished doctoral dissertation, University of Texas at Austin, 1994.

King, Pu-Tsung, 'The press, candidate images, and voter perceptions', in *Communication and Democracy*, eds. Maxwell McCombs, Donald Shaw and David Weaver (Mahwah, NJ: Lawrence Erlbaum, 1997), pp. 29–40.

219

Kiousis, Spiro, 'Compelling arguments and attitude strength – exploring the impact of second-level agenda setting on public opinion of presidential candidate images', *Harvard International Journal of Press/Politics*, 10 (2005): 3–27.

Kiousis, Spiro, 'Agenda-setting and attitudes: exploring the impact of media salience on perceived salience and public attitude strength of US presidential candidates from 1984 to 2004', *Journalism Studies*, 12 (2011): 359–74.

Kiousis, Spiro, Philemon Bantimaroudis and Hyun Ban, 'Candidate image attributes: experiments on the substantive dimension of second-level agenda setting', *Communication Research*, 26 (1999): 414–28.

Kiousis, Spiro, Ji Young Kim, Matt Ragas, Gillian Wheat, Sarab Kochhar, Emma Svensson and Maradith Miles, 'Exploring new frontiers of agenda building during the 2012 US presidential election pre-convention period: examining linkages across three levels', paper presented to the International Communication Association convention, London, 2013.

Kiousis, Spiro, Soo-Yeon Kim, Michael McDevitt and Ally Ostrowski, 'Competing for attention: information subsidy influence in agenda building during election campaigns', *Journalism and Mass Communication Quarterly*, 86 (2009): 545–62.

Kiousis, Spiro and Maxwell McCombs, 'Agenda-setting effects and attitude strength: political figures during the 1996 presidential election', *Communication Research*, 31 (2004): 36–57.

Kiousis, Spiro and Michael McDevitt, 'Agenda setting in civic development: effects of curricula and issue importance on youth voter turnout', *Communication Research*, 35 (2008): 481–502

Kiousis, Spiro, Michael McDevitt and Xu Wu, 'The genesis of civic awareness: agenda setting in political socialization', *Journal of Communication*, 55 (2005): 756–74.

Kiousis, Spiro, Michael Mitrook, Xu Wu and Trent Seltzer, 'First- and second-level agenda-building and agenda-setting effects: exploring the linkages among candidate news releases, media coverage, and public opinion during the 2002 Florida gubernatorial election', *Journal of Public Relations Research*, 18 (2006): 265–85.

Kiousis, Spiro, Cristina Popescu and Michael Mitrook, 'Understanding influence on corporate reputation: an examination of public relations efforts, media coverage, public opinion, and financial performance from an agenda-building and agenda-setting perspective', *Journal of Public Relations Research* 19 (2007):147–65.

Kiousis, Spiro and Jesper Stromback, 'The White House and public relations: examining the linkages between presidential communications and public opinion', *Public Relations Review*, 36 (2010): 7–14.

Kiousis, Spiro and Xu Wu, 'International agenda-building and agenda-setting: exploring the influence of public relations counsel on US news media and public perceptions of foreign nations', *International Communication Gazette*, 70 (2008): 58–75.

Klapper, Joseph, *The Effects of Mass Communication* (New York: Free Press, 1960). *4

Kliger-Vilenchik, Neta, 'Memory setting: applying agenda-setting theory to the study of collective memory' in *On Media Memory: Collective Memory in a New Media Age*, eds. Motti Neiger, Oren Meyers and Eyal Zandberg (London: Palgrave Macmillan, 2011), pp. 226–37.

Kluger, Richard, *The Paper: the Life and Death of the New York Herald Tribune* (New York: Alfred A. Knopf, 1986).

Kosicki, Gerald, 'Problems and opportunities in agenda-setting research', *Journal of Communication*, 43 (1993): 100–27.

Krosnick, Jon and Laura Brannon, 'The impact of war on the ingredients of presidential evaluations: George Bush and the Gulf conflict', *American Political Science Review*, 87 (1993): 963–75.

Krosnick, Jon and Donald Kinder, 'Altering the foundations of support for the president through priming', *American Political Science Review*, 84 (1990): 497–512.

Ku, Gyotae, Linda Lee Kaid and Michael Pfau, 'The impact of website campaigning on traditional news media and public information processing', *Journalism and Mass Communication Quarterly*, 80 (2003): 528–47.

Lane, Robert E., *Political Life: Why and How People Get Involved in Politics* (New York: Free Press, 1959).

Lang, Kurt, Gladys Engel Lang, Hans Mathias Kepplinger and Simone Ehmig, 'Collective memory and political generations: a survey of German journalists', *Political Communication*, 10 (1993): 211–29.

Lasorsa, Dominic and Wayne Wanta, 'Effects of personal, interpersonal and media experiences on issue saliences', *Journalism Quarterly*, 67 (1990): 804–13.

Lasswell, Harold, 'The structure and function of communication in society', in *The Communication of Ideas*, ed. Lyman Bryson (New York: Institute for Religious and Social Studies, 1948), pp. 37–51.*5

Lazarsfeld, Paul, Bernard Berelson and Hazel Gaudet, *The People's Choice* (New York: Duell, Sloan and Pearce, 1944). *6

Lazarsfeld, Paul F. and Robert Merton, 'Mass communication, popular taste and organized social action', in *The Communication of Ideas*, ed. Lyman Bryson (New York: Institute for Religious and Social Studies, 1948), pp. 95–118.*7

Lee, Gunho, 'Who let priming out? Analysis of first and second-level agenda-setting effects on priming', *International Communication Gazette*, 72 (2010): 759–76.

Lee, Jae Kook, 'The effect of the internet on homogeneity of the media agenda: a test of the fragmentation thesis', *Journalism and Mass Communication Quarterly*, 84 (2007): 745–60.

Lee, Jae Kook and Renita Coleman, 'Testing generational, life cycle, and period effects of age on agenda setting', *Mass Communication and Society*, 17 (2014): 3–25.

Lelyveld, Joseph, 'Politicians vs the press as agenda-setters', *New York Times*, 22 August 1999, p. 18.

Lennon, Federico Rey, 'Argentina: 1997 elecciones: los diarios nacionales y la campana electoral' ['The 1997 Argentina election: the national dailies and the electoral campaign'], report by the Freedom Forum and Austral University, 1998.

Lewis, Justin, Andrew Williams and Bob Franklin, 'A compromised Fourth Estate? UK news journalism, public relations and news sources', *Journalism Studies*, 9 (2008): 1–20.

Lichter, Robert and Ted Smith, 'Why elections are bad news: media and candidate discourse in the 1996 presidential primaries', *Harvard International Journal of Press/Politics*, 1, 4 (1996): 15–35.

Lim, Jeongsub, 'A cross-lagged analysis of agenda setting among online news media', *Journalism and Mass Communication Quarterly*, 83 (2006): 298–312.

Lippmann, Walter, *Public Opinion* (New York: Macmillan, 1922).*8

Lopez-Escobar, Esteban, Juan Pablo Llamas and Maxwell McCombs, 'Una dimension social de los efectos de los medios de difusion: agenda-setting y consenso' ['A social dimension of the effects of the mass media: agenda-setting and consensus'], *Comunicacion y Sociedad* IX (1996): 91–125.

Lopez-Escobar, Esteban, Juan Pablo Llamas and Maxwell McCombs, 'Agenda setting and community consensus: first and second level effects', *International Journal of Public Opinion Research*, 10 (1998): 335–48.

Lopez-Escobar, Esteban, Juan Pablo Llamas, Maxwell McCombs and Federico Rey Lennon, 'Two levels of agenda setting among advertising and news in the 1995 Spanish elections', *Political Communication*, 15 (1998): 225–38.

Lopez-Escobar, Esteban, Maxwell McCombs and Antonio Tolsá, 'Measuring the public images of political leaders: a methodological contribution of agenda-setting theory', paper presented at the Congress for Political Communication Investigation, Madrid, Spain, 2007.

Lowry, Dennis, Tam Ching, Josephine Nio and Dennis Leitner, 'Setting the public fear agenda: a longitudinal analysis of network TV crime reporting, public perceptions of crime, and FBI crime statistics', *Journal of Communication*, 53, (2003): 61–73.

Ma, K. K., William Schaffner, C. Colmenares, J. Howser, J. Jones and K. A. Poehling, 'Influenza vaccinations of young children increased with media coverage in 2003', *Pediatrics*, 117 (2006): 157–63.

Maccoby, Nathan, 'The new "scientific" rhetoric', in *The Science of Human Communication*, ed. Wilbur Schramm (New York: Basic Books, 1963), pp. 41–53.

McCombs, Maxwell, 'Editorial endorsements: a study of influence', *Journalism Quarterly*, 44 (1967): 545–8.

McCombs, Maxwell, 'Explorers and surveyors: expanding strategies for agenda setting research', *Journalism Quarterly*, 69 (1992): 813–24.

McCombs, Maxwell, 'The future agenda for agenda setting research', *Journal of Mass Communication Studies [Japan]*, 45 (1994): 171–81.

McCombs, Maxwell, 'Personal involvement with issues on the public agenda', *International Journal of Public Opinion Research*, 11 (1999): 152–68.

McCombs, Maxwell, 'Civic osmosis: the social impact of media', *Communication and Society*, 25 (2012): 7–14.

McCombs, Maxwell, Edna Einsiedel and David Weaver, *Contemporary Public Opinion: Issues and the News* (Hillsdale, NJ: Lawrence Erlbaum, 1991).*9

McCombs, Maxwell and Dixie Evatt, 'Los temas y los aspectos: explorando una nueva dimension de la agenda setting' ['Objects and attributes: exploring a new dimension of agenda setting'], *Comunicacion y Sociedad*, 8, 1 (1995): 7–32.

McCombs, Maxwell, Sheldon Gilberg and Chaim Eyal, 'The State of the Union address and the press agenda: a replication', paper presented to the International Communication Association, Boston, 1982.

McCombs, Maxwell and Lei Guo, 'Agenda-setting influence of the media in the public sphere', in *The Handbook of Media and Mass Communication Theory*, Vol. 1, eds. Robert Fortner and Mack Fackler (New York: Wiley-Blackwell, 2014) pp. 251–68.

McCombs, Maxwell, Juan Pablo Llamas, Esteban Lopez-Escobar and Federico Rey, 'Candidate images in Spanish elections: second-level agenda setting effects', *Journalism and Mass Communication Quarterly*, 74 (1997): 703–17.

McCombs, Maxwell, Esteban Lopez-Escobar and Juan Pablo Llamas, 'Setting the agenda of attributes in the 1996 Spanish general election', *Journal of Communication*, 50, 2 (2000): 77–92.

McCombs, Maxwell and Donald Shaw, 'The agenda-setting function of mass media', *Public Opinion Quarterly*, 36 (1972): 176–87.*[10]

McCombs, Maxwell and Donald Shaw, 'Structuring the unseen environment', *Journal of Communication*, 26, spring (1976): 18–22.

McCombs, Maxwell and John Smith, 'Perceptual selection and communication', *Journalism Quarterly*, 46 (1969): 352–5.

McCombs, Maxwell and David Weaver, 'Toward a merger of gratifications and agenda-setting research', in *Media Gratifications Research*, eds. K. E. Rosengren, L. Wenner and P. Palmgreen (Beverly Hills, CA: Sage, 1985): 95–108.

McCombs, Maxwell and Jian-Hua Zhu, 'Capacity, diversity, and volatility of the public agenda: trends from 1954 to 1994', *Public Opinion Quarterly*, 59 (1995): 495–525.

McGuire, W. J., 'Psychological motives and communication gratification', in *The Uses of Mass Communication: Current Perspectives on Gratifications Research*, eds. J. G. Blumler and Elihu Katz (Beverly Hills, CA: Sage, 1974), pp. 167–96.

McGuire, William, 'Theoretical foundations of campaigns', in *Public Communication Campaigns*, 2nd edn, eds. R. E. Rice and C. K. Atkin (Newbury Park, CA: Sage, 1989), pp. 43–65.

MacKuen, Michael, 'Social communication and the mass policy agenda', in *More Than News: Media Power in Public Affairs*, eds. Michael MacKuen and Steven Coombs (Beverly Hills, CA: Sage, 1981), pp. 19–144.

McLeod, Jack, Lee B. Becker and J. E. Byrnes, 'Another look at the agenda-setting function of the press', *Communication Research*, 1 (1974): 131–66.

Manheim, Jarol B., *Strategic Public Diplomacy and American Foreign Policy: The Evolution of Influence* (New York: Oxford University Press, 1994).

Manheim, Jarol B. and R. B. Albritton, 'Changing national images: international public relations and media agenda setting', *American Political Science Review*, 73 (1984): 641–7.

Martin, Jason, 'Agenda setting, elections and the impact of information technology', in *Agenda Setting in a 2.0 World*, ed. T. Johnson (New York: Routledge, 2014), pp. 28–52.

Matthes, Jorg, 'The need for orientation towards news media: revising and validating a classic concept', *International Journal of Public Opinion Research*, 18 (2006): 422–44.

Matthes, Jorg, 'Need for orientation as a predictor of agenda-setting effects: causal evidence from a two-wave panel study', *International Journal of Public Opinion Research*, 20 (2008): 440–53.

Mayer, W. G., *The Changing American Mind: How and Why American Public Opinion Changed between 1960 and 1988* (Ann Arbor: University of Michigan Press, 1992).

Mazur, Allen, 'Putting radon on the public risk agenda', *Science, Technology, and Human Values*, 12, 3–4 (1987): 86–93.

Meijer, M. M. and Jan Kleinnijenhuis, 'Issue news and corporate reputation: applying the theories of agenda setting and issue ownership in the field of business communication', *Journal of Communication*, 56 (2006): 543–59.

Meraz, Sharon, 'The fight for how to think: traditional media, social networks, and issue interpretation', *Journalism: Theory, Practice, and Criticism*, 12 (2011): 107–27.

Merritt, Davis, *Public Journalism and Public Life: Why Telling the News is Not Enough*, 2nd edn (Mahwah, NJ: Lawrence Erlbaum, 1998).

Merritt, Davis and Maxwell McCombs, *The Two W's of Journalism: The Why and What of Public Affairs Reporting* (Mahwah, NJ: Lawrence Erlbaum, 2003).

Merritt, Richard L., *Symbols of American Community, 1735–1775* (New Haven, CT: Yale University Press, 1966).

Mikami, Shunji, Toshio Takeshita, Makoto Nakada and Miki Kawabata, 'The media coverage and public awareness of environmental issues in Japan', *International Communication Gazette*, 54 (1995): 209–26.

Miller, George A., 'The magic number seven, plus or minus two: some limits on our capacity for processing information', *Psychological Review*, 63 (1956): 81–97.

Miller, Joanne M., 'Examining the mediators of agenda setting: a new experimental paradigm reveals the role of emotions', *Political Psychology*, 28 (2007): 689–717.

Miller, Mark, Julie Andsager and Bonnie Riechert, 'Framing the candidates in presidential primaries: issues and images in press releases and news coverage', *Journalism and Mass Communication Quarterly*, 75 (1998): 312–24.

Min, Young, Salma Ghanem and Dixie Evatt, 'Using a split-ballot survey to explore the robustness of the "MIP" question in agenda-setting research: a methodological study', *International Journal of Public Opinion Research*, 19 (2007): 221–36.

Morin, Richard, 'Crime time: the fear, the facts: how the sensationalism got ahead of the stats', Outlook, *Washington Post* (30 January 1994), p. C1.

Mueller, J. E., 'Choosing among 133 candidates', *Public Opinion Quarterly*, 34 (1970): 395–402.

Nelson, Barbara, *Making an Issue of Child Abuse: Political Agenda Setting for Social Problems* (Chicago: University of Chicago Press, 1984).

引用文献

Nelson, T. E., R. A. Clawson and Z. M. Oxley, 'Media framing of a civil liberties conflict and its effect on tolerance', *American Political Science Review*, 91 (1997): 567–83.

Neuman, W. Russell, 'The threshold of public attention', *Public Opinion Quarterly*, 54 (1990): 159–76.

Neuman, W. Russell and Lauren Guggenheim, 'The evolution of media effects theory: a six-stage model of cumulative research'. *Communication Theory*, 21 (2011): 169–96.

Neuman, W. Russell, Marion Just and Ann Crigler, *Common Knowledge: News and the Construction of Political Meaning* (Chicago: University of Chicago Press, 1992).*11

New York Times, Designated drivers, 17 January 1989, p. 22.

New York Times, quoting the editor of *The Sowetan*, 8 March 2000, p. A3.

New York Times, Lord Beaverbrook as agenda-setter, 26 February 2001, p. C15.

New York Times, McCall's lack of image, 1 November 2002, p. A28.

Nimmo, Dan and Robert L. Savage, *Candidates and Their Images* (Pacific Palisades, CA: Goodyear, 1976).

Noelle-Neumann, Elisabeth, *The Spiral of Silence: Our Social Skin*, 2nd edn (Chicago: University of Chicago Press, 1993).*12

Noelle-Neumann, Elisabeth, 'The spiral of silence: a response', in *Political Communication Yearbook 1984*, eds. Keith Sanders, Lynda Lee Kaid and Dan Nimmo (Carbondale: Southern Illinois University Press, 1985), pp. 66–94.

Nord, David Paul, 'The politics of agenda setting in late 19th century cities', *Journalism Quarterly*, 58 (1981): 565–74, 612.

Ogawa, Tsuneo, 'Framing and agenda setting function', *Keio Communication Review*, 23 (2001): 71–80.

Ohl, Coral, J. David Pincus, Tony Rimmer and Denise Harison, 'Agenda building role of news releases in corporate takeovers', *Public Relations Review*, 21 (1995): 89–101.

O'Shaughnessy, Nicholas, *The Phenomenon of Political Marketing* (London: Macmillan, 1990).

Park, Robert, 'News as a form of knowledge', *American Journal of Sociology*, 45 (1940): 667–86.*13

Patterson, Thomas, *Out of Order* (New York: Random House Vintage Books, 1993).

Patterson, Thomas, *The Vanishing Voter: Public Involvement in an Age of Uncertainty* (New York: Alfred A. Knopf, 2002).

Pavlik, John V., *Public Relations: What Research Tells Us* (Newbury Park, CA: Sage, 1987).

Peiser, Wolfram, 'Setting the journalist agenda: influences from journalists' individual characteristics and from media factors', *Journalism and Mass Communication Quarterly*, 77 (2000): 243–57.

Peri, Yoram, 'The media and collective memory of Yitzhak Rabin's remembrance', *Journal of Communication*, 49, 3 (1999): 106–24.

Petrocik, John, 'Issue ownership in presidential elections with a 1980 case study', *American Journal of Political Science*, 40 (1996): 825–50.

Petrocik, John, William Benoit, and G. J. Hansen, 'Issue ownership and presidential campaigning, 1952–2000', *Political Science Quarterly*, 118 (2003): 599–626.

Petty, R. E. and J. T. Cacioppo, *Communication and Persuasion: Central and peripheral routes to attitude change* (New York: Springer, 1986).

Philadelphia Inquirer, University of Pennsylvania applications, 27 December 1996, pp. A1 and 18.

Pingree, Raymond, Andrea Quenette, John Tchernev and Ted Dickinson, 'Effects of media criticism on gatekeeping trust and implications for agenda setting', *Journal of Communication*, 63 (2013): 351–72.

Pingree, Raymond and Elizabeth Stoycheff, 'Differentiating cueing from reasoning in agenda setting effects', *Journal of Communication*, 63 (2013): 852–72.

Pitts, Leonard, 'Objectivity might be impossible, so we strive for fairness', *Austin American-Statesman*, 17 December 2001, p. A13.

Ploughman, Penelope, 'The creation of newsworthy events: an analysis of newspaper coverage of the man-made disaster at Love Canal', unpublished doctoral dissertation, State University of New York at Buffalo, 1984.

Poindexter, Paula, Maxwell McCombs, Laura Smith and others, 'Need for orientation in the new media landscape', unpublished paper, University of Texas at Austin, 2002.

Popkin, Samuel, *The Reasoning Voter* (Chicago: University of Chicago Press, 1991).

Presser, Stanley, 'Substance and method in *Public Opinion Quarterly*, 1937–2010', *Public Opinion Quarterly*, 75 (2011): 839–45.

Price, Vincent and David Tewksbury, 'News values and public opinion: a theoretical account of media priming and framing' in *Progress in Communication Sciences: Advances in Persuasion*, eds. G.& A. Barnett and F. J. Boster, (Greenwich, CT: Ablex, 1997) pp. 173–212.

Pritchard, Peter, 'The McPapering of America: an insider's candid account', *Washington Journalism Revue* (1987): 32–7.

Protess, David, Fay Cook, Jack Doppelt, James Ettema, Margaret Gordon, Donna Leff and Peter Miller, *The Journalism of Outrage: Investigative Reporting and Agenda Building in America* (New York: Guilford, 1991).

Protess, David and Maxwell McCombs, eds., *Agenda Setting: Readings on Media, Public Opinion, and Policymaking* (Hillsdale, NJ: Lawrence Erlbaum, 1991).

Puglisi, Riccardo, 'The spin doctor meets the rational voter: a model of electoral competition and media capture with agenda setting effects', unpublished manuscript, London School of Economics, 2003.

Ragas, Matthew, 'Issue and stakeholder intercandidate agenda setting among corporate information subsidies', *Journalism and Mass Communication Quarterly*, 89 (2012): 91–111.

Ragas, Matthew and Spiro Kiousis, 'Intermedia agenda-setting and political activism: MoveOn.org and the 2008 presidential election', *Mass Communication and Society*, 13 (2010): 560–83.

Reese, Stephen and Lucig Danielian, 'Intermedia influence and the drug issue', in *Communication Campaigns about Drugs*, ed. P. Shoemaker (Hillsdale, NJ: Lawrence Erlbaum, 1989), pp. 29–46.

引用文献

Roberts, Marilyn, 'Predicting voter behavior via the agenda setting tradition', *Journalism Quarterly*, 69 (1992): 878–92.

Roberts, Marilyn, Ronald Anderson and Maxwell McCombs, '1990 Texas gubernatorial campaign influence of issues and images', *Mass Communication Review*, 21 (1994): 20–35.

Roberts, Marilyn and Maxwell McCombs, 'Agenda setting and political advertising: origins of the news agenda', *Political Communication*, 11 (1994): 249–62.

Roberts, Marilyn, Wayne Wanta and Tzong-Houng (Dustin) Dzwo, 'Agenda setting and issue salience online', *Communication Research*, 29 (2002): 452–65.

Robinson, Michael, 'Collective memory: from the 20s through the 90s: the way we think we were', *Public Perspective*, 11, 1 (2000): 14–19, 44–7.

Rodriguez-Diaz, Raquel, 'Los profesores universitarios como medios de comunicacion: la agenda-setting de los lumnos y profesores' [University professors as communication media: agenda-setting of students and professors], unpublished doctoral dissertation, Complutense University of Madrid, 2000.

Rogers, Everett, James Dearing and Soonbum Chang, 'AIDS in the 1980s: the agenda-setting process for a public issue', *Journalism Monographs*, 126 (1991).

Rossler, Patrick and Michael Schenk, 'Cognitive bonding and the German reunification: agenda-setting and persuasion effects of mass media', *International Journal of Public Opinion Research*, 12 (2000): 29–47.

Safire, William, 'Like father, unlike son', *New York Times*, 2 September 2002, p. A17.

Salwen, Michael, 'Effects of accumulation of coverage on issue salience in agenda setting', *Journalism Quarterly*, 65 (1988): 100–6, 130.

Salwen, Michael and Don Stacks, eds., *An Integrated Approach to Communication Theory and Research* (Mahwah, NJ: Lawrence Erlbaum, 1996).

Sanchez-Aranda, Jose Javier, Maria Jose Canel and Juan Pablo Llamas, 'Framing effects of television political advertising and the selective perception process', paper presented at the World Association for Public Opinion Research regional conference, Pamplona, Spain, 1997.

Scheufele, Dietram, 'Agenda-setting, priming and framing revisited: another look at cognitive effects of political communication', *Mass Communication and Society*, 3 (2000): 297–316.

Schoenbach, Klaus and Holli Semetko, 'Agenda setting, agenda reinforcing or agenda deflating? A study of the 1990 German national election', *Journalism Quarterly*, 68 (1992): 837–46.

Schudson, Michael, *The Good Citizen: A History of American Civic Life* (New York: Free Press, 1998), pp. 310–11.

Semetko, Holli, Jay Blumler, Michael Gurevitch and David Weaver, with Steve Barkin and G. C. Wilhoit, *The Formation of Campaign Agendas: A Comparative Analysis of Party and Media Roles in Recent American and British Elections* (Hillsdale, NJ: Lawrence Erlbaum, 1991).

Shaw, Daron, 'The impact of news media favorability and candidate events in presidential campaigns', *Political Communication*, 16 (1999): 183–202.

227

Shaw, Donald and Maxwell McCombs, eds., *The Emergence of American Political Issues* (St Paul, MN: West, 1977).

Shaw, Donald and Shannon Martin, 'The function of mass media agenda setting', *Journalism Quarterly*, 69 (1992): 902–20.

Shaw, Donald and John Slater, 'Press puts unemployment on agenda: Richmond community opinion, 1981–1984', *Journalism Quarterly*, 65 (1988): 407–11.

Shaw, Eugene F., 'Agenda-setting and mass communication theory', *International Communication Gazette*, 25, 2 (1979): 101.

Sheafer, Tamir, 'How to evaluate it: the role of story-evaluation tone in agenda setting and priming', *Journal of Communication*, 57 (2007): 21–39.

Sheafer, Tamir and Gabriel Weimann, 'Agenda building, agenda setting, priming individual voting intentions and the aggregate results: an analysis of four Israeli elections', *Journal of Communication*, 55 (2005): 347–65.

Shoemaker, Pamela, ed., *Communication Campaigns about Drugs* (Hillsdale, NJ: Lawrence Erlbaum, 1989).

Shoemaker, Pamela, 'Hardwired for news: using biological and cultural evolution to explain the surveillance function', *Journal of Communication*, 46, 3 (1996): 32–47.

Shoemaker, Pamela and Stephen Reese, *Mediating the Message: Theories of Influences on Mass Media Content* (New York: Longman, 1991).

Shoemaker, Pamela and Tim Vos, *Gatekeeping Theory* (New York: Routledge, 2009).

Sigal, Leon, *Reporters and Officials: The Organization and Politics of News-making* (Lexington, MA: D. C. Heath, 1973).

Smith, Kim, 'Newspaper coverage and public concern about community issues', *Journalism Monographs*, 101 (1987).

Smith, Tom, 'America's most important problem – a trend analysis, 1946–1976', *Public Opinion Quarterly*, 44 (1980): 164–80.

Smith, Tom, 'The polls: America's most important problems', *Public Opinion Quarterly*, 49 (1985): 264–74.

Snider, Paul, 'Mr. Gates revisited: a 1966 version of the 1949 case study', *Journalism Quarterly*, 44 (1967): 419–27.

Son, Y. J. and David Weaver, 'Another look at what moves public opinion: media agenda setting and polls in the 2000 US election', *International Journal of Public Opinion Research*, 18 (2006): 174–97.

Song, Yonghoi, 'Internet news media and issue development: a case study on the roles of independent online news services as agenda-builders for anti-US protests in South Korea', *New Media and Society*, 9 (2007): 71–92.

Soroka, Stuart N., '*Schindler's List*'s intermedia influence: exploring the role of "entertainment" in media agenda-setting', *Canadian Journal of Communication*, 25 (2000): 211–30.

Soroka, Stuart N., 'Media, public opinion, and foreign policy', paper presented to the American Political Science Association, San Francisco, 2001.

Soroka, Stuart, 'Issue attributes and agenda-setting by media, the public, and policymakers in Canada', *International Journal of Public Opinion Research*, 14 (2002a): 264–85.

Soroka, Stuart, *Agenda-Setting Dynamics in Canada* (Vancouver: UBC Press, 2002b).

Stevenson, Robert L., Rainer Bohme and Nico Nikel, 'The TV agenda-setting influence on campaign 2000', *Egyptian Journal of Public Opinion Research*, 2, 1 (2001): 29–50.

Stone, Gerald and Maxwell McCombs, 'Tracing the time lag in agenda setting', *Journalism Quarterly*, 58 (1981): 151–5.

Stromback, Jesper and Spiro Kiousis, 'A new look at agenda-setting effects – Comparing the predictive power of overall political news consumption and specific news media consumption across different media channels and media types', *Journal of Communication*, 60 (2010): 271–92.

Stromback, Jesper and Spiro Kiousis, eds., *Political Public Relations: Principles and Applications* (New York: Routledge, 2011).

Stroud, Natalie, *Niche News: The Politics of News Choice* (New York: Oxford University Press, 2011).

Stroud, Natalie and Kate Kenski, 'From agenda setting to refusal setting: survey nonresponse as a function of media coverage across the 2004 election cycle', *Public Opinion Quarterly*, 71 (2007): 539–59.

Sutherland, M. and J. Galloway, 'Role of advertising: persuasion or agenda setting?', *Journal of Advertising Research*, 21, 5 (1981): 25–9.

Swanson, David and Paolo Mancini, eds., *Politics, Media, and Modern Democracy: An International Study of Innovations in Electoral Campaigning and Their Consequences* (Westport, CT: Praeger, 1996).

Takeshita, Toshio, 'Agenda-setting effects of the press in a Japanese local election', *Studies of Broadcasting*, 29 (1993): 193–216.

Takeshita, Toshio, 'Expanding attribute agenda setting into framing: an application of the problematic situation scheme', paper presented to the International Communication Association preconference, Seoul, Korea, 2002.

Takeshita, Toshio, 'Current critical problems in agenda-setting research', *International Journal of Public Opinion Research*, 18 (2006): 275–96.*[14]

Takeshita, Toshio, 'Agenda-setting and framing: two dimensions of attribute agenda-setting [in Japanese]', *Mita Journal of Sociology*, 12 (2007): 4–18.

Takeshita, Toshio and Shunji Mikami, 'How did mass media influence the voters' choice in the 1993 general election in Japan? A study of agenda setting', *Keio Communication Review*, 17 (1995): 27–41.

Tan, Yue and David Weaver, 'Agenda diversity and agenda setting from 1956 to 2004: what are the trends over time?', *Journalism Studies*, 14 (2013): 773–89.

Tedesco, John, 'Issue and strategy agenda-setting in the 2000 presidential primaries', unpublished paper, Virginia Technological University, 2001.

Tolman, Edward C., *Purposive Behavior in Animals and Men* (New York: Appleton-Century-Crofts, 1932).

Tolman, Edward C., 'Cognitive maps in rats and men', *Psychological Review*, 55 (1948): 189–208.

Toynbee, Polly, 'Press ganged', *Guardian*, 21 May 2003.

Tran, Hai, 'Online agenda setting: a new frontier for theory development', in *Agenda Setting in a 2.0 World*, ed. T. Johnson (New York: Routledge, 2014), pp. 205–29.

Trumbo, Craig, 'Longitudinal modelling of public issues: an application of the agenda-setting process to the issue of global warming', *Journalism Monographs*, 152 (1995).

Trumbo, Craig, 'The effect of newspaper coverage of influenza on the rate of physician visits for influenza 2002–2008', *Mass Communication and Society*, 15 (2012): 718–38.

Tuchman, Gaye, 'Telling stories', *Journal of Communication*, 26, 4 (1976): 93–7.

Turk, Judy VanSlyke, 'Information subsidies and influence', *Public Relations Review*, 11 (1985): 10–25.

Turk, Judy VanSlyke, 'Information subsidies and media content: a study of public relations influence on the news', *Journalism Monographs*, 100 (1986).

Turk, Judy VanSlyke, 'Public relations influence on the news', *Newspaper Research Journal*, 7 (1986): 15–27.

Tversky, Amos and Daniel Kahneman, 'Availability: a heuristic for judging frequency and probability', *Cognitive Psychology*, 5 (1973): 207–32.

Valenzuela, Sebastian, 'Materialism, post-materialism and agenda-setting effects: the values-issues consistency hypothesis', *International Journal of Public Opinion Research*, 23 (2011): 437–63.

Váně, Jan and František Kalvas, 'Focusing events and their effect on agenda-setting', paper presented to the World Association for Public Opinion Research, Hong Kong, 2012.

Vu, Hong, Lei Guo and Maxwell McCombs, 'Exploring "the world outside and the pictures in our heads": a network agenda setting study', paper presented to the Association for Education in Journalism and Mass Communication, Chicago, 2012.

Wang, Tai-Li, 'Agenda-setting online: an experiment testing the effects of hyperlinks in online newspapers', *Southwestern Mass Communication Journal*, 15, 2 (2000): 59–70.

Wanta, Wayne, *The Public and the National Agenda: How People Learn about Important Issues* (Mahwah, NJ: Lawrence Erlbaum, 1997).

Wanta, Wayne and Joe Foote, 'The president–news media relationship: a time-series analysis of agenda setting', *Journal of Broadcasting and Electronic Media*, 38 (1994): 437–48.

Wanta, Wayne and Salma Ghanem, 'Effects of agenda setting', in *Mass Media Effects Research: Advances through Meta-Analysis*, eds. R. W. Preiss, B. M. Gayle, N. Burrell, M. Allen and Jennings Bryant (Mahwah, NJ: Lawrence Erlbaum, 2006), pp. 37–51.

Wanta, Wayne, Guy Golan and Cheolhan Lee, 'Agenda setting and international news: media influence on public perception of foreign nations', *Journalism and Mass Communication Quarterly*, 81 (2004): 364–77.

Wanta, Wayne and Y. Hu, 'Time-lag differences in the agenda setting process: an examination of five news media', *International Journal of Public Opinion Research*, 6 (1994): 225–40.

Wanta, Wayne, Mary Ann Stephenson, Judy VanSlyke Turk and Maxwell McCombs, 'How president's State of Union talk influenced news media agendas', *Journalism Quarterly*, 66 (1989): 537–41.

引用文献

Wanta, Wayne and Yi-Chen Wu, 'Interpersonal communication and the agenda setting process', *Journalism Quarterly*, 69 (1992): 847–55.

Watt, James H., Mary Mazza and Leslie Synder, 'Agenda-setting effects of television news coverage and the memory decay curve', *Communication Research*, 20 (1993): 408–35.

Watts, Liz, 'Coverage of polio and AIDS: agenda setting in reporting cure research on polio and AIDS in newspapers, news magazines and network television', *Ohio Journalism Monograph Series* [School of Journalism, Ohio University], 4 (1993).

Weaver, David, 'Political issues and voter need for orientation', in *The Emergence of American Political Issues*, eds. Donald Shaw and Maxwell McCombs (St Paul, MN: West, 1977), pp. 107–19.

Weaver, David, 'Audience need for orientation and media effects', *Communication Research*, 7 (1980): 361–76.

Weaver, David, 'Issue salience and public opinion: are there consequences of agenda-setting?', *International Journal of Public Opinion Research*, 3 (1991): 53–68.

Weaver, David and Swanzy Nimley Elliott, 'Who sets the agenda for the media? A study of local agenda-building', *Journalism Quarterly*, 62 (1985): 87–94.

Weaver, David, Doris Graber, Maxwell McCombs and Chaim Eyal, *Media Agenda Setting in a Presidential Election: Issues, Images and Interest* (Westport, CT: Greenwood, 1981). *[15]

Weaver, David and Maxwell McCombs, 'Voters' need for orientation and choice of candidate: mass media and electoral decision making', paper presented to the American Association for Public Opinion Research, Roanoke, VA, 1978.

Weaver, David, Jian-Hua Zhu and Lars Willnat, 'The bridging function of interpersonal communication in agenda setting', *Journalism Quarterly*, 69 (1992): 856–67.

Webster, James and Thomas Ksiazek, 'The dynamics of audience fragmentation: public attention in an age of digital media', *Journal of Communication*, 62 (2012): 39–56.

Weidman, Lisa, 'Consumer knowledge about Oregon wines: applying agenda-setting theory to the dissemination of information about consumer products', paper presented to the Midwest Association for Public Opinion Research, Chicago, 2011.

Westley, Bruce and Lee Barrow, 'An investigation of news seeking behavior', *Journalism Quarterly*, 36 (1959): 431–8.

White, David Manning, 'The gate keeper: a case study in the selection of news', *Journalism Quarterly*, 27 (1950):383–90.

White, Theodore, *The Making of the President, 1972* (New York: Bantam, 1973).

Whitney, D. Charles and Lee Becker, '"Keeping the gates" for gatekeepers: the effects of wire news', *Journalism Quarterly*, 59 (1982): 60–5.

Willnat, Lars, 'Agenda setting and priming: conceptual links and differences', in *Communication and Democracy*, eds. M. McCombs, D. Shaw and D. Weaver (Mahwah, NJ: Lawrence Erlbaum, 1997), pp. 51–66.

Willnat, Lars and Jian-Hua Zhu, 'Newspaper coverage and public opinion in Hong Kong: a time-series analysis of media priming', *Political Communication*, 13 (1996): 231–46.

231

Winter, James P., 'Contingent conditions in the agenda-setting process', in *Mass Communication Review Yearbook*, eds. G. C. Wilhoit and Harold de Bock (Beverly Hills, CA: Sage, 1981), pp. 235–43.

Winter, James and Chaim Eyal, 'Agenda setting for the civil rights issue', *Public Opinion Quarterly*, 45 (1981): 376–83.

Winter, James, Chaim Eyal and Ann Rogers, 'Issue-specific agenda setting: the whole as less than the sum of the parts', *Canadian Journal of Communication*, 8, 2 (1982): 1–10.

Wirth, Werner, Jorg Matthes, Christian Schemer, Martin Wettstein, Thomas Friemel, Regula Hänggli and Gabriele Siegert, 'Agenda building and setting in a referendum campaign: investigating the flow of arguments among campaigners, the media, and the public', *Journalism and Mass Communication Quarterly*, 87 (2010): 328–45.

Yang, Jin and Gerald Stone, 'The powerful role of interpersonal communication on agenda setting', *Mass Communication and Society*, 6 (2003): 57–74.

Yioutas, Julie and Ivana Segvic, 'Revisiting the Clinton/Lewinsky scandal: the convergence of agenda setting and framing', *Journalism and Mass Communication Quarterly*, 80 (2003): 567–82.

Young, Lori and Stuart Soroka, 'Affective news: the automated coding of sentiment in political texts', *Political Communication*, 29 (2012): 205–31.

Zhu, Jian-Hua, 'Issue competition and attention distraction: a zero-sum theory of agenda setting', *Journalism Quarterly*, 68 (1992): 825–36.

Zhu, Jian-Hua with William Boroson, 'Susceptibility to agenda setting', in *Communication and Democracy*, eds. M. McCombs, D. Shaw and D. Weaver (Mahwah, NJ: Lawrence Erlbaum, 1997).

Zucker, Harold, 'The variable nature of news media influence', in *Communication Yearbook 2*, ed. Brent Ruben (New Brunswick, NJ: Transaction Books, 1978), pp. 225–40.

Zyglidopoulos, Stelios, Pavlos Symeou, Philemon Bantimaroudis and Eleni Kampanellou, 'Cultural agenda setting: media attributes and public attention of Greek museums', *Communication Research*, 39 (2012): 480–98.

引用文献　邦訳のあるもの

（＊1）平林紀子・山田一成監訳（2005）『政治報道とシニシズム ── 戦略型フレーミングの影響過程』ミネルヴァ書房

（＊2）辻正三・今井省吾訳（1960）『コミュニケーションと説得』誠信書房

（＊3）村山皓・富沢克・武重雅文訳（1993）『カルチャーシフトと政治変動』東洋経済新報社

（＊4）NHK放送学研究室訳（1966）『マス・コミュニケーションの効果』日本放送出版協会

（＊5）吉岡至訳「社会におけるコミュニケーションの構造と機能」，谷藤悦史・大石裕編訳（2002）『リーディングス 政治コミュニケーション』一藝社に所収

（＊6）有吉広介監訳（1987）『ピープルズ・チョイス』芦書房

（＊7）犬養康彦訳「マス・コミュニケーション，大衆の趣味，組織的な社会行動」，W・シュラム編，学習院大学社会学研究室訳（1968）『新版マス・コミュニケーション』東京創元社に所収

（＊8）掛川トミ子訳（1987）『世論（上）（下）』岩波書店

（＊9）大石裕訳（1994）『ニュース・メディアと世論』関西大学出版部

（＊10）谷藤悦史訳「マス・メディアの議題設定の機能」，谷藤悦史・大石裕編訳（2002）『リーディングス 政治コミュニケーション』一藝社に所収

（＊11）川端美樹・山田一成監訳（2008）『ニュースはどのように理解されるのか ── メディアフレームと政治的意味の構築』慶應義塾大学出版会

（＊12）池田謙一・安野智子訳（2013）『沈黙の螺旋理論 ── 世論形成過程の社会心理学［改訂復刻版］北大路書房

（＊13）町村敬志訳「知識の一形式としてのニュース」，町村敬志・好井裕明編訳（1986）『実験室としての都市 ── パーク社会学論文選』御茶の水書房に所収

（＊14）「議題設定研究における3つの重要問題」，竹下俊郎（2008）『メディアの議題設定機能 ── マスコミ効果研究における理論と実証［増補版］』学文社に所収

（＊15）竹下俊郎訳（1988）『マスコミが世論を決める ── 大統領選挙とメディアの議題設定機能』勁草書房

訳者あとがき

本書は Maxwell McCombs, *Setting the Agenda: The Mass Media and Public Opinion*（2nd Edition），Malden, MA: Polity Press, 2014, を翻訳したものである。

著者のマックスウェル・マコームズは 1938 年生まれ。スタンフォード大学で博士号を取得後，UCLA，ノースカロライナ大学，シラキューズ大学を経て，1985 年から 2011 年までテキサス大学オースティン校スクール・オブ・ジャーナリズムの教授を務めた。現在は同大学名誉教授（Jesse H. Jones Centennial Professor Emeritus）である。

本書のテーマである「議題設定（agenda-setting）」とはマスメディア，とくにニュースメディアがその受け手に及ぼす特定の効果を指す用語である。ジャーナリズムの規範として，ニュース報道においては中立性や客観性を遵守すべきだといわれることがよくある。しかしながらニュースメディアは，個々の出来事をどのように報じるかという以前に，そもそもどんな出来事を選んで報じるかという次元では不可避的に価値判断を行っている。

ニュースメディアは世界で日々生じる出来事のうち何を取り上げ何を取り上げないか，取り上げた出来事の中でもどれをより強調するかというニュースの取捨選択と格付けの活動によって，人々の注意を特定の出来事へと焦点化する機能を果たす（同時にそれは，取り上げなかった出来事を盲点化することでもある）。これは個々人の現実認識，すなわち認知レベルに及ぼす効果であるが，さらに報道の際に特定の出来事のどの側面（属性）を取り上げ強調するかを通して，個人の態度レベルや行動レベルにも影響が波及すると予想される。

こうしたマスメディアの議題設定効果の概念は，もともと米国で 1970 年代初頭に提起されたものだが，米国外も含め数多くの研究者の関心を惹き，何百本もの関連研究が生まれたことで，いまやマスコミュニケーション研究の主要な理論系譜のひとつにまで発展した。

この議題設定効果追究の端緒となる論文を，ノースカロライナ大学在職時に

234

訳者あとがき

同僚のドナルド・ショー（現在は同大学名誉教授）とともに発表して研究の口火を切り，その後も精力的に議題設定研究を主導してきたのが本書の著者マックスウェル・マコームズである。マコームズとショー，そして研究が開始された当初大学院生としてショーに師事し，その後議題設定研究においても重要な役割を果たすことになるデービッド・ウィーバー（現在はインディアナ大学名誉教授）の三人は，議題設定研究の創始者(founding fathers) と呼ばれている（本書序を参照）。

　この創始者たちの中でも最も中心的な役割を果たしてきたマコームズ教授が，40年以上にわたる，そして国際的にも拡がった議題設定研究の成果を集大成したのが本書である。マスメディアの議題設定研究の概要と意義を把握するうえで格好の著作といえよう。

　訳者がマコームズ教授とどう知り合ったかについては拙著『メディアの議題設定機能』（学文社，増補版は2008年）のあとがきに記したので省略するが，2003年ちょうど在外研究でテキサス大学に客員研究員として在籍していた折，マコームズ教授から本書初版(2004年刊)を刊行する予定があることを知り，当初は初版の日本語訳を計画した。しかし，公私にわたるさまざまな事情でこの計画は頓挫し，2014年刊行の第2版で再挑戦する運びとなった。（言い訳がましいことは承知のうえで）結果論ではあるが，このほうがよかったと思う。今世紀以降，メディア環境やメディア利用行動は急激に変容し，伝統的なマスメディアの優位性もゆらぎつつある。第2版では世紀の変わり目以降に発表された議題設定研究も丹念に取り上げられ，状況の変化がマスメディアの社会的機能にどう影響しているかという考察も加えられている。また，他の2人の創始者，ショー教授とウィーバー教授がエピローグに寄稿しているのも第2版の特徴である。メディア環境の変化に対応して「議題融合(agenda-melding)」という，まだ若干荒削りではあるが野心的なアイディアを2人は提起している。

　細分化されたメディアが増殖する現在の状況で，マスメディアの議題設定力は前世紀よりも低下を余儀なくされている。しかし，競合する多数のメディアやチャンネルの中でもマスメディアの議題設定力はまだ頭ひとつ抜きん出てい

235

る，というのがマコームズ教授の現時点での評価のようである。とはいえ，公共的情報源としてのマスメディアの独占状態は終焉を迎え，人々は自分の意見や選好に支持を与えてくれる新しい細分化したメディアやオンラインコミュニティを容易に見つけうる環境にある。もはや孤立する心配もない。そうした中では，かつてウィーバー教授が指摘したように（Weaver, "Media Agenda Setting and Elections," *Political Communication*, 11, 1994），もし有権者自身が重視する問題を，マスメディアや候補者が取り上げてくれないと感じたならば，有権者は政治に対する疎外感を増大させるかもしれない。さらにいえば，自己の議題と乖離した議題を唱えるマスメディアへの不信感も高まるだろう。このように議題設定理論は，メディア不信という最近の問題を実証的に分析するうえでも興味深い視点を提供している。

なお翻訳作業中，米国の政治やメディアの細かな事情に関しては上智大学総合グローバル学部の前嶋和弘教授に折に触れてご教示いただいた。また，本文中のウォルター・リップマン『世論』からの引用については掛川トミ子先生の訳（岩波書店）を，さらにはマコームズ教授が好んで取り上げるシャーロック・ホームズのセリフに関しては，阿部知二氏の訳（『生還』東京創元社）や延原謙氏の訳（『帰還』新潮社）を参考にさせていただいた。記して感謝したい。

最後に，学文社の田中千津子社長は遅れがちな訳者の作業を終始忍耐と寛容の精神をもって見守ってくださった。深くお礼申しあげたい。

2018 年 1 月

竹下 俊郎

【訳者紹介】

竹下 俊郎（たけした としお）

明治大学政治経済学部教授，博士（筑波大学・社会学）
東京大学大学院修士課程修了，東京大学助手，東海大学専任講師，筑波大学助教授などを経て現職

主　著　『Communication and Democracy』(1996) LEA（共著）
　　　　『メディアの議題設定機能〔増補版〕』(2008) 学文社
　　　　『メディアと政治〔改訂版〕』(2010) 有斐閣（共著）
　　　　『図説　日本のメディア』(2012) NHK 出版（共著）　ほか
訳　書　D. ウィーバー他『マスコミが世論を決める』(1988) 勁草書房　ほか

アジェンダセッティング
ーマスメディアの議題設定力と世論ー

2018年3月20日　第一版第一刷発行

著　者　マックスウェル・マコームズ

訳　者　竹　下　俊　郎

発行者　田　中　千津子
発行所　株式会社　学　文　社
〒153-0064　東京都目黒区下目黒3－6－1
電話 (03) 3715-1501㈹　振替 00130-9-98842
http://www.gakubunsha.com

乱丁・落丁の場合は本社でお取替えします。　◎検印省略
定価は売上カード，カバーに表示してあります。
ⓒ2018 TAKESHITA Toshio　Printed in Japan　印刷／新灯印刷

ISBN 978-4-7620-2792-5